Gerald Durrell, 1925 in Jamshedpur/Indien geboren, ein Bruder von Lawrence Durrell, studierte in Europa Naturwissenschaften. Im Alter von 22 Jahren entschloß er sich, Tierfänger zu werden. Verschiedene Reisen und Expeditionen führten ihn auf der Suche nach seltenen Tieren durch alle Kontinente. Als er 1950 an Malaria erkrankte und einige Zeit aussetzen mußte, begann er zu schreiben und für den Rundfunk zu arbeiten. Von einer Expedition nach Paraguay brachte er zweitausend südamerikanische Tiere heim. Gerald Durrell drehte in mehreren Ländern der Welt Dokumentarfilme für die BBC und ist Direktor eines von ihm im Jahre 1959 gegründeten Zoological Park. Er lebt auf der britischen Kanalinsel Jersey.
Als Taschenbücher liegen ferner vor: «Eine Verwandte namens Rosy» (rororo Nr. 1510) und «Der Spottvogel» (rororo Nr. 5856).

Gerald Durrell

Das Fest der Tiere

Die Geschichte
meines Zoos

Deutsch von
Hans Heinrich Wellmann

Rowohlt

Die Originalausgabe erschien 1990
unter dem Titel «The Ark's Anniversary»
bei William Collins, London

Umschlaggestaltung: Barbara Hanke
(Fotos – Kronenkranich: Konrad Wothe / Gruner + Jahr
Fotoservice; Schildkröte: Schimmelpfennig / ZEFA;
Gorilla: Di Maggio / Kalish; The Image Bank;
Papagei: ZEFA-Photosource; Eidechse:
Rohdich / GDT-Tierfoto, Silvestris Fotoservice)

Deutsche Erstausgabe
Veröffentlicht im Rowohlt Taschenbuch Verlag GmbH,
Reinbek bei Hamburg, Juni 1992
Copyright © 1992 by Rowohlt Taschenbuch Verlag GmbH,
Reinbek bei Hamburg
«The Ark's Anniversary» Copyright © 1990 by Gerald Durrell
Alle deutschen Rechte vorbehalten
Satz Garamond (Linotronic 500)
Gesamtherstellung Clausen & Bosse, Leck
Printed in Germany
990-ISBN 3 499 13035 1

Dieses Buch
ist Thomas Lovejoy gewidmet,
dessen Hilfe, Humor und harter Arbeit
wir viel verdanken

Inhalt

Vorwort von H. R. H.
The Princess Royal

Meine Verbindung mit dem Jersey Wildlife Preservation Trust begann, und ich bin sicherlich kein Einzelfall, in einem Eisenbahnzug mit einem Buch, das dessen Gründer Gerald Durrell geschrieben hat. Wie kaum ein anderer Autor hat er die Begabung, spontane Ausbrüche von Heiterkeit hervorzurufen, eine Heiterkeit, die den Leser selbst genauso überrascht wie seinen arglosen Reisegefährten. Das kann durchaus zu peinlichen Situationen führen.

Inzwischen ist mir klar, daß Mr. Durrell seine eigene Form von Anthropomorphismus verwendet, um eine Beziehung – und damit notwendigerweise eine Bindung – zwischen seinem Leser und anderen Tierarten zu schaffen. Diese einzigartige Gabe nutzt er, um ein größeres Publikum zu erreichen – eine Taktik, die er mit großem Erfolg auch auf andere Weise einsetzt.

Ich habe den J. W. P. T. bereits mehrere Male besucht, und obwohl jeder dieser Besuche auf seine Weise denkwürdig war, ist keiner so bedeutend gewesen wie der zum 21. Jahrestag des Trusts – zugleich der 25. Jahrestag des Zoos –, bei dem ich gebeten wurde, das International Training Centre for the Conservation and Captive Breeding of Endangered Species zu eröffnen.

Wie Sie lesen werden, erstreckt sich der Einfluß des Trusts über die Absolventen dieses Ausbildungszentrums auf den ganzen Erdball – ein Wirkungskreis, der in keinem Verhältnis zu dem bescheidenen Hauptquartier auf den Kanalinseln steht.

Ich glaube, daß es uns allen als Hütern der lebenden Welt, die wir geerbt haben, aufgetragen ist, dieses kostbare Erbe an die nächste Generation weiterzureichen. Um das jedoch zu tun, müssen wir begreifen, warum es notwendig ist und wie wir es tun können. Eine der interessantesten Entwicklungen ist der Erkenntnis zu verdanken, daß Aufzucht in Gefangenschaft eine

Möglichkeit bietet, unser Wissen zu erweitern. Ich spreche davon, daß das Zuchtzentrum im wachsenden Maße der Öffentlichkeit zugänglich gemacht und für pädagogische Zwecke genutzt wird.

Ich freue mich, daß der Princess Royal Pavilion in Jersey eine solche Gelegenheit bietet. Die mehr als 350000 Menschen, die jedes Jahr den Zoo besuchen, können so die Philosophie des Trusts kennenlernen, die seine Arbeit bestimmt. Von gleicher Bedeutung ist der erste Zoo Educator's Course, der Tierpflegern aus Entwicklungsländern zeigen wird, wie gutgeführte Zoos dazu benutzt werden können, eine breite Öffentlichkeit mit den Prinzipien des Naturschutzes bekannt zu machen. Wieder einmal scheinen Gerald Durrell und seine Mitarbeiter einen Weg gefunden zu haben, ein internationales Publikum von kaum schätzbarer Größe zu erreichen.

Daß ein einzelner oder eine Organisation nicht alles allein schaffen kann, ist eine Binsenweisheit. Doch wenn jeder einzelne und jede Organisation im biologischen Bereich soviel wie Gerald Durrell und sein Trust täten, um die brüchig gewordene Ökologie unseres Planeten wenigstens teilweise wieder zusammenzuflicken, dann gäbe es vielleicht weniger schwache Stellen in den natürlichen Abwehrkräften, als es heute der Fall ist.

Alle Bücher Gerald Durrells sind es wert, gelesen zu werden. *Das Fest der Tiere* bildet keine Ausnahme und wird, wie ich hoffe, dazu beitragen, mehr Menschen davon zu überzeugen, daß dort, wo ein Wille ist und der Weg gut überlegt ist, das Unmögliche möglich wird und selbst Wunder nicht mehr so lange brauchen.

Anne

Anmerkung des Autors

Die meisten Autoren klagen darüber, daß sie zuwenig Stoff haben. In diesem Buch klage ich darüber, daß ich zuviel habe, denn aus Platzgründen habe ich mich gezwungen gesehen, viel von dem wegzulassen, was ich gern aufgenommen hätte. Doch das bestätigt nur die alte Weisheit, daß man nicht versuchen sollte, das Unmögliche möglich zu machen.

Während der Trust gewachsen und gediehen ist und mittlerweile Schwesterorganisationen sowohl in den Vereinigten Staaten als auch in Kanada hat, haben wir das Wort «Trust» immer stärker als umfassenden Begriff verwendet, da unsere Arbeit, unsere Ziele und Hoffnungen dieselben sind, auch wenn Meere und riesige Entfernungen dazwischenliegen. Wenn ich daher das Wort «Trust» in diesem Buch benutze, bezieht es sich nicht nur auf die Arbeit in Jersey, sondern auch auf die in den USA und in Kanada.

Ein Wort zum Geleit

Ich glaube nicht, daß viele Leute imstande sind, im Alter von sechs Jahren ihre Zukunft genau vorauszusagen. Doch als ich in diesem Alter war, besaß ich Selbstvertrauen genug, meiner Mutter mitzuteilen, ich wolle später meinen eigenen Zoo haben und außerdem, wie ich großherzig hinzufügte, sie in einem Häuschen auf dem Gelände unterbringen. Wäre meine Mutter eine amerikanische Mutter gewesen, so hätte sie mich wahrscheinlich unverzüglich zum nächsten Psychiater geschickt; da sie jedoch ziemlich phlegmatisch war, erwiderte sie nur, das wäre reizend, und vergaß die ganze Geschichte sofort wieder. Sie hätte jedoch gewarnt sein sollen, denn schon im Alter von zwei Jahren hatte ich begonnen, Zündholzschachteln und meine Taschen mit den unterschiedlichsten Exemplaren der kleineren Fauna vollzustopfen, die mir über den Weg liefen; die Entwicklung von einer Zündholzschachtel zu einem Zoo wäre also vorauszusehen gewesen. Ich freue mich jedoch, daß ich, bevor sie starb, tatsächlich mein Versprechen einlösen und sie zu mir in meinen Zoo holen konnte, wo sie nicht in einem Häuschen, sondern in einem Herrenhaus wohnte.

Wenn man aus den Fenstern meiner im ersten Stock gelegenen Wohnung in Les Augres Manor blickt, geschieht etwas Unvermitteltes, was jeden Psychiater nachdenklich stimmen würde. Am Wohnzimmerfenster bleibt man zum Beispiel manchmal – während man gerade seinem Gast einen Pink Gin nachschenkt – plötzlich wie erstarrt stehen, schaut atemlos zu, wie die Przewalskipferde auf ihrer Koppel eine Art Derby veranstalten, und fragt sich, welches der muskulösen, rosabraunen Tiere gewinnen wird. Inzwischen wartet der Besucher, ohne Erklärung für die plötzliche Bewegungslosigkeit seines Gastgebers, vergeblich darauf, daß sein Durst gestillt wird.

Im Speisezimmer kann es noch schlimmer kommen. So geschieht es, daß man mitten beim Tranchieren das Messer ruhen läßt, weil der schweifende Blick durchs Fenster auf die Kronenkraniche fiel, die ihren Hochzeitstanz tanzen. Sie verrenken ihre schlaksigen Beine in höchst unanatomischer Weise, während sie wie unbegabte und schlampig gekleidete Ballettänzer ihre Pirouetten drehen, hoch in die Luft springen, als Zeichen ihrer Liebe geschickt mit Zweigen jonglieren und laute, krächzende, wie eine Autohupe klingende Schreie ausstoßen.

Der Anstand verbietet mir, zu berichten, was man aus dem Badezimmerfenster sehen kann, wenn die Servalkatzen brünstig sind, sich das Herz aus dem Leibe jaulen und vor Liebe und Lust schreien. Doch schlimmer – viel schlimmer – wird es in der Küche, wenn man den Blick vom Herd nach draußen schweifen läßt. Er fällt auf einen großen Käfig mit Schopfmakaken, schwarz und schimmernd wie Kohle, mit leuchtend rosaroten Hinterteilen, die genauso geformt sind wie die Herzen auf den Valentinskarten. Sie frönen einer Orgie, die selbst die fortschrittlichsten Römer doch als extravagant und obszön empfunden hätten. Eine genaue Betrachtung dieses Schauspiels kann zu einer Katastrophe führen, wie es mir einmal passierte, als ich dabei ein Mittagessen für acht Gäste anbrennen ließ, die gerade eintrafen. Ich entdeckte bei dieser Gelegenheit, daß selbst uralte Freunde nicht begeistert auf gekochte Eier reagieren, wenn sie in Erwartung eines fünfgängigen Gourmetmahles schon begonnen haben, ihre Magensäfte abzusondern.

Es kann sogar noch schlimmer kommen. Eines Morgens bewirtete ich einen Kreis uralter und zittriger Naturschützer, alle in den Achtzigern.

Während sie ungeniert meinem süßen Sherry zusprachen, wollte ich gerade den Vorschlag machen (solange sie ihren Verstand noch einigermaßen beisammen hatten), uns draußen die Tiere anzuschauen, als ich aus dem Fenster blickte und zu meinem Entsetzen Giles, unseren größten, am stärksten behaarten und potentiell äußerst gefährlichen Orang-Utan, durch die Frühlingsblumen des Vorgartens latschen sah. Er sah aus wie ein riesiger wandelnder Kaminvorleger aus orangeroten und blonden Haaren, und er hatte jenen weit ausholenden, schlingernden

Gang, der als Vorrecht von Seeleuten gilt, die viele Jahre auf dem Meer und ebenso viele Jahre damit verbracht haben, sich Rum hinter die Binde zu gießen. Ich saß in der Falle, und in der nächsten Stunde blieb mir nichts anderes übrig, als meine geriatrischen Bekannten mit mehr und mehr Sherry zu traktieren, während sie mehr und mehr seiner Wirkung erlagen. Schließlich erreichte mich die glückliche Nachricht, daß Giles wieder eingefangen und in sein rechtmäßiges Quartier zurückgebracht worden war, und ich konnte mich endlich von meinen inzwischen äußerst fröhlichen Naturschützern verabschieden. Aber bei der Vorstellung, was hätte geschehen können, wenn ich sie (zudem unter dem Einfluß des Dämons Alkohol) genau in dem Augenblick zur Tür hinausgeführt hätte, als Giles durch den Vorgarten trottete, lief es mir eiskalt den Rücken hinunter.

Aber warum gerade einen Zoo? – fragen mich verzweifelt Verwandte und Freunde, warum nicht eine Keksfabrik oder eine Gärtnerei oder einen Bauernhof oder sonst irgend etwas Ordentliches und Anständiges?

Die Antwort lautet zunächst, daß ich nie ordentlich und anständig sein wollte; ich konnte mir nichts Langweiligeres vorstellen. Zweitens war ich nicht der Meinung, daß der Wunsch nach einem eigenen Zoo so außergewöhnlich ist, daß er denen, die einem am teuersten und liebsten sind, das Recht gibt, einen anzusehen, als sei man reif für die Klapsmühle. Für mich war die Sache ganz einfach. Ich interessierte mich brennend für alle Geschöpfe, die mit mir auf diesem Planeten leben, und wollte sie in meiner Nähe haben, damit ich sie beobachten und etwas über sie und von ihnen lernen konnte. Was lag also näher, als meinen eigenen Zoo zu gründen?

In jenen glücklichen Tagen hatte ich natürlich keine Vorstellung davon, wieviel Geld und harte Arbeit ein solches Vorhaben erfordert, bevor der Traum Wirklichkeit wird, noch wußte ich, welche Bedeutung Zoos haben und was sie idealerweise darstellen sollten. Egoistisch, wie ich war, sah ich in einem Zoo nur eine große Schar von Tieren, die zu meiner persönlichen Erbauung an einem Fleck versammelt waren. Doch als ich älter wurde und mein Ziel nicht mehr in ferner Zukunft lag, arbeitete ich in Zoos und sammelte für sie in allen Teilen der Welt Tiere, und ich begann, sie in einem etwas anderen, kritischeren Licht zu sehen.

Was ich im Sinn hatte, war ein fast völlig neues Konzept, was den Zweck eines zoologischen Gartens betraf. Er sollte vor allem als Instrument der gesamten Naturschutzbewegung dienen, indem er lebensfähige Brutkolonien für jene gefährdeten Arten schuf, deren Zahl so drastisch gefallen war, daß sie nicht mehr mit den Gefahren des Lebens in der Wildnis zurechtkamen. Dies jedoch nicht (wie einige Naturschützer es mißverstanden), um die Tiere ihr Leben lang in Gefangenschaft zu halten. Die Idee war, die im Zoo gehaltenen Kolonien vor dem Aussterben zu bewahren, während zugleich alle Anstrengungen unternommen wurden, die Wildhabitate und freilebenden Populationen der betroffenen Arten zu restaurieren und die in der Gefangenschaft aufgezogenen Tiere freizulassen, wenn ihre Lebensräume wieder sicher waren. Das, so schien mir, war die vordringliche *raison d'être* eines Zoos.

Zweitens sollte ein Zoo seinen Teil dazu beitragen, Brutkolonien der entsprechenden Arten in ihren ursprünglichen Ländern zu errichten und Leute aus diesen Ländern in der Aufzucht gefangener Tiere und in den Methoden zu unterweisen, sie wieder auszusetzen.

Drittens sollte ein Zoo Studien fördern, um mehr über die Tiere selbst, sowohl in der Wildnis als auch in der Gefangenschaft, zu erfahren und durch diese Kenntnisse bessere und schnellere Wege zu finden, ihr Verschwinden aus dieser Welt zu verhindern.

Nicht zuletzt sollte ein Zoo Aufklärungsarbeit zum Schutz der Umwelt leisten, sowohl in dem Land, in dem er sich befindet, als auch in dem Land, aus dem die gefährdeten Arten stammen, und allgemein dort, wo eine solche Aufklärung am dringendsten erforderlich ist.

Zu meiner Bestürzung mußte ich feststellen, daß viele Zoos miserabel waren. Sie waren miserabel, weil sie keinen rechten Zweck hatten und nur als Sehenswürdigkeit betrieben wurden. Ihr einziger Zweck bestand darin, mit Tieren als «Kassenmagneten» möglichst hohe Gewinne zu erzielen. Die Tiere wurden zumeist schlecht ernährt und in schlechten Käfigen gehalten. Und wenn es überhaupt welche gab, dann waren die Zuchtergebnisse erbärmlich und mehr dem Zufall als einem erkennbaren Plan zu verdanken. Die ungeheure Bandbreite der verschiedenen Arten, über die praktisch nichts bekannt war, wurde wissenschaftlich kaum erforscht, und die Versuche, die Zoobesucher zu informieren, waren bestenfalls rührend.

Ich habe an anderer Stelle (in *The Stationary Ark*) geschrieben, Florence Nightingale habe, als sie mit dem entsetzlichen Zustand der Krankenhäuser in jenen Tagen konfrontiert wurde, nicht vorgeschlagen, sie alle zu schließen. Sie wußte, daß sie von eminenter Bedeutung waren, und schlug deshalb vor, sie zu *verbessern*. Ich will mich keineswegs mit dieser großen Frau vergleichen, aber die Situation der Zoos war (und ist) die gleiche. Ich gelangte zu der Überzeugung, daß sie an ihrem schlechten Ruf – als Institutionen – selbst schuld waren. Zoos könnten, so glaubte ich, eine wichtige Rolle spielen, wenn sie richtig geführt würden – als hervorragende Einrichtungen für die wissenschaftliche Forschung und Ausbildung, doch in unserer Zeit vor allem als Zentren für die Aufzucht von Tieren in der Gefangenschaft, um so dazu beizutragen, die gefährdeten Arten zu retten.

Ich wollte also, ganz einfach, einen Zoo nach diesen Prinzipien führen – Prinzipien, denen, wie ich glaubte, jeder Zoo folgen sollte. Ich war mir keineswegs sicher, ob das funktionieren würde, aber schließlich wußten die Brüder Wright auch nicht, ob sie fliegen könnten, bevor sie sich in die Luft begaben. So haben wir es versucht, und jetzt – Jahre später, nach harter Arbeit und vielen Fehlern – haben wir bewiesen, daß es funktionieren kann. Deswegen heißt dieses Buch *Das Fest der Tiere*, denn wir haben vor kurzem unseren fünfundzwanzigsten Geburtstag gefeiert. Und dies ist die Geschichte von einigen der vielen Dinge, die wir in den Jahren unseres Erwachsenwerdens erlebt haben.

Les Augres Manor

Mit einundzwanzig Jahren erbte ich 3000 Pfund Sterling, eine fürstliche Summe, aber nicht genug, um einen Zoo zu gründen. So entschloß ich mich, Tierfänger *für* Zoos zu werden. Es war eine kurze Karriere, denn ich entdeckte, daß die meisten Händler die Gewohnheit hatten, einen Käfig, der für ein Exemplar gedacht war, mit zwanzig Tieren vollzustopfen, um für die Überlebenden einen höheren Preis zu verlangen. Wenn alle überlebten, schön und gut. Ich konnte mich auf diese Art von Sklavenhandel nicht einlassen; deshalb waren meine Käfige geräumig und meine Tiere gut versorgt. Und deshalb verlor ich all mein Geld. Dennoch erwies sich die Erfahrung als unbezahlbar. Ich lernte dadurch viel über die Haltung von Tieren in den Tropen, über ihre Krankheiten und Marotten. Ich lernte vor allem, daß Zoos keineswegs so waren, wie ich sie mir vorgestellt hatte.

Völlig mittellos, begann ich auf Drängen meines älteren Bruders zu schreiben. Ich hatte Glück. Mein erstes Buch war das, was man heute einen Knüller nennt, und ich hatte das Glück, daß auch meine folgenden Bücher sich gut verkauften. Mit diesem Wandel meines Geschicks wandten sich meine Gedanken wieder dem Zoo zu. Nachdem ich mir 25 000 Pfund (für noch ungeschriebene Meisterwerke) von meinem freundlichen und leidgeprüften Verleger geliehen hatte, entschloß ich mich, an der Südküste Englands einen geeigneten Platz dafür zu finden. Ich mußte jedoch entdecken, daß eine Folge von Labour-Regierungen das Land in einen geradezu kafkaesken bürokratischen Sumpf verwandelt hatten, in dem der Durchschnittsbürger unweigerlich versank. Es war unmöglich, für die einfachsten Dinge eine Genehmigung der örtlichen Behörden zu erhalten, geschweige denn für etwas so Bizarres wie einen Zoo. So zog ich, mit einem Empfehlungsschreiben meines Verlegers in der Hand, nach Jersey – eine kleine, wunderschöne und selbstverwaltete Insel –, und wenige Stunden nach meiner Ankunft hatte ich Les Augres Manor gefunden, und innerhalb von achtundvierzig Stunden hatte ich freie Bahn für mein Unternehmen. Ich hatte mich freilich nicht mit blinder Begeisterung in die ganze Sache gestürzt, sondern vorher Rat eingeholt. Ich sprach jeden an, den ich in jenen Kreisen kannte, die man vielleicht die «Biologische Zoo-Welt» nennen könnte, und der meines Wissens die Idee der Aufzucht in Gefangenschaft guthieß. Der erste war James Fisher, ein großartiger Ornithologe und begeisterter Zoo-Mann. Er half mir, indem er mich für verrückt erklärte.

«Sie sind verrückt, mein Junge», sagte er und blickte mich unter der Mähne seines eisgrauen Haars an, wobei er aussah wie ein äußerst besorgter Altenglischer Schäferhund. «Völlig verrückt. Ich muß Ihnen dringend von den Kanalinseln abraten.»

Er füllte sein Glas bis zum Rand mit meinem Gin.

«Aber warum, James?» fragte ich.

«Zu weit weg. Ende der Welt», erklärte er und winkte ab. «Wer zum Teufel kommt denn jemals auf eine dieser gottverlassenen Kanalinseln, um sich Ihren Laden da anzusehen? Die ganze Geschichte ist idiotisch. Ich würde nicht so weit fahren, um Ihren Gin zu trinken. Daran können Sie sehen, für wie blöd ich die ganze Idee halte. Die Sache wird Sie ruinieren. Sie könnten sich ebensogut auf den Osterinseln niederlassen.»

Das war deutlich, aber nicht ermutigend.

Daraufhin besuchte ich Jean Delacour in seiner berühmten Vogelsammlung in Clère. Jean war ein wirklich phantastischer Vogelzüchter und Ornithologe, der weit gereist war, um Vögel zu sammeln, neue Arten zu beschreiben und gewaltige und umfassende Werke über die Ornithologie in den entlegensten Teilen der Welt zu schreiben. In beiden Weltkriegen war seine wertvolle Sammlung seltener Vögel von den Deutschen geplündert und zerstört worden. Als der zweite Krieg zu Ende war, baute Jean, anstatt zu resignieren, wie es die meisten Leute getan hätten, in Clère seine Sammlung zum drittenmal aus dem Nichts auf.

Während wir über das herrliche Gelände schritten und die Vögel und Säugetiere bewunderten, gab mir Jean viele gute Ratschläge. Aus dem Munde eines Mannes mit seiner großen Erfahrung waren sie nicht mit Gold aufzuwiegen. Dann gingen wir einen sanft abfallenden, gepflegten Rasen hinunter, wo am Ufer des Sees Tee für uns bereitstand. Wir setzten uns, lauschten den glücklichen Gesängen der Gibbons auf ihrer Insel im See und beobachteten, wie die Flamingos, rosig wie Zyklamenknospen, ernst und feierlich über den grünen Rasen schritten, begleitet von Fasanen, schillernden Bankivahühnern und Pfauen, die lässig ihre juwelenbesetzten Schwänze hinter sich herzogen. Dann entschloß ich mich, den größten Ornithologen Frankreichs nach seiner Ansicht über den Schutz der Natur zu fragen.

«Sagen Sie mir, Jean», sagte ich. «Sie treten jetzt seit mehr als sechzig Jahren für den Naturschutz ein...»

«Ja», bestätigte er. Er war ein korpulenter Mann mit einem gewaltigen Kopf, Winston Churchill nicht ganz unähnlich, und mit einem Akzent, um den ihn Maurice Chevalier beneidet hätte.

«Nun», sagte ich, «wie denken Sie darüber? Glauben Sie, daß überhaupt Hoffnung besteht?»

Er versank für einen Augenblick in ein nachdenkliches Schweigen, die Hände über dem Knauf seines Spazierstocks gefaltet, sein Kopf auf die Hände gestützt.

«Ja», sagte er. «Es besteht Hoffnung.»

Ich war entzückt über eine so unpessimistische Einschätzung seitens einer so bedeutenden Autorität.

«Wenn wir Kannibalen werden», fügte er hinzu.

Dann suchte ich Sir Peter Scott auf, der wie immer hilfsbereit und voller Begeisterung war. Fast als einziger unter den führenden Naturschützern glaubte Peter an die Aufzucht in Gefangenschaft, und das war einer der Gründe, die ihn veranlaßt hatten, den inzwischen berühmt gewordenen Wildfowl and Wetlands Trust ins Leben zu rufen. Er war meinen Plänen gegenüber höchst aufgeschlossen und konstruktiv, gab mir viele gute Ratschläge und wies auf die Fallstricke hin, über die er selbst gestolpert war. Während des Gesprächs stand er vor einer großen Leinwand, um das Gemälde eines Sonnenaufgangs über einer Marschlandschaft zu beenden, mit einem Schwarm Gänse, der zur Landung ansetzte. Sein Pinsel fuhr über die Leinwand und setzte hier und dort einen Tupfer, und dabei wuchs das Gemälde auf wunderbare Weise aus den scheinbar zufällig applizierten Farbflecken und nahm Gestalt an. Ich erinnerte mich an eine Geschichte, die mir eine Freundin erzählt hatte, eine Malerin von rassereinen Renn- und Zugpferden. Sie hatte Peter aufgesucht, um seinen Rat über ihre erste Ausstellung einzuholen, und er hatte sie in einem bunten seidenen Morgenmantel freundlich empfangen. Während er sprach, arbeitete er weiter an dem Bild, das er gerade malte, einem Entenschwarm, der bei Sonnenuntergang zur Landung in einer Marschlandschaft ansetzte. Er war gerade dabei, ihr einen klugen und ausgezeichneten Rat zu erteilen, als das Telefon klingelte

«Verdammt», sagte Peter und betrachtete verdrossen seine Leinwand. Dann hellten sich seine Züge auf.

«Hier», sagte er und wandte sich an meine Freundin. «Sie sind Malerin – malen Sie nur eben diese Entenschnäbel mit Gelb aus, seien Sie so nett, während ich telefoniere.»

Zum Glück verlangte Peter von mir nicht, mich auf gleiche Weise für seine Hilfe zu revanchieren.

Ich hatte nicht das Gefühl, daß mein Plan noch nicht endgültig besiegelt war, solange ich ihn nicht Sir Julian Huxley, dem Doyen der biologischen Szene, vorgetragen hatte. Er war immer freundlich und hilfsbereit mir gegenüber gewesen, aber was ich vorhatte, war so grandios, daß ich fürchtete, er würde es irgendwie negativ beurteilen. Ich hätte mir keine Sorgen zu machen brauchen, denn er begrüßte meine Idee mit jener ansteckenden Begeisterung, die er für jede neue Idee, ob groß oder klein, an den Tag legte. Entspannt lehnte ich mich zurück. Wir tranken gemütlich eine Tasse Tee und unterhielten uns über alles mögliche, von den Schuppentannenwäldern in Chile bis zum Fell des Riesenfaultiers, das man in den Höhlen Patagoniens gefunden hatte, von den Freßgewohnheiten des Narwals bis zu der eigenartigen Zahnanpassung einer Echse, die ich in Guyana gefangen hatte, einer Anpassung, die es dem Tier ermöglicht, die gewaltigsten Schnecken mit Leichtigkeit zu fangen, zu zermalmen und zu zerkauen. Ich hatte ihm eine Reihe von Fotos geschickt, die den ganzen Vorgang festhielten, und er war fasziniert gewesen.

«Da wir gerade von Fotos sprechen, Durrell», sagte er, als er seine Tasse leergetrunken hatte, «haben Sie diesen Film gesehen, den der junge Attenborough aus Afrika mitgebracht hat, mit dieser Löwin… Sie wissen, Elsa? Sie wurde von dieser Frau da, dieser Adamson, aufgezogen.»

«Nein, Sir», sagte ich. «Leider habe ich ihn versäumt.»

Er sah auf seine Uhr. «Er wird heute nachmittag noch einmal gesendet», sagte er. «Wir könnten ihn uns anschauen, was?»

So setzten der größte lebende englische Biologe und ich uns auf zwei Stühle vor den Fernseher, und Huxley schaltete das Gerät an. Schweigend sahen wir zu, wie Joy Adamson hinter Elsa herlief, wie Elsa hinter Joy Adamson herlief, wie Joy Adamson auf Elsa lag, Elsa auf Joy Adamson, Elsa im Bett mit Joy Adamson, Joy Adamson im Bett mit Elsa und so weiter und so fort. Schließlich war der Film zu Ende, und Huxley beugte sich vor und schaltete den Apparat ab. Er grübelte einen Augenblick nach. Ich schwieg.

«Wissen Sie was, Durrell?» fragte er plötzlich.

Ich wartete gespannt auf den tiefgründigen und erhellenden Kommentar über tierisches Verhalten, den der größte lebende englische Biologe mir zuteil werden lassen würde. «Was, Sir?» fragte ich und hielt den Atem an.

«Es ist der einzige Fall von lesbischer Liebe, den ich je zwischen einem Menschen und einer Löwin gesehen habe», sagte er ganz ernst.

Dagegen, hatte ich das Gefühl, würde jede weitere Unterhaltung nur abfallen; so verabschiedete ich mich.

Am 14. März 1959 wurde der Jersey Zoological Park eröffnet. Die ersten Bewohner waren verschiedene Tiere, die ich aus Westafrika mitgebracht und im Hinterhof meiner Schwester in Bournemouth (dem gesündesten aller Seebäder) bis zu dem Tag untergebracht hatte, da sie Gründungsmitglieder des Zoos werden würden. Sie wurden nach Jersey verfrachtet, und die Nachbarn meiner Schwester atmeten erleichtert auf.

Natürlich war Les Augres Manor für mehrere Monate vor der Ankunft der Tiere ein Schauplatz hektischer Aktivität. Zimmerleute und Maurer traten sich gegenseitig auf die Füße, mischten Zement an und machten Käfige aus allem, was ihnen in die Hände fiel. Aus Verpackungskisten wurden Unterstände, und jedes Stück Eisenrohr oder Schmiedeeisen vom örtlichen Schrottplatz fand seine Verwendung. Was Leute weggeworfen hatten, weil sie es nicht mehr benötigten, verwandelten wir in Schutzhütten und Unterstände; Käfige, unansehnlich und häßlich, aber praktisch, schossen wie Pilze aus dem Boden.

Unsere Umgebung war natürlich eine Idylle. Das herrliche Herrenhaus – das älteste in Jersey – lag mit seinen granitenen Torbogen am Rande eines sanft abfallenden Tales, durch das sich ein Bächlein schlängelte, das in einen kleinen, von Bäumen umsäumten See mündete. Das ganze Gelände war an allen Seiten von winzigen Feldern umgeben, jedes bewacht von einer Hecke aus Bäumen und Büschen, alten Eichen und Kastanien. Als Bonnie Prince Charlie seinen Anspruch auf den englischen Thron geltend machte und – wie es heißt – auf dem Rasen vor dem Herrenhaus seinen Tee zu sich nahm, müssen die meisten dieser prächtigen Bäume noch nicht einmal mannshoch gewesen sein. Man konnte sich leicht vorstellen, wie sich das Grundstück mit liebevoller Sorgfalt und Umsicht, durch Beschneiden und Bepflanzen in einen Park verwandeln ließe, der wie ein grüner Ring das Juwel des Herrenhauses einfassen würde.

Das erste große Problem ließ nicht lange auf sich warten. Es ist gut und schön, sich 25 000 Pfund zu borgen, aber man muß sie auch zurückzahlen. Das hieß, daß ich so schnell wie möglich auf eine weitere Expedition gehen mußte, um Stoff für ein neues Buch zu sammeln. So stellte ich – äußerst ungern – einen Geschäftsführer ein, einen langjährigen Freund, von dem ich glaubte, daß er der Aufgabe gewachsen sei. Das war ein Irrtum. Bei meiner Rückkehr mußte ich feststellen, daß meine schriftlichen Anweisungen nicht beachtet worden waren und das Geld aufgezehrt war. Unser Schiff (unsere potentielle Arche, wenn Sie so wollen) hatte sich als äußerst schwach erwiesen und drohte jetzt an den schrecklichen Klippen des Bankrotts zu zerschellen. Es sah ganz so aus, als ob mein Vorhaben, einen Ort zu schaffen, der Tiere vor dem Aussterben bewahren sollte, selbst vom Aussterben bedroht war, bevor er überhaupt verwirklicht werden konnte. Ich feuerte meinen Geschäftsführer und übernahm selbst die Leitung.

Die nächsten beiden Jahre waren, um es vorsichtig auszudrükken, nervenaufreibend. Jeden Morgen fragte ich mich beim Aufwachen, ob dies der Tag sei, an dem mein Kredit erschöpft war und sich meine Träume wie Tau in Luft auflösten. Das Personal war großartig. Obgleich es für einen Hungerlohn arbeitete, war jeder einzelne sich über die Schwere der Situation im klaren und bereit weiterzumachen. Das gab mir moralischen Rückhalt und den Mut (nicht ohne Hilfe von Beruhigungstabletten), Bankmanager sowie Obst- und Gemüsehändler aufzusuchen, um die einen zu bitten, mein Konto überziehen zu dürfen, und die anderen, weiterhin auf ihr Geld zu warten. Ganz allmählich begannen wir zu schwimmen, anstatt unterzugehen.

In jenen frühen Jahren gab es viele bizarre Ereignisse, und selbst meine Mutter war gelegentlich das Opfer einer Art von Episoden, die nur geschehen können, wenn man in einem Zoo lebt. Unsere beiden halb ausgewachsenen Schimpansen Chumley und Lulu hatten nach gründlichen Forschungen entdeckt, daß Verbindungsdrähte – wenn man ein freies Ende findet – sich aufröbbeln lassen wie ein alter Pullover, und fast genauso schnell. Eben das taten sie eines Nachmittags, als niemand in der Nähe war, mit dem Draht an ihrem Käfig. Meine Mutter hatte sich gerade mit einer Kanne Tee vor dem Fernseher niedergelassen, da hörte sie ein gebieterisches Klopfen an der Haustür. Erstaunt erhob sie sich, um zu öffnen, und fand Chumley und Lulu auf der Treppe. Deren Benehmen ließ klar erkennen, daß sie ihr einen Besuch abstatten wollten, daß sie sich freuten, sie zu Hause anzutreffen, und daß sie nicht im mindesten daran zweifelten, von ihr genauso begeistert begrüßt zu werden, wie sie die alte Dame begrüßten. Meine Mutter war knapp 1,50 Meter groß, und die Schimpansen reichten ihr bis zur Taille. Sie gehörte nicht zu denen, die in einer kritischen Situation den Kopf verlieren, und ohne zu zögern, bat sie die Affen wie gern gesehene Gäste näherzutreten, ließ sie auf dem Sofa Platz nehmen und öffnete eine große Schachtel Pralinen und eine Dose mit Keksen. Während die Affen sich über dieses Himmelsmanna hermachten, ging meine Mutter ans Telefon und berichtete ruhig, die Ausbrecher befänden sich bei ihr. Die Idee, die Affen könnten sie ernstlich verletzen, kam ihr überhaupt nicht in den Sinn, und als ich ihr Vorwürfe machte, daß sie sie in die Wohnung gelassen hatte, war sie zutiefst erstaunt.

«Aber mein Lieber», sagte sie verständnislos. «Sie kamen zum *Tee*.» Und dann fügte sie klagend hinzu: «Und sie hatten entschieden bessere Manieren als einige der *Leute*, die du hier einlädst.»

Damals besaßen wir einen gewaltigen und wunderschönen Netzpython mit dem Namen Pythagoras. Nicht weniger als drei Meter fünfundsechzig lang und dick wie der Oberschenkel eines Rugbyspielers, war Pythagoras jemand, mit dem nicht zu spaßen war. Er bewohnte einen Käfig in dem damaligen Reptilienhaus, der schlecht entworfen war und ihm bald zu klein wurde. Den Käfig hatte nicht ich entworfen, wie ich hinzufügen möchte, sondern der Geschäftsführer, den ich für die Zeit meiner Abwesenheit eingestellt hatte. Die Vorderseite bestand aus zwei großen Panzerglasplatten, deren Kanten übereinanderlagen, so daß es äußerst schwierig war, den Käfig zu reinigen, wenn sich ein potentiell lebensgefährliches Tier wie Pythagoras in ihm befand. Die Schlange mußte also zuerst entfernt werden, und das war eine Arbeit für drei Männer – zwei hielten Pythagoras (der heftig protestierte) fest und beförderten ihn in einen riesigen Stoffkorb, während der dritte Mann den Käfig reinigte. Obgleich der Python in der Regel sanft wie ein Lamm war, verabscheute er es, angefaßt zu werden, und deshalb war es jedem Angestellten streng verboten, die Prozedur allein durchzuführen. John Hartley, gerade aus der Schule entlassen, ein gut aussehender Bursche und in die Höhe geschossen wie eine Giraffe, war seit einem Jahr bei uns und zeigte so viel Begeisterung für die Arbeit, daß wir ihm die Aufsicht über die Reptilien übertragen hatten. Eines Abends ging die Begeisterung mit ihm durch. Als ich in der Dämmerung, nachdem der Zoo geschlossen hatte, am Reptilienhaus vorbeikam, hörte ich erstickte Hilferufe aus dem Inneren dringen. Ich ging der Sache nach und entdeckte, daß John das Unverzeihliche getan hatte. Er hatte versucht, Pythagoras allein aus dem Käfig zu schaffen. Die große Schlange hatte sich um ihn gewunden und hielt ihn nun wie in einer Zwangsjacke fest. Glücklicherweise war Johns Kopf noch frei, und Pythagoras zischte wie ein Dampfkessel.

Dies war nicht die Zeit für Schuldzuweisungen. Ich packte das Reptil am Schwanz und begann, daran zu zerren. Das Problem war, daß Pythagoras, sobald ich ihn von John gelöst hatte, anfing, mich zu umschlingen. Binnen kurzem waren wir miteinander verbunden wie siamesische Zwillinge und begannen nun, gemeinsam nach Hilfe zu rufen. Es war nach Dienstschluß, und ich fürchtete, daß das Personal bereits gegangen war. Die Vorstellung, die ganze Nacht so zubringen zu müssen, bis jemand uns am Morgen fand, war nicht sehr amüsant. Zum Glück wurden unsere mißtönenden Rufe von einem der Säugetier-Wärter gehört, und mit seiner Hilfe gelangte Pythagoras wieder in sein rechtmäßiges Heim. John gegenüber war ich äußerst kurz angebunden, wie man sich vorstellen kann. Doch ein von einem Python geknüpfter Bund scheint ein Verhältnis besonderer Art zu schaffen, denn John ist jetzt mein persönlicher Assistent.

Gewöhnlich betrachten wir derartige Ereignisse nicht als Störungen in unserem Alltag, denn sie gehören schlicht dazu. Nur wenn wir Freunde oder Bekannte durch den Zoo führen, wird uns klar, daß wir in den Augen anderer ein seltsames Leben führen müssen, und doch – wie exzentrisch wir ihnen auch vorkommen mögen – sind sie beeindruckt. Sie schauen sich unsere prachtvollen Reptilien an – Schlangen, die sich graziöser als eine balinesische Tempeltänzerin bewegen, Schildkröten, die einherwatscheln wie riesige beseelte Walnüsse. Wir zeigen ihnen unsere schokoladenbraunen Gorillas, die wie Bären knurren, ihren Anführer Jambo, einen dicht behaarten Sumo-Ringer, aber hübscher und sanft wie ein Kätzchen. Dann unsere buddhistischen Orang-Utans mit ihren orientalischen Augen und einem Fell wie hundert miteinander verflochtene Pferdeschwänze in Blond, Orange und Rot. Sie bewundern unsere Tapisserin mit Vögeln – Kraniche, schlank und elegant wie Speere, Fasane mit ihrem Gefieder aus bunt schimmernder Seide, Flamingos, die sich langsam über den grünen Rasen bewegen wie verwehte Rosenblätter. Sie verlieben sich in unsere Pinsel- und Seidenäffchen, die kleinsten aller Affen, mit ihrem braunen, orangenen, schwarzen oder wie reines Gold glänzenden Fell, winzige, zerbrechlich wirkende Tiere, die sich wie Quecksilber durch die Zweige bewegen, zart wie Vögel und wie diese zwitschernd und tirilierend. Dann in dem Gehölz an unserem See die Lemuren, scheckig wie Dominos und im Chor brüllend, so daß der Boden unter unseren Füßen bebt. Dann der Hirscheber, sicher das schönste häßliche Tier auf der Erde, mit seinen mächtigen, gebogenen Hauern und einem fast haarlosen Körper, der mit vielen Runzeln, Ritzen und Falten überzogen ist, daß er aussieht wie eine Reliefkarte des Mondes. Die Geparde, kerzengerade in einem Bilderrahmen hohen Grases sitzend, die schwarzen Tränenmale auf ihrem Gesicht – Tränenmale, so heißt es, weil sie, nachdem sie erschaffen wurden, hochmütig und unfreundlich zu anderen Tieren waren und deshalb von Gott ermahnt wurden und schwarze Tränen weinten, die ihre Gesichter als Erinnerung an seinen Zorn zeichneten.

Unsere Freunde sehen all diese Tiere – Tiere, die sie kennen, und andere, von denen sie nie wußten, daß es sie gibt –, und sie fragen, wie und warum wir das alles aufgebaut haben. Wir antworten, daß wir über tausend Tiere in unserer Sammlung haben und daß 90 Prozent der Geschöpfe, die wir ihnen gezeigt haben, vom Aussterben bedroht sind und daß sie aus allen Teilen der Welt kommen. Sie sind vor allem durch die Aktivitäten des Menschen bedroht, und ihr Schicksal zeigt, was wir diesem Planeten zufügen. Unsere *raison d'être* ist es, diesen Tieren eine Heimstatt zu bieten, und das ist der Grund, warum ich meinen eigenen Zoo haben wollte.

Selbst während der sorgenvollen ersten Jahre mußten wir, das hatte ich beschlossen, unsere Pläne vorantreiben, den Zoo in das zu verwandeln, was er sein sollte: ein wissenschaftlicher, karitativer Trust. Doch bevor der Trust geschaffen werden konnte, um den Zoo zu übernehmen und ihn zu seinem Hauptquartier zu machen, mußte ich an die Schulden denken. Obwohl unsere Einnahmen aus den Eintrittsgeldern ständig stiegen, waren da immer noch die elenden 25 000 Pfund, die wie eine schwarze Wolke über dem Horizont hingen. Es lag auf der Hand, daß man einen Trust nicht mit einer solchen Schuldenlast beginnen konnte. Es gab keinen anderen Ausweg, wenn wir vorankommen und schnell vorankommen wollten: Meine Bücher verkauften sich gut, und ich übernahm persönlich die Rückzahlung des Darlehens, so daß der Jersey Wildlife Preservation Trust, frei von Schulden, gegründet werden konnte.

Es war ein großer Tag, als wir 1963 in den dunklen Tiefen des ehrwürdigen Royal Court in St. Helier zusammenkamen, um eine Körperschaft zu werden und damit einen rechtlichen Status zu erlangen. Anwälte, wie schwarze Krähen in ihren Roben, eilten durch die düsteren Räume, ihre Perücken weiß wie Pilzköpfe im Schatten des Waldes. Sie alle unterhielten sich leise miteinander, in jener seltsamen Juristensprache, die so unverständlich klingt wie Chaucers Englisch und niedergeschrieben so geheimnisvoll ist wie die Schriftrollen vom Toten Meer – und manchmal fast ebenso archaisch. So verließen wir schließlich das Gebäude, blinzelten ins Frühlingslicht und gingen ins nächste Restaurant, um die Tatsache zu feiern, daß der Jersey Wildlife Preservation Trust kein Traum mehr war, sondern Wirklichkeit.

Wir hatten einige wichtige Dinge zu tun, wenn der Trust gedeihen sollte. Wir brauchten Mitglieder, das Lebensblut jeder Organisation, und sie zu gewinnen kann ein langwieriger Vorgang sein. In unserem Fall wurde er zum Glück dadurch beschleunigt, daß ich seit meinem ersten Buch jeden positiven Brief aufgehoben hatte, den ich je erhalten hatte. Diese netten Leute wurden jetzt angeschrieben, und ich freue mich, sagen zu können, daß eine große Zahl von ihnen sich bereit erklärte, dem Trust als Gründungsmitglied beizutreten. (Von da an wuchs unsere Mitgliederzahl, bis sie zum Zeitpunkt dieser Niederschrift 20 000 – Menschen aus allen Teilen der Welt – zählte.)

Eine unserer ersten Aufgaben nach der Gründung des Trusts war trauriger Natur. Unter den Tieren unserer Sammlung waren viele Arten, die in der Wildnis nicht gefährdet waren, Tiere, die ich gesammelt hatte, als ich für andere Zoos arbeitete, oder Tiere, die uns mehr oder weniger aufgedrängt worden waren. Sie nahmen wertvollen Platz weg, und ihre Pflege kostete uns viel Geld; sowohl der Raum als auch das Geld konnten besser verwendet werden. So war es unabdingbar, diese nicht so seltenen Tiere aus unserer Sammlung zu nehmen und eine andere Heimstätte für sie zu finden. Sich von Tieren zu trennen, die wir zum großen Teil selbst aufgezogen hatten und die einem nicht selten ans Herz gewachsen waren, war schmerzlich, aber notwendig, wenn der Trust das erreichen sollte, was er sich zum Ziel gesetzt hatte. Der Mangel an guten Zoos, denen ich die Tiere überhaupt hätte schicken wollen, erschwerte die Aufgabe noch zusätzlich. Auf

den Britischen Inseln konnte man sie – nach langem Nachdenken – an den Fingern einer Hand abzählen.

So gingen Jeremy Mallinson und ich eines Morgens durch das
Gelände, fest entschlossen, in der Auswahl der Tiere, von denen
wir uns trennen wollten, nicht zimperlich zu sein. Jeremy ist unser zoologischer Direktor; er war bereits wenige Wochen nach
der Eröffnung des Zoos zu uns gekommen, weil er einen Kurzzeit-Job suchte – einen Kurzzeit-Job, der dann dreißig Jahre dau-
ern sollte. Unverkennbar mit seiner Duke-of-Wellington-Nase,
seinem butterblumengelben Haar und seinen leuchtenden
blauen Augen, liebte Jeremy unsere Tiere so hingebungsvoll, als
ob er jedem von ihnen selbst das Leben geschenkt hätte. Seine
Gewohnheit, von menschlichen, männlichen und weiblichen,
Bekannten als einem «feinen Exemplar» zu sprechen, wies darauf hin, daß sein Beruf häufig auch in sein Alltagsleben Eingang
fand.

Als erstes blieben wir vor dem Tapir-Gehege stehen. Diese
südamerikanischen Tiere haben etwa die Größe eines verlänger-
ten Shetland-Ponys und erinnern entfernt an eine Kreuzung zwischen einem prähistorischen Pferd und einem verkürzten Mini-
Elefanten. Wegen ihrer seltsamen, greiffähigen Nasen nannten
wir sie Claudius und Claudette und ihr Baby Nero. Sie trotteten
durch das Gehege auf uns zu und stießen kurze, falsettartige Be-
grüßungsschreie aus, Laute, die lächerlich unangemessen klingen
angesichts dieser korpulenten schokoladenfarbenen Tiere. Als
ich Claudius am Ohr kraulte, erinnerte ich mich, wie ich ihn
gutmütig, aber deprimiert im Schaufenster eines Tierhändlers in
Buenos Aires hocken sah. Da mein Spanisch der Situation nicht
gewachsen war, bat ich eine der schönsten Frauen, die ich kenne,
Bebita Ferreyra, mir bei dem Handel zu helfen. Sie betrat majestätisch den schmuddeligen Laden, und mit einer Mischung aus
Charme und der Gerissenheit eines Fischweibs wickelte sie den
Besitzer so ein, daß er uns Claudius zum halben Preis überließ.

Dann zog Bebita ihre langen weißen Handschuhe wieder an,
die sie zu Beginn des Handels abgelegt hatte, um besser gestiku-
lieren zu können, und verließ hoch erhobenen Hauptes den Laden. Ich folgte ihr demütig mit Claudius am Seil. Sie hielt ein
vorbeifahrendes Taxi an, aber als der Taxifahrer entdeckte, daß

Bebita die Absicht hatte, in Gesellschaft von Claudius den Wagen zu besteigen, war er entsetzt.

«Señora, *bichos* sind in Taxis nicht zugelassen», sagte er.

Bicho ist eine praktische südamerikanische Bezeichnung für jedes wilde Tier.

Bebita warf ihm den Blick zu, mit dem Queen Victoria die Leute ansah, wenn sie nicht amüsiert war.

«Das ist kein *bicho*», sagte sie eisig. «Das ist ein Tapir.»

«Das ist ein *bicho*», sagte der Taxifahrer stur. «Ein wildes *bicho*.»

«Es ist weder wild noch ein *bicho*», sagte Bebita. «Wenn Sie jedoch die 30 Pesos für seinen Transport nicht verdienen wollen, finden wir sicher einen Taxifahrer, der dazu bereit ist.»

«Aber die Polizei…», sagte der Fahrer, zwischen Habgier und Selbsterhaltung hin- und hergerissen.

«Die Polizei können Sie mir überlassen», sagte Bebita, und so retteten wir Claudius.

Jetzt war er zweifacher Vater und so schmuck, wie ein Tapir nur sein kann. Als ich seine Ohren kraulte, seufzte er plötzlich tief auf und fiel wie vom Schlag getroffen zu Boden. Das war das Zeichen für mich, seinen Bauch zu kraulen. Während ich das tat, versuchte Nero, wie immer Ausschau nach etwas Eßbarem haltend, eines der Ohren seines Vaters zu fressen, woraufhin Claudius auf die Beine sprang und vor Entrüstung grunzte. Jeremy erzählte mir, er habe Schwierigkeiten, einen geeigneten Zoo zu finden, der bereit sei, Claudius und seine Familie aufzunehmen, und obwohl ich mich bemühte, enttäuscht auszusehen, freute ich mich insgeheim.

Als nächstes blieben wir vor dem Gehege der Nabelschweine stehen. Hier lebte Juanita, die Mutter einer Herde dieser südamerikanischen Tiere. Ich hatte sie als Baby in der Provinz Jujuy in Nordargentinien erworben, und sobald ich die Sammlung von Tieren mit dem Zug nach Buenos Aires geschafft hatte, bekam Juanita offensichtlich eine Lungenentzündung. Die Tiere wurden auf dem Gelände des Naturhistorischen Museums untergebracht, während ich in der Wohnung eines Freundes mein Lager aufschlug. Natürlich mußte nun auch Juanitas Lager in die Wohnung verlegt werden, damit wir sie pflegen konnten. Sie war in einer üblen Verfassung, und ich rechnete schon damit, sie zu verlieren. Zwischen dem Museum und der Wohnung liegt die Strichgegend von Buenos Aires und eine Straße mit der Bezeichnung Venti Cinco de Marzo. Hier pflegten wir zwischen unserer Arbeit im Museum und der Betreuung Juanitas ein Café mit dem Namen Olleys Music Bar aufzusuchen, um uns mit ein paar Gläsern Wein zu stärken. Olleys Mädchen fanden bald heraus, was mein Freund David und ich machten, und erfuhren von dem traurigen Schicksal Juanitas. Jeden Abend erkundigten sie sich äußerst zartfühlend nach ihrem Befinden und wetteiferten miteinander, ihr kleine Geschenke zu machen (gekauft von dem, wie ich vermute, was man gemeinhin «Sündengeld» nennt) – eine Schachtel Pralinen, ein paar Feigen oder Avocados oder einen Topf mit süßem Babybrei. Alle waren außer sich vor Freude, als ich ihnen erzählte, daß Juanita über den Berg war und am Leben bleiben würde. Ein Mädchen brach in Tränen aus und mußte mit einem großen Brandy wieder auf die Beine gebracht werden, und Olley selbst schmiß eine Runde für alle. Ich kann nur sagen, gefallene Mädchen oder nicht, wenn ich krank im Krankenhaus läge, würde ich mich gern von der echten Liebe und Sympathie dieser Damen tragen lassen. Ich war froh darüber, daß Jeremy Schwierigkeiten hatte, ein neues Heim für die Nabelschweinherde zu finden.

Als nächstes kamen wir zur Behausung einer Zibetkatze namens Potsil. Diese Zibets sehen aus wie kleine ingwerbraune Katzen mit langen beringten Schwänzen, einem verschwommen gefleckten Fell und seltsam hervorstehenden bernsteinfarbenen Augen, deren vertikale Pupillen ihnen ein reptilienhaftes Aussehen verleihen. Ich hatte Potsil in Westafrika erworben, als er gerade geboren und noch blind war. Sobald sich seine Augen geöffnet und er seine Milchzähne bekommen hatte, wußte ich, daß ich ein Ungeheuer aufzog. Potsil lebte, um zu fressen, und er machte sich über alles her, tot oder lebend, was in seine Reichweite gelangte. Er war ein «Allesfresser», wie er im Buche steht. Es gab nichts, was er nicht mit Wonne vertilgte, selbst wenn es widerwärtige Leckerbissen waren, die jede andere Art als ungenießbar zurückwies. Sein höchstes Ziel im Leben war es, einen Menschen zu verzehren – eine Aufgabe, von der er nicht glaubte, daß sie seine Fähigkeiten überstieg. Das machte die Reinigung seines Käfigs zu einem gefährlichen Unterfangen, denn obgleich er einen lethargischen Eindruck vermittelte, konnte er wie ein Blitz zuschlagen, wenn seine Magensäfte ihn dazu anstachelten. Ich habe eine meiner eindrucksvollsten Narben Potsil zu verdanken; deshalb tat es mir nicht leid, ihn fortzuschicken. Ich war eines Tages an seiner Behausung vorbeigegangen, als ich einen neu eingestellten Wärter erblickte, der Potsils Käfig reinigte. Da Potsil so katzenhaft aussah, hatte der ahnungslose Jüngling das Tier einfach am Genick ergriffen und preßte es nun mit einer Hand gegen seine Brust, während er mit der anderen den Käfig reinigte. Eine solche Ahnungslosigkeit kann manchmal schützen, da Tiere nicht auf sie gefaßt sind. Törichterweise entschloß ich mich, dem Jungen zu helfen.

«Geben Sie mir mal das Tier», sagte ich. «Es kennt mich.»

Ich beugte mich vor und ergriff Potsil am Genick. Als nächstes wollte ich ihn am Schwanz packen, um vor seinem Maul und seinen Krallen sicher zu sein. Bevor ich jedoch dazu kam, sagte eine Stimme hinter mir in erfreutem Ton: «Sie *müssen* Mr. Durrell sein!» Da ich durch die Stimme abgelenkt wurde, erhielt Potsil seine Chance. An meiner Hand hängend wie ein Gehängter am Galgen, drehte er sich behende um, schlug zunächst die sichelscharfen Krallen seiner Hinterpfoten und danach sämtliche Zähne in mein Handgelenk – Zähne, die einem Säbelzahntiger zur Ehre gereicht hätten. Man ist immer wieder erstaunt, wieviel Blut man im Körper hat, weil man es normalerweise nicht mehr als nötig verspritzt. Sobald Potsils Fänge sich in mein Handgelenk gebohrt hatten wie Rasierklingen in ein Stück Butter, schien ich mehr als einen Liter dieser lebenswichtigen Flüssigkeit in der Sekunde zu verlieren. Irgendwie brachte ich es fertig, meinen Schmerzensschrei zu unterdrücken und in «Guten Morgen» zu verwandeln, als ich mich umdrehte und zwei kleine alte Damen vor mir sah. Beide trugen eine Art von Rotkäppchenmütze und lächelten freundlich.

«Entschuldigen Sie vielmals, daß wir Sie stören, wo Sie gerade mit Ihren Tieren spielen», sagte das erste Rotkäppchen. «Aber wir *müssen* Ihnen einfach sagen, wie gut es uns in Ihrem Zoo gefällt.»

«Danke», sagte ich heiser.

«All die Tiere sehen so glücklich und wohlgenährt aus», fuhr sie fort.

«Wir versuchen, ihnen das Beste von allem zu geben», sagte ich, während Potsil sich mit schnurrenden Lauten des Entzückens von meinem Handgelenk zur Hand vorfraß. Ich verlor jetzt mehr Blut als jede Heldin in einem Drakula-Film; doch es gelang mir, das Tier so zu halten, daß die Rotkäppchen nichts sehen konnten.

«Sie spielen jeden Tag mit allen von ihnen?» fragte Nummer zwei mit bebender Neugier.

«Nein, nein, nicht mit allen», sagte ich.

«Nur mit Ihren Lieblingen, wie diesem hier, nicht wahr?» meinte das ältere Rotkäppchen.

«Ja», sagte ich und fragte mich, wieviel Blut man verlieren kann, bevor man ohnmächtig wird.

«Wie reizend! Wie gern sie das haben müssen! Und *Sie* natürlich auch», sagte die Jüngere.

«O ja», sagte ich, während Potsils Zähne über meine Knöchel knirschten. «Sie… eh… werden sehr anhänglich.»

«Nun, wir wollen Sie nicht aufhalten. Wir wissen, daß Sie viel zu tun haben», sagte das ältere Rotkäppchen. «Es war *allerliebst*. Haben Sie vielen Dank.»

Als sie sich endlich entfernten, hörte ich die eine zur anderen sagen: «Man sieht, daß er die Tiere wirklich liebt, nicht wahr, Edith?» Wenn sie meine Gefühle gegenüber Potsil in diesem Augenblick gekannt hätten, dann hätten sie nicht gezögert, unverzüglich den Tierschutzverein anzurufen.

Ich sagte zu Jeremy: «Wir können sicher auf Potsil verzichten, aber fairerweise müssen wir wohl auf seine kannibalischen Neigungen hinweisen.»

«Sie wollen ihn unbedingt», sagte Jeremy.

«Haben Sie ihnen gesagt, daß er ein Ungeheuer ist, mit dem verglichen ein an Tollwut leidender Bengalischer Tiger zahm wie ein Kätzchen ist?»

«Nein», sagte Jeremy, der wenigstens den Anstand hatte zu erröten. «Aber ich habe ihnen gesagt, daß er ein feines Exemplar ist.»

«Mit Ihrer Begabung, wichtige Dinge zu verschweigen und andere im schönsten Licht erscheinen zu lassen, werden wir bald die gefährlicheren Viecher loswerden», sagte ich hoffnungsvoll.

Während wir uns allmählich dagegen abhärteten, sonderten wir weiter die Tiere aus. Aber das war eine Arbeit, die mit Schwierigkeiten behaftet war, denn es waren nicht nur meine und Jeremys Gefühle beteiligt, sondern auch die aller anderen, die dem Zoo verbunden waren. Es war schlimm genug, sich von einem Tier trennen zu müssen, aber nach einer solchen Entscheidung zu entdecken, daß dieses Tier seinen eigenen Fanclub unter den Angestellten hatte, war fürchterlich. Diktate wurden von Sekretärinnen aufgenommen, die mit festverschlossenem Mund und roten Augen in ihr Taschentuch schluchzten und einen kalt und haßerfüllt anschauten, als ob man eine Reinkarnation des Hunnenkönigs Attila wäre. Stattliche Handwerker, von denen man dachte, daß sie kein Gefühl in den Knochen hätten, bedachten einen mit verächtlichen Blicken, die Augen verschleiert von zurückgehaltenen Tränen. Es war eine äußerst anstrengende Zeit für alle Betroffenen, aber es gelang uns, sie ohne Flut von Kündigungen zu überstehen.

Eine andere Aufgabe des jungen Trusts war die Einrichtung eines Archivs. Wir führten bereits Buch über unsere Neuerwerbungen, aber auf recht primitive Weise. Was wir brauchten, war etwas viel Umfassenderes, denn ich war der Überzeugung, daß eine große Sammlung exotischer Geschöpfe ohne ein richtiges, detailliertes Archiv wie eine Bibliothek ohne Katalog war. Das bedeutete die Anlage von Karteikarten mit Angaben über die Herkunft der Tiere, ihr Alter, ihr Geschlecht und andere Einzelheiten, wie man sie normalerweise auf einem Paß findet. Aber darüber hinaus mußten wir Karten entwickeln, die all die vielen tagtäglichen Beobachtungen festhielten. Innerhalb kurzer Zeit hatten wir einen riesigen Fundus von Informationen über allgemeines Verhalten, Freß- und Brutgewohnheiten, Krankheiten und veterinäre Behandlung angesammelt. Ein großer Teil dieser Information war noch nie zuvor aufgezeichnet worden; so bauten wir allmählich ein einzigartiges Archiv von größter Bedeutung auf. Wir waren – bereits in den frühen sechziger Jahren – unserer Zeit weit voraus, zumindest in Großbritannien.

Ungefähr zu der Zeit nahm ich an einer Konferenz im Londoner Zoo über «Die Rolle des Zoos und seine Bedeutung» teil. Den besten Vortrag, soweit ich mich erinnere, hielt Caroline Jarvis, die jetzige Countess of Cranbrook. Darin brachte sie kurz und knapp zum Ausdruck, was Zoos darstellen sollten und was sie unternehmen konnten, um besser zu werden. Ich freute mich besonders darüber, daß vieles dessen, was die Zoos ihrer Meinung nach tun sollten (aber nicht taten), von uns bereits seit vielen Jahren praktiziert wurde. Eines der wichtigsten Dinge war natürlich unser Archiv. Es war in vier massiven Aktenschränken aus Holz untergebracht (den Luxus metallener Schränke konnten wir uns nicht leisten), dem hochwillkommenen Geschenk eines Mitglieds, und diese Schatztruhen standen in Jeremys Büro.

Eines Nachts wurde ich von dem Geräusch von Füßen aufgeweckt, die über den Kies des Vorgartens liefen. Laufende Füße um drei Uhr morgens lassen nichts Gutes vermuten, und in einem Zoo kann alles mögliche passieren. Ich war aus dem Bett und halb die Treppe hinunter, bevor ich ganz wach war. Der große Raum unter unserer Wohnung – damals ein Büro, jetzt die Rezeption – war voller Rauch. Ich lief durch den Flur, der zu Jeremys Büro führte. Es ist erstaunlich, wie blöd man sich in einer solchen Situation benehmen kann. Mein einziger Gedanke war, daß sich in Jeremys Büro ein Stummelaffen-Baby befand, das wir gerade mit der Flasche aufzogen (wir hatten damals noch nicht die Hospitaleinrichtungen, über die wir heute verfügen), zusammen mit dem kostbaren Archiv, und beides mußte gerettet werden. Ich riß die Tür des Büros auf, und eine Flammenwand schlug mir entgegen, die, ehe ich mich versah, einen großen Teil meiner Haare, meiner Augenbrauen und Teile meines Bartes versengte. Ich taumelte zurück und schaffte es gerade, die Tür zu schließen. Es war offensichtlich, daß in diesem Inferno das Affenbaby und, wie ich dachte, unser ganzes Archiv verbrennen würde. Wir konnten nur warten, bis die Feuerwehr eintraf, was sie auch tat – wie üblich mit der Behendigkeit und Schnelligkeit eines Aals. Innerhalb kurzer Zeit hatte sie die Feuersbrunst auf die Größe eines heimeligen, still vor sich hin schwelenden Laub-feuers reduziert. Schließlich durfte ich die verkohlten Ruinen des Büros betreten. Das ölige Wasser auf dem Fußboden roch wie das Innere einer Kohlenzeche.

Der arme Stummelaffe war natürlich tot, und mitten in dieser häßlichen Szenerie standen unsere vier Aktenschränke, verkohlt und schwarz wie nach einem Waldbrand übriggebliebene Baum-stümpfe. Vorsichtig öffnete ich eine der Schubladen dieser rau-chenden Kloben. Zu meinem großen Erstaunen war der Inhalt, abgesehen davon, daß die Papiere feucht geworden und an den Rändern versengt waren, völlig unversehrt.

«Ah, ja», sagte ein untersetzter Feuerwehrmann, der mit ge-schwärztem Gesicht neben mir stand und eine tropfende Spritze in der Hand hielt. «Da ha'm Sie Glück gehabt, daß Sie die Papiere da aufbewahrt ha'm, sonst wär'n sie weg gewesen.»

«Was meinen Sie?» fragte ich verwirrt.

«Die sind aus Holz, sehen Sie», erklärte er. «Dickem Holz. Brauchen eine Weile, ehe sie durchbrennen. Wenn Sie sie in einem dieser modernen Schränke gehabt hätten, wär das Metall glühendheiß geworden, und die Papiere wär'n wie Zunder ver-brannt. Das Holz hat sie geschützt, versteh'n Sie? Brennt lang-sam.»

So waren es diese vorsintflutlichen Aktenschränke, die unser wertvolles Archiv gerettet hatten. Manchmal zahlt es sich aus, nicht modern zu sein.

Wir entwickelten uns jetzt schnell und brachten allmählich Ordnung in unsere Angelegenheiten. Aber wir waren, glaube ich, den meisten Angehörigen der Zoo-Bruderschaft immer noch ein Rätsel. Wir befolgten nicht die Regeln. Was hatten wir im Sinn? Damals war es erst einmal lächerlich anzunehmen, daß die Mehrheit der konservativen Naturschützer je die Vorstel-lung der Aufzucht in Gefangenschaft ernsthaft in Erwägung ziehen würde. Aber es dämmerte bereits in den Köpfen der Verantwortlichen in den Zoos wie der Naturschützer – die frei-lich immer noch zwei Welten angehörten. Aber das Dämmern erreichte allenfalls die Helligkeit eines Glühwürmchens. Es gibt ein altes Sprichwort, dem zufolge man, wenn jemandem eine

Idee völlig unklar ist, ihm erklären sollte, was man sagen will, es ihm sagen und ihm dann erklären, was man gesagt hat. Entsprechend entschlossen wir uns, unter Mithilfe der Fauna and Flora Preservation Society eine Konferenz anzuberaumen und zu organisieren, die erste «Weltkonferenz über die Aufzucht Gefährdeter Arten in Gefangenschaft». Als Konferenz war sie ein großer Erfolg, aber wenn ich jetzt darauf zurückblicke, erscheint sie mir als ziemliches Durcheinander. Das war zu erwarten, da die Idee der Aufzucht in Gefangenschaft noch nicht ausgereift war. Aber die Konferenz gab dieser Idee, glaube ich, moralischen Auftrieb und einen Stoß in die richtige Richtung. Es ist großartig, daß diese zuerst 1972 in Jersey abgehaltene Konferenz jetzt regelmäßig stattfindet und von verschiedenen Zoos und Organisationen in verschiedenen Teilen der Welt veranstaltet wird, eine Konferenz, auf der Informationen gesammelt und ausgetauscht werden.

Es war genau zu dieser Zeit, daß wir in doppelter Hinsicht ein unglaubliches Glück hatten. Wir besaßen zwei halb ausgewachsene weibliche Gorillas, N'pongo und Nandi, die uns Probleme bereiteten. Zunächst waren sie, da sie kein Männchen hatten, sehr maskulin geworden, was uns Sorgen machte, denn wir hofften, sie zur Züchtung verwenden zu können. Außerdem wurden ihre Käfige für sie zu klein. Dann lösten sich beide Probleme wunderbarerweise wie von selbst. Brian Park aus Jersey, der später Mitglied des Trusts und noch später unser Vorsitzender werden sollte, spendete die generöse Summe von 10 000 Pfund, nachdem er mich bei einer Fernsehsendung gesehen hatte, wo ich (wie immer in jenen Tagen) über den Mangel an finanziellen Mitteln zur Förderung unserer Vorhaben klagte. Wir benutzten diesen unverhofften Geldsegen, um neue Quartiere für unsere Gorillamädchen zu bauen – eine herrliche Sache, die aber wenig dazu beitrug, ihr immer vertrackter werdendes Sexualleben ins Lot zu bringen. Dann kam Ernst Lang, der Direktor des Basler Zoos, als eine Art zoologischer Heiratsvermittler, wenn Sie so wollen, zu unserer Rettung. Ernst besaß das erste Gorillaweibchen, das in Gefangenschaft ein Junges zur Welt gebracht und angenommen hatte, anstatt daß man es ihr wegnehmen und mit der Flasche aufziehen mußte, wie es oft der Fall in Zoos gewesen war, die das

Glück hatten, diese wunderbaren Tiere zu züchten. Er hatte uns in Jersey besucht und in dem bestärkt, was wir taten; und so rief er uns jetzt an und sagte uns, er würde uns Jambo überlassen, jenen ersten in Gefangenschaft von seiner Mutter aufgezogenen Gorilla, selbst inzwischen nachweislich Vater, um die delikate Situation zwischen unseren jungfräulichen Mädchen zu entspannen. Ein junges ausgewachsenes und nachweislich zeugungsfähiges Gorillamännchen angeboten zu bekommen, das ist etwa so, als ob einem der Schlüssel zu Fort Knox zusammen mit der American-Express-Karte ins Haus geschickt wird.

Jetzt hatten wir das ganze Problem gelöst, so schien es wenigstens. Es blieb nur noch eines zu tun: aus unserem neuen Gorilla-Quartier und dem Eintreffen Jambos soviel Publicity zu schlagen wie nur irgend möglich. Wer sollte zur Eröffnung kommen? Damals gab es eine Handvoll bekannter Naturschützer, die alles eröffneten. Ich wollte jedoch jemanden, der nicht der Naturschutzbewegung angehörte, um zu zeigen, daß es außer Biologen und Naturforschern noch andere Menschen gab, die sich um das Schicksal der Flora und Fauna unserer Welt sorgen. Aber natürlich mußte es um der Publicity willen ein bekannter Name sein. Nach langem Nachdenken und nicht ohne ein Gefühl der Beklommenheit entschied ich mich für David Niven, einen unübertroffenen Schauspieler, den ich seit langem bewunderte. Ob freilich ein Mann seines Rufes nach Jersey kommen würde, um einen Affenkäfig zu eröffnen, war sehr fraglich. Ich rief meinen Agenten an, um ihn um Rat zu fragen, und er brachte mich mit Nivens Sohn zusammen, der in London arbeitete. Würde sein Vater, fragte ich vorsichtig, sich wohl bereit erklären, als Trauzeuge bei einer Gorilla-Hochzeit zu fungieren?

«Ich habe nicht die geringste Ahnung», war die amüsierte Antwort. «Aber er macht gern etwas Verrücktes, Ungewöhnliches. Warum schreiben Sie ihm nicht einfach und fragen ihn?»

Das tat ich, und nach angemessener Zeit erhielt ich folgendes Telegramm: «Amptiere gern bei Gorilla-Hochzeit, unter der Bedingung, daß ich nicht mit dem glücklichen Paar allein gelassen werde. David Niven.»

Ich holte David und seine reizende Frau am Flugplatz ab, und obwohl sie in einem heulenden Sturm und bei strömendem Regen landeten, war David in Höchstform. Beim Dinner sprühte er vor Charme und bezauberte uns durch seinen Witz, und das beste dabei war, daß es ein natürlicher Charme war und nichts Gespieltes. Er erzählte mir eine Reihe komischer und nicht druckfähiger Geschichten über Errol Flynn, dem er offensichtlich eine Achtung entgegenbrachte, die an Anbetung grenzte.

«Und dennoch», sagte David ernst, «was immer man über Flynn sagen mag, auf etwas konnte man sich bei ihm absolut verlassen. Wenn Not am Mann war, ließ er einen *immer* im Stich.»

Am nächsten Morgen, bevor die Tore um zehn Uhr geöffnet wurden, ging ich mit den Nivens durchs Gelände, um sie mit den Tieren bekanntzumachen. Sie waren fasziniert. Schließlich blieben wir vor den Orang-Utans stehen, und ich stellte ihnen Bali vor: hochschwanger, von allen Affen das zutraulichste Tier, wunderschön, rundlich, gutmütig. Sie lag im Stroh, die herrlichen, kleinen, dunklen, mandelförmigen Augen mit der Gelassenheit eines Buddhas auf uns gerichtet, während ihr Bauch sich aus dem orangeroten Fell wölbte, die Brüste voller Milch und so üppig, daß sie zweifellos den ersten Preis bei einem Orang-Utan-Schönheitswettbewerb gewonnen hätte.

«Na, bitte», sagte ich zu David. «Finden Sie nicht, daß sie wie eine Orang-Utan-Replik auf Lollobrigida aussieht?»

In diesem Augenblick gab Bali ein lautes und undamenhaftes Geräusch aus ihren unteren Regionen von sich.

«Sie sieht nicht nur so aus», gab David zu. «Sie *riecht* auch so.»

Nach einem langen und ausgezeichneten Mittagessen, bei dem der Champagner in Strömen floß, begann David unruhig zu werden.

«Sagen Sie, alter Junge», sagte er. «Kann ich mich hier irgendwo umziehen?»

Ich blickte auf den tadellosen Anzug, den er trug, ein Muster an Eleganz und modischem Chic.

«Wozu um alles in der Welt wollen Sie sich umziehen?» fragte ich erstaunt.

Er sah mich streng an. «Ja, glauben Sie denn, daß ich dem Ereignis in *diesem* Aufzug beiwohnen werde?» fragte er, indem er abschätzig auf seine makellose Kleidung wies.

«Was ist daran nicht in Ordnung?» fragte ich.

«Nicht gut genug», sagte David. «Ich habe einen Anzug mitgebracht, den ich mir zur Hochzeit meines Sohnes machen ließ, und ich habe die Absicht, ihn zu tragen. Was gut genug für meinen Sohn ist, sollte schließlich auch gut genug für die Gorillas sein, finden Sie nicht?»

Ich gab ihm recht und führte ihn in mein Schlafzimmer, wobei ich vorsichtshalber noch eine Flasche Champagner mitnahm, um ihm das Umziehen zu erleichtern. Zehn Minuten später schaute ich hinein, um zu sehen, ob er zurechtkam, und fand ihn im Schlafzimmer hin- und herwandernd, nur mit seiner Unterhose bekleidet, Champagner schlürfend und offensichtlich äußerst beunruhigt.

«Was ist los?» fragte ich.

«Ich bin nervös», sagte er.

«Weshalb sind Sie nervös?»

«Ich habe Angst, meinen Text zu vergessen», sagte einer der berühmtesten Schauspieler Hollywoods.

«Ihren *Text* vergessen? Was für einen Text? Sie brauchen nur zu sagen, daß Sie den Ort für eröffnet erklären und den Gorillas Glück wünschen», sagte ich beruhigend und goß ihm Champagner nach.

«Aber Sie verstehen nicht», sagte er vorwurfsvoll. «Ich habe eine *Rede* ausgearbeitet. Doch ich habe schreckliche Angst, daß ich sie vergessen werde.»

«Wie viele Filme haben Sie schon gemacht?» fragte ich.

«Ich weiß nicht... etwa fünfzig, glaube ich. Was hat das damit zu tun?»

«Wenn Sie erfahren genug sind, fünfzig Filme zu machen», bemerkte ich, «werden Sie doch nicht Ihren Text bei der Eröffnung eines Gorillakäfigs vermasseln.»

«Aber das ist etwas völlig anderes», protestierte er. «Wenn Sie in einem Film etwas falsch machen, können Sie die Szene wiederholen. Aber Sie können doch das Gorillahaus nicht *zweimal* eröffnen, oder? Das wäre völlig *unprofessionell*.»

Unterstützt durch ein weiteres Glas Champagner, half ich ihm beim Anziehen seines Anzugs, eines äußerst eleganten, taubengrauen Fracks und einer Hose, wie sie im 18. Jahrhundert von aristokratischen Berufsspielern auf den Raddampfern des Mississippi getragen wurde. Nachdem ich ihm gesagt hatte, daß er wunderbar aussehe (was der Wahrheit entsprach), versicherte ich ihm, daß er den Text seiner Ansprache nicht vergessen werde und drängte den großen David Niven hinaus zu dem neuen Gorillakomplex, wo er natürlich eine äußerst charmante und witzige Rede hielt, ohne ein Wort zu vermasseln. Als ich ihn jedoch ins Herrenhaus zurückbrachte und ihm einen Drink einschenkte, sah ich, daß seine Hände zitterten. Und dies, dachte ich, war der Mann, der einen wohlverdienten Oscar für eine seiner Rollen bekommen hatte und berühmt geworden war für seinen Charme und seine Gelassenheit in jeder Situation.

Mittlerweile – das war Anfang der siebziger Jahre – züchteten wir mit großem Erfolg seltene Tiere, und die Liste der von uns betreuten Arten hatte sich enorm vergrößert. Das war vor allem meinen eigenen Fangexpeditionen zuzuschreiben, doch wir kauften auch Tiere von anderen Zoos und sogar von Händlern. Damals war der Handel mit seltenen Tieren – anders als heute – nicht illegal, und der Erwerb eines solchen Tieres war oft die einzige Möglichkeit, eine Zuchtgruppe zusammenzustellen. Ich war der Meinung, daß die Tiere im Jersey Zoo, wo sie gepflegt wurden und sich vermehrten, weit besser aufgehoben waren als in den Läden der Händler oder in kleinen Menagerien. (Heute tauschen wir natürlich, wie die meisten anderen seriösen Zoos, seltene Tiere untereinander aus oder verleihen sie unentgeltlich.) Immer noch litten wir an chronischem Geldmangel, diesem alten Leiden, aber wir machten Fortschritte. Unser Ruf verbreitete sich allmählich, so daß Menschen außerhalb der Zoo-Welt unsere Motive zu verstehen begannen und uns nicht nur zu unserem Erfolg beglückwünschten, sondern unsere Arbeit auch großzügig durch Beiträge unterstützten.

Zu dieser Zeit – ich wollte mich gerade vorübergehend in mein kleines Haus im Süden Frankreichs zurückziehen, um meinen Lebensunterhalt mit dem Schreiben eines Buches zu verdienen –, erfuhr ich, daß die Insel durch einen Besuch von Princess Anne geehrt werden sollte. Auf das allgemeine Drängen hin rief ich die offiziellen Vertreter an, die solche Ereignisse organisieren, und fragte sie treuherzig, ob die Prinzessin die Absicht habe, den Zoo zu besuchen und die Tiere anzuschauen. Ich erkundigte mich nur, sagte ich, weil ich beabsichtigte, nach Frankreich zu fahren; ich würde jedoch natürlich meine Abreise verschieben, wenn Ihre Königliche Hoheit beabsichtige, uns mit ihrer Anwesenheit zu beehren. Die offiziellen Vertreter waren schockiert. Der Prinzessin den Zoo zeigen? Nie! Ihr Programm war viel zu voll. Außerdem hätten sie viel aufregendere Besuche für sie vorgesehen, wie etwa den der neuen Kläranlage (ich glaube, darum handelte es sich).

Etwas gekränkt darüber, daß wir nicht so interessant waren wie eine Kläranlage, unterrichtete ich den Trust über den Stand der Dinge. Unser Vorstand meinte, das sei lächerlich. Ich müsse noch einmal anrufen. Das tat ich und sagte, ich hoffe, daß sie ganz sicher seien, da ich nach Frankreich fahren und dort bleiben wolle, bis ich mein Buch beendet habe. Die Antwort war nein; die Prinzessin interessiere sich mehr für Kläranlagen als für die Rettung seltener Tiere. So fuhr ich nach Frankreich.

Ich fing gerade mit Kapitel Zwei an, als ich einen aufgeregten Anruf aus Jersey erhielt. Die Prinzessin hatte darum gebeten, den Zoo zu sehen. Würde ich bitte anwesend sein. Nein, erwiderte ich, das würde ich nicht. Mir sei gesagt worden, daß sie den Zoo nicht besuchen wolle. Ich sei nach Frankreich gefahren, und dort würde ich bleiben und mir mein Butterbrot verdienen. Ich war natürlich entschlossen zurückzukehren, aber ich war pikiert über die Ineffizienz dieser Leute und wollte sie noch eine Weile im eigenen Saft schmoren lassen. Es kamen weitere Telefonanrufe. Endlich, als es so aussah, als ob alle einen Massenselbstmord begehen wollten, sagte ich, ich werde geruhen zurückzukommen. Noch Unten in Frankreich konnte ich das erleichterte Aufseufzen in Jersey hören.

Ich hatte noch nie mit einem solchen Besuch zu tun gehabt. Mein einziger Kontakt mit der königlichen Familie hatte sich darauf beschränkt, in meiner Jugend am Rande einer Menge von Hunderttausenden in London einen kleinen Union Jack aus Papier zu schwenken. Ich hatte keine Ahnung, wie kompliziert so etwas war, wie gründlich jede Ecke und jeder Winkel durchsucht wurde (ich fragte die daran beteiligten Detektive, ob sie auch die Gorillas durchsuchen wollten, aber sie lehnten es ab), während alle möglichen Leute mit Stoppuhren herumliefen und jeden Schritt des Weges verfolgten. Sie hatten mir fünfundzwanzig Minuten gewährt, um der Prinzessin 700 Tiere zu zeigen, die auf etwa zwanzig Morgen verteilt waren, und ihr die Funktionen des Trusts zu erklären. Um meiner Seelenruhe willen hielt ich es für besser, mich nicht danach zu erkundigen, wieviel Zeit sie für den Besuch der neuen Kläranlage veranschlagt hatten.

Es war offensichtlich, daß der Besuch im Galopp absolviert werden mußte und nicht bei einem gemächlichen, zivilisierten Spaziergang; daher war es wichtig, die Tiere auszuwählen, an denen die Prinzessin vermutlich am meisten interessiert war, und sie so dicht wie möglich zusammenzubringen. Die unmittelbar bevorstehende Ankunft eines Mitglieds der königlichen Familie übt eine sonderbare Wirkung aus, wie ich entdeckte. Was sollte ich ihr sagen? Plötzlich schienen all unsere Leistungen und all unsere Ziele so interessant zu sein wie eine Predigt in der Kirche. Die ganze Sache war ein großer Fehler. Ich wünschte mich nach Frankreich zurück, aber nun saß ich in der Klemme. Während ich auf ihre Ankunft wartete, kam ich mir vor wie jemand, der zum erstenmal eine Bühne betritt: Hände wie Windmühlenflügel, Füße wie mit Leim gefüllte Themseschuten und eine Leere im Kopf, wie nur eine gründliche Lobotomie sie hervorruft. In dem Augenblick, da sie den Wagen verließ und ich mich über ihre Hand beugte, waren all meine Anwandlungen verflogen. Ich begleitete eine schöne, elegante, hochintelligente Frau, die unerwartete Fragen stellte, die interessiert war. Ich wünschte, das Gefolge der Offiziellen, die hinter uns herschlurften und aufgeregt schnatterten, würde verschwinden, und mehr noch wünschte ich, die Presseleute würden verschwinden, die vor uns in die Knie gingen und wie eine Horde geistig gestörter Heuschrecken klickten. Ich glaube, es war diese Kombination, die mein Unglück herbeiführte und mich dazu trieb, in das fetteste aller Fettnäpfchen zu treten.

Wir näherten uns einer Reihe von Käfigen. In einem von ihnen befand sich damals ein herrlicher männlicher Mandrill, der auf den Namen Frisky hörte. Er stand – und das ist ein Ausdruck, den man nur bei einem Mandrill anwenden kann – in voller Blüte. Sein Nasenrücken, die Nase selbst und die Lippen waren scharlachrot, wie mit einem Lippenstift aufgetragen. An beiden

Seiten der Nase wölbten sich leuchtende, kornblumenblaue Schwielen. Sein Gesicht, eingerahmt von einem ingwergrünen Fell und einem weißen Bart, sah wie die wilde *juju*-Maske eines urtümlichen Stammes aus, zu dessen kulinarischen Aktivitäten das sanfte Rösten ihrer Nachbarn gehört. War Friskys Vorderseite bereits äußerst eindrucksvoll, wenn er grunzte und einem seine Zähne zeigte, so trotzte sein Hinterteil, wenn er sich umdrehte und es zur Schau stellte, jeder Beschreibung. Spärlich mit grünlichen und weißen Haaren bedeckt, sah es aus, als habe er sich gerade auf den frisch gestrichenen Klodeckel eines begeisterten britischen Patrioten gesetzt. Der äußere Rand seines Hinterteils war kornblumenblau (wie seine Genitalien) und der innere Rand scharlachrot wie ein glühender Sonnenuntergang. Ich hatte bemerkt, daß die Frauen, die ich herumgeführt hatte, von Friskys Rückseite tiefer beeindruckt waren als von seiner Vorderseite, und so hatte ich mir eine alberne Redensart angewöhnt, die ich nun – idiotischerweise – anbrachte. Als wir uns dem Käfig näherten, drehte Frisky sich um und stellte seinen Sonnenuntergang-Hintern zur Schau.

«Wunderbares Tier, Madam», sagte ich zu der Prinzessin. «Würden Sie nicht auch gern so ein Hinterteil haben?»

Hinter mir konnte ich im Gefolge ein jähes Luftholen und ein paar verzweifelte Quietschlaute, wie von sterbenden Feldmäusen, hören. Düster erkannte ich, daß ich etwas Falsches gesagt hatte. Die Prinzessin prüfte aufmerksam Friskys Anatomie.

«Nein», sagte sie entschieden. «Ich glaube nicht.»

Wir gingen weiter.

Nachdem sie abgefahren war, genehmigte ich mir ein paar kräftige Drinks, um mein inneres Gleichgewicht wiederzufinden, und gelangte zu der Erkenntnis, daß ich – um im tierischen Bereich zu bleiben – eine ungeheure Eselei begangen hatte. Ich hatte eigentlich die Prinzessin bitten wollen, unsere Schirmherrin zu werden; aber diese Chance hatte ich jetzt vertan. Welche Prinzessin mit gesundem Menschenverstand würde auch nur im Traum daran denken, wenn die führende Persönlichkeit dieser Organisation sie gefragt hatte, ob sie ihre eigene adäquate Anatomie nicht mit der eines Mandrills tauschen wollte? Es war nicht zu entschuldigen; es war ein für allemal aus.

Einige Wochen später schrieb ich auf Drängen meiner Mitarbeiter der Prinzessin und bat sie doch, die Schirmherrschaft zu übernehmen. Zu meinem maßlosen Erstaunen und meiner Freude erwiderte sie, daß sie dazu bereit sei. Ich weiß nicht, ob er etwas damit zu tun hatte, aber ich schenkte Frisky eine Rolle Smarties – deren glühende Farben so sehr den seinen glichen – als Zeichen meiner Dankbarkeit.

Mit der Bettelschale unterwegs

Es ist mir immer als einfachste Sache der Welt erschienen, Geld für Dinge aufzutreiben, die von zweifelhaftem Wert für unseren Planeten sind. Die meisten Naturschutz-Organisationen laufen hinter Spenden her wie ein verhungernder Hund hinter einem Knochen; dabei ist ihr lobenswertes Ziel, etwas aus den Trümmern der Welt zu retten. Aber wenn man Geld braucht, um ein nukleares U-Boot, einen hübschen kleinen Topf mit Nervengas, eine oder zwei Atombomben zu kaufen, dann stehen die dazu nötigen Mittel seltsamerweise sofort zur Verfügung.

Wie jede altruistische Organisation haben wir von Anfang an bereits an finanzieller Anämie gelitten, und eine meiner Hauptaufgaben war und ist es, wie verrückt herumzureisen, um Gelder aufzubringen. Ich habe also die unangenehme Aufgabe übernommen (denn ich hasse sie und bin auch nicht gut darin, da ich glücklicherweise wenig von einem Bauernfänger habe); tatsächlich ist es mir gelungen, von völlig unerwarteter Seite und von einigen erstaunlichen Leuten Spenden zu sammeln.

Einen mir völlig Unbekannten, ein kanadisches Mitglied des Trusts, brachte ich dazu, 100 000 Pfund für unser neues Reptilienhaus zu stiften – nur mit dem Argument (als er sich über das alte Reptilienhaus beklagte), daß ich, wenn er das Geld für mich auftreiben könnte, das beste Reptilienhaus der Welt bauen würde.

Von einem Schüler erhielt ich einen Brief mit einer Postanweisung über fünfzig Pence. Er entschuldigte sich für den geringen Betrag (es war sein wöchentliches Taschengeld), er hoffe aber, daß uns seine Spende helfen würde.

Von einem alten Rentner bekam ich einen Brief mit zwei Pfund. Bei seiner kleinen Rente könne er nicht mehr geben. Er hoffe aber, daß er damit unsere Arbeit unterstützen könne.

Von einem Rechtsanwalt in Kalifornien erhielten wir eine telefonische Anfrage, ob wir «Gerald Durrells Stationary Ark» seien. Wir sagten ja, man könne uns so nennen. Woraufhin er uns mitteilte, daß eine Mrs. Nubel gestorben sei und uns 100 000 Pfund hinterlassen habe. Weder hatte ich sie jemals kennengelernt, noch war sie ein Mitglied unseres Trusts; deshalb vermuteten wir, daß sie eines meiner Bücher über unsere Arbeit in Jersey gelesen hatte.

Ich erinnere mich lebhaft an einen besonders harten Winter. Es war zu der Zeit, als ich meinen Geschäftsführer entlassen und selbst die Leitung des Zoos übernommen hatte. Während die Weihnachtszeit näherrückte, brachte sie doch wenig Freude. Für die meisten Menschen mochte es eine festliche Zeit sein, nicht aber für mich. Es war die Schlechtwetter-Zeit, in der keine Besucher kamen – selbst die abgehärtetsten Jersey-Einheimischen kamen nicht auf die Idee, bei Nieselregen und heulendem Sturm aus dem Haus zu gehen, um sich den Zoo anzuschauen. Es war eine Zeit, da die Tiere mehr Hunger hatten, da die Rechnungen für ihr Futter sich stapelten, da man dreimal soviel Strom verbrauchte als sonst, um die Tiere nicht frieren zu lassen. Es war eine Zeit, da die Tiere niedergeschlagen waren, weil sie keine Menschen hatten, die sie bestaunten. Es war eine Zeit, da die Wärter, zitternd und mit blaugefrorenen Nasen, ihren Pflichten in ein Meter hohem Schnee nachkamen und da ich mich fragte, wovon ich ihren nächsten Wochenlohn bezahlen sollte. Es war, wie Shakespeare es so treffend gesagt hat, der «Winter unseres Mißvergnügens», und ich zog mir den Mantel an und machte mich auf den Weg in die Stadt, um der Einladung meines Bankmanagers zu einem Gespräch zu folgen.

Ich habe den starken, wenn auch möglicherweise paranoiden Eindruck, daß ich mehr Zeit im Büro unseres Bankmanagers verbrachte als im Zoo. Wir hatten das Glück, daß unser Bankmanager, anders als viele seiner hartherzigen Artgenossen, ein charmanter, freundlicher und verständnisvoller Mann war. Wenn Bankmanager nach dem Tod in den Himmel kommen (wofür im Gegensatz zum letzten Weg der Steuerprüfer manches spricht), sitzt unser Bankmanager jetzt sicher mit einer voll bezahlten Harfe und Flügeln auf einer rosigen Wolke, denn an jenem düsteren Tag rettete er mir das Leben. Wir begrüßten uns mit jener falschen Freundlichkeit, wie sie unweigerlich in den Sprechzimmern von Zahnärzten, den Büros von Bankmanagern und in Todeszellen anzutreffen ist. Dann setzten wir uns und prüften die Zahlen. Es waren dieselben Zahlen, die wir zehn Tage zuvor geprüft hatten, aber unser Bankmanager stellte mit gut gespielter Überraschung fest, daß sie sich nicht verändert hatten.

«Hmm... ja», sagte er und ließ seinen Finger die Zahlenkolonnen auf- und niederwandern, als ob er nach einem Fehler in der Addition suchte. «Ja, es sieht so aus, als ob Sie etwas knapp bei Kasse seien.»

Ich sagte nichts. Es gab nichts zu sagen.

«Soweit ich sehe», sagte er und blickte die Decke an, «brauchen Sie etwas Geld, um durch... eh... diesen wirklich schlimmen Winter zu kommen.»

«Zweitausend Pfund», sagte ich.

Er zuckte zusammen. «Sie können wohl nicht... aus irgendeiner Quelle... Ja, ich verstehe... nun ja, zweitausend Pfund, eine Menge Geld, und... Sie haben jetzt Ihr Konto bei uns überzogen... lassen Sie mich sehen... zehntausend Pfund; hmm, und es gibt keine Möglichkeit, daß Sie...? Eh... ich verstehe.» Er dachte darüber nach. Er zog einen kleinen Notizblock zu sich heran, auf den er einen Namen, eine Adresse und eine Telefonnummer schrieb. Er riß das Blatt ab und schob es mir, wie aus Versehen, über den Tisch zu. Er stand auf und ging in seinem Büro auf und ab.

«Auf dieser Insel gibt es natürlich viele Leute, die... äh... Ihnen helfen würden, wenn Sie wüßten, in welcher Lage Sie sind», sagte er. «Ich als Bankmanager bin natürlich wie ein Arzt an meine Schweigepflicht gebunden. Ich darf unter keinen Umständen den Namen, die Adresse und Telefonnummer irgendeines Bankkunden preisgeben oder auch nur andeuten, daß er über beträchtliche Guthaben verfügt. Es ist ein Jammer.»

Er verstummte und seufzte tief auf, zweifellos bedrückt von der schweren Last seiner Schweigepflicht. Dann richtete er sich auf und wurde heiterer.

«Kommen Sie nach einigen Tagen wieder, wenn Sie Ihre Probleme besser im Griff haben», sagte er strahlend und drückte mir fest die Hand.

Ich ging zum Zoo zurück. Es fällt mir schwer, Leute um Geld zu bitten, selbst wenn sie es mir schulden; aber dieses Stück Papier stellte mich vor ein Problem, das in keinem Lehrbuch stand und auf das ich überhaupt nicht vorbereitet war. Was sagt man an einem kalten Winterabend, wenn man einen völlig Unbekannten anruft, um ihn um 2000 Pfund zu bitten? «Oh, hallo, mein Name ist Durrell, und ich habe ein Problem» – was ihn vielleicht auf den Gedanken bringen würde, daß einer der Gorillas kurz vor der Entbindung stand und ich ihn für einen hochspezialisierten Tierarzt hielt. «Ich bin vom Zoo und möchte Ihnen einen Vorschlag machen, der Sie bestimmt interessieren wird» – der Satz barg so viele versteckte Andeutungen und Fallen, daß ich ihn sofort wieder verwarf. «Würden Sie wohl 2000 Pfund beisteuern, damit ich mein überzogenes Konto ausgleichen kann?» klang etwas zu direkt und hatte einen leichten Beigeschmack von Mafia. Schließlich legte ich mir, mit feuchten Händen und einer Stimme, die in einem Sumpf zu ersticken drohte, etwas zurecht, was genug Interesse wecken, aber gleichzeitig zu keinen Mißverständnissen führen würde.

«Ah, mein Name ist Durrell», sagte ich zu der leisen, höflichen Stimme, die den Anruf beantwortet hatte. «Ich... äh... vom Zoo. Man hat mir Ihren Namen gegeben, weil ich ein Problem habe, zu dem ich gern Ihren Rat einholen würde.»

«Ja, gerne», sagte Mr. X. «Wann ist es Ihnen recht?»

«Nun, würde es Ihnen jetzt gleich passen?» fragte ich, die alte Weisheit im Sinn, daß man einen Vogel fangen sollte, solange er noch auf dem Zweig sitzt; aber ich war überzeugt, daß er nein sagen würde.

«Aber natürlich», sagte er. «Kennen Sie den Weg? Ich erwarte Sie in einer halben Stunde.»

Die Fahrt zu ihm hinaus, durch heftige Windböen, gegen die Windschutzscheibe prasselnden Regen und am Himmel aufflakkernde Blitze, bot das ganze Drum und Dran eines Hollywood-Dramas. Es fehlte nur noch, daß Boris Karloff die Tür öffnete. Statt dessen öffnete Mr. X selbst. Hochgewachsen, mit einem großen, ruhigen Gesicht, intelligenten Augen und einem Ausdruck bezaubernder Gutmütigkeit – wie ein großer, zuverlässiger, alter Apportierhund –, drückte er sein Bedauern darüber aus, daß ich naß geworden war, nahm mir meinen Mantel ab und machte eine einladende Geste zum Wohnzimmer, in dem ein Fernseher in leuchtenden Farben flackerte, freilich ohne das Geheimnisvolle und Phantastische eines Dickens'schen weihnachtlichen Kaminfeuers.

«Treten Sie ein», sagte Mr. X. «Mein Vater sieht gerade fern.» Sein Vater schien fünfundachtzig Jahre alt zu sein, aber er hätte auch jünger sein können. Er sah bestimmt halb so alt aus, wie ich mich fühlte; ich mochte mich also täuschen.

«Kann ich Sie irgendwo sprechen, wo wir ungestört sind?» fragte ich.

«Nun, warum nicht?» sagte Mr. X. «Kommen Sie in mein Schlafzimmer.»

«Danke», sagte ich.

Er führte mich in ein sehr kleines Schlafzimmer, in dem ein riesiges Doppelbett stand. Bis dahin hatte ich nicht gewußt, wie schwer es ist, in einem kleinen Zimmer, in dem die einzige Sitzgelegenheit ein Doppelbett ist, über geschäftliche Angelegenheiten zu reden. Wir saßen auf der Kante des überdimensionalen Bettes mit einem Drink in der Hand wie ein jungfräuliches Brautpaar vor der Hochzeitsnacht.

«Also», sagte Mr. X. «Was kann ich für Sie tun?»

Ich sagte es ihm.

Er hörte zu, ohne eine Frage zu stellen.

«Aber selbstverständlich helfe ich Ihnen», sagte er und bemühte sich, mir noch einen Drink einzugießen – ein Unternehmen, das uns auf der teuren, wie ein Trampolin federnden Matratze des Bettes näher und näher zusammenrückte. «Wieviel brauchen Sie?»

Ich nannte mit heiserer Stimme den Betrag, wobei ich mir vorkam wie eine schlampige und außergewöhnlich unattraktive Prostituierte, die ein leichtes Opfer gefunden hat. Ich erinnere mich, wie das Scheckbuch hervorgeholt, mit der Selbstsicherheit der Macht glattgestrichen und die magische Summe sorgfältig ausgefüllt wurde, und dann war ich wieder draußen in der wilden Winternacht, und der Scheck wärmte meine Brieftasche. Der Mann war taktvoll und reizend gewesen und hatte mir zu keiner Zeit das Gefühl gegeben (selbst nicht auf diesem Trampolin von

Bett), daß ich in seiner Schuld stehe. Das erforderte unter den gegebenen Umständen die Nonchalance eines Mannes von Welt. Ich war entschlossen, unser erstes Orang-Utan-Baby nach ihm zu nennen. Drei Monate später tauchte Mr. X plötzlich in den Schlagzeilen auf. Angeblich hatte er anständige Bürger Jerseys um einen Teil ihres Reichtums erleichtert und sah sich deshalb nun gezwungen, längere Zeit in einem der nicht gerade luxuriösen Gefängnisse Ihrer Majestät zu verbringen. Ich wünschte, ich hätte ihn viel früher kennengelernt. Nicht nur wegen seines Charmes, sondern auch wegen seiner betrügerischen Begabung. Er hätte mir viel beibringen können.

Im Laufe meiner beruflichen Karriere als Robin Hood des Naturschutzes bin ich weit gereist und habe viele Abenteuer erlebt, manche amüsant, andere weniger amüsant; aber ich habe nie gedacht, daß ich bei meinen Bemühungen, Geld aufzutreiben, mit zwei Ländern in Berührung kommen würde, wie sie unterschiedlicher nicht sein könnten. Und doch sind beide auf ihre Weise unauflöslich verbunden mit der Geschichte unserer Arbeit in Jersey. Eines dieser Länder ist das mächtigste und reichste der Erde – die Vereinigten Staaten von Amerika –, und das andere ist eine von Armut gequälte, abgelegene Insel im Indischen Ozean. Letztere erregte zuerst meine Aufmerksamkeit.

An der Südostküste Afrikas liegt ein gewaltiges Stück Land, 1600 Kilometer lang und an der breitesten Stelle 480 Kilometer breit, vom Aussehen an ein mißglücktes Omelett erinnernd. Madagaskar, das ist sein wohlklingender Name, ist die viertgrößte Insel der Welt. Vom biologischen Standpunkt aus ist Madagaskar wahrscheinlich einer der faszinierendsten Landstriche dieses Planeten. Der Grund dafür ist, daß sich Madagaskar in ferner Vergangenheit, als die Kontinente in ihre Form gepreßt wurden und auf der glühenden, heißem Haferbrei nicht unähnlichen Erdoberfläche hin- und herwanderten wie Papierboote auf einem Teich, von seinem Mutterland Afrika trennte und wie eine riesige, mit einer Unzahl von Pflanzen und Tieren beladenen Arche nach rechts unten trieb, um seine jetzige Position einzunehmen. Das heißt, daß all seine Pflanzen und Tiere sich isoliert und völlig anders als ihre Verwandten auf dem Festland entwickelten.

Fast alle Lebewesen, die diese außergewöhnliche Insel bewohnen, sind nirgendwo sonst auf der Erde zu finden und erscheinen hier in erstaunlicher Vielfalt: Lemuren oder Makis, vom mächtigen, schwarzweißen Indri, der die Größe eines vierjährigen Kindes erreicht, bis zu den Mausmakis, von denen der kleinste nicht größer als eine Streichholzschachtel ist; Kugelasseln von der Größe eines Golfballs; eine ganze Reihe von igelähnlichen Tenreks, von denen einige imstande sind, eine unmäßige Zahl von Jungen zur gleichen Zeit zur Welt zu bringen; Schildkröten so hoch wie Schemel und einige klein wie Untertassen; eine Orchidee, die so gewaltig und komplex ist, daß sie nur von einem Falter mit einem superlangen Rüssel befruchtet werden kann, und eine Fülle anderer biologischer Wunder.

Leider ist Madagaskar ein recht typisches Beispiel dafür, wie wir unsere Welt zerstören. Einst dicht bewaldet, reich an Pflanzen und Tieren, ist die Insel jetzt im Niedergang begriffen. Überweidung durch Zebuherden (die als Statussymbole und nicht nur als Fleischlieferanten gehalten werden) und unökologische und verhängnisvolle Methoden, Wälder abzuholzen und niederzubrennen, um der ständig wachsenden Bevölkerung landwirtschaftliche Nutzflächen zu erschließen, haben die madagassischen Wälder so dezimiert, daß sie inzwischen zu neunzig Prozent verschwunden sind. Das bedeutet nicht nur das Verschwinden vieler Bäume und anderer Pflanzen, sondern auch das der Tiere, die von ihnen abhängen. An ihre Stelle tritt die Erosion, die das Land verändert, austrocknet und zerfurcht, wie das Alter ein menschliches Gesicht austrocknet und mit Runzeln überzieht. Wenn man heute Madagaskar überfliegt, kann man sehen, wie diese gigantische Insel ausblutet, denn ohne die Wälder wird der Boden die Flüsse hinunter in das Meer gespült – große, gewundene Ströme von Laterit, wie Blut aus aufgeschlitzten Adern, die sich in das Blau des Indischen Ozeans ergießen.

Es erübrigt sich zu erwähnen, daß das Schicksal Madagaskars von höchster Bedeutung für die Naturschützer ist, denn bei dem gegenwärtigen Ausmaß der Zerstörung von Habitaten werden Hunderte einzigartiger Lebensformen (von denen viele möglicherweise von großem Wert für den Menschen sind) innerhalb der nächsten zwanzig bis dreißig Jahre, vielleicht sogar noch früher, verschwinden. Aber es ist schwer, dem Naturschutzgedanken Geltung zu verschaffen, da der Bildungsstand der madagassischen Bevölkerung niedrig ist und ihre wirtschaftlichen Probleme eminent sind. Als die Franzosen die Insel unter ihrer Herrschaft hatten, erklärten sie große Gebiete zu Reservaten, taten jedoch entsetzlicherweise wenig oder gar nichts dafür, daß sie entsprechend verwaltet und geschützt wurden. Überdies unternahmen sie nichts, um der einheimischen Bevölkerung ein Bewußtsein vom Wert des faszinierenden und wichtigen Landes zu vermitteln, das ihr Erbe war. Bis vor kurzem hatte der Mann auf der Straße nur eine Möglichkeit, etwas über die einzigartige Fauna seines Landes zu erfahren – indem er sich die Rückseite der Streichholzschachteln anschaute, auf denen verschwommen und grellbunt einige Lemurenarten abgebildet waren. So war es eine vordringliche Aufgabe, solange der Naturschutz in Madagaskar noch keine Resultate zeigte, Zuchtgruppen aller madagassischen Tiere aufzubauen, die man beschaffen konnte.

Wir haben es immer für sinnvoll gehalten, mit einer weitverbreiteten Art zu arbeiten, die mit einer gefährdeten verwandt ist; auf diese Weise kann man die besten zur Pflege und Aufzucht erforderlichen Techniken entwickeln, so daß man bereits über einige Erfahrung mit einem ähnlichen Tier verfügt, wenn man die gefährdete Art aufnimmt. Braunbären zu halten wäre beispielsweise eine nützliche Erfahrung, wenn man die Absicht hat, eine Kolonie der viel selteneren Brillenbären zu gründen. Als wir uns entschlossen, verschiedene Arten der madagassischen Fauna zu erwerben, um Zuchtkolonien aufzubauen, wählten wir zuerst die drei Arten, die leicht erhältlich waren und von denen keine unmittelbar vom Aussterben bedroht war. Es waren der Kleine Igeltenrek, der Große Igeltenrek und der Katta, einer der hübschesten der Lemuroiden. Die Tenreks sind seltsame, primitive Tierchen, die sich wie kleine, stachelige Aufziehspielzeuge bewegen. Wenn man sie vom Boden aufhebt, ziehen sie ihre flexible Stirnhaut zu einem äußerst mißbilligenden Runzeln über die Nase, und sie gebären eine erstaunliche Anzahl von Jungen mit einem Wurf (dem größten bei Säugetieren bekannten Wurf, bis zu einunddreißig bei einer Art). Die Tenreks kommen nur bei Nacht hervor, um sich von Insekten, rohen Eiern und Fleisch zu ernähren, bleiben stets unter sich und können selbst bei Aufbietung aller Phantasie nicht als «niedlich» bezeichnet werden.

Trotz anfänglicher Rückschläge hatten wir bald blühende Kolonien aufgebaut. Was die Großen Igeltenreks anbelangt, beinahe zu sehr gedeihende, denn im Laufe der Jahre haben wir über 500 von ihnen gezüchtet. Einer unserer männlichen Kleinen Igeltenreks, der voll ausgewachsen bei uns eintraf, schlug den Langlebigkeitsrekord für diese Art; als er starb, muß er wenigstens vierzehneinhalb Jahre alt gewesen sein – ein unglaubliches Alter für ein so zartes und empfindliches Geschöpf.

Auch mit unseren Kattas hatten wir Erfolg. Diese reizenden Tiere in ihrem schwarzweißen und aschgrauen, leicht rosig schimmernden Fell haben lange, elegante, schwarzweiß gestreifte Schwänze und gelbe Augen. Sie sehen aus, als ob sie geradewegs einer der seltsameren Zeichnungen Aubrey Beardsleys entsprungen seien. Wenn sie gehen, tun sie es auf eine angeberisch herumstolzierende Art, wobei sie ihren Schwanz wie ein Banner in die Luft strecken. Kattas sind große Sonnenanbeter, und sobald nur der schüchternste Sonnenschein durch die Wolken dringt, setzen sie sich hin – die Pfoten auf den Knien oder ausgestreckt, den Kopf hoch erhoben mit verzückt geschlossenen Augen – und saugen die lebenspendenden Strahlen in sich auf. Unser erstes Pärchen hörte auf die phantasielosen Namen Polly und Peter (sie wurden getauft, bevor sie zu uns kamen), und es bestand kein Zweifel, daß Polly, soweit man das bei Lemuren sagen kann, die Hosen anhatte. Der arme Peter wurde ständig herumkommandiert, von allen bequemeren Zweigen gedrängt, von den sonnigsten Plätzen vertrieben und gezwungen, alle besseren Leckerbissen seinem Hausdrachen zu überlassen. Er schien unter dieser Behandlung jedoch keineswegs zu leiden, deshalb griffen wir nicht ein. Polly war natürlich eine echte Primadonna, stolzierte in ihrem Käfig umher, döste in der Sonne, wobei sie ihre Arme in die Höhe reckte, damit ihren Achselhöhlen die wohltätige Wirkung der ultravioletten Strahlen zuteil wurde, oder tanzte anmutig umher und versuchte, die Schmetterlinge zu fangen, die versehentlich in ihren Käfig geflattert waren. Wenn sie bei Laune war, pflegte sie uns auch etwas vorzusingen – ein Auftritt, der so verblüffend wie musikalisch schräg war.

«Komm, Polly, sing uns etwas vor, du hübsches, kleines Mädchen», redeten wir ihr gut zu.

Polly reckte sich und putzte sich, dann starrte sie mit gelben Augen nachdenklich in die Ferne, als sinne sie darüber nach, ob man es wert sei, in den Genuß ihres Talents zu kommen. Bei weiterem guten Zureden begann sie plötzlich, indem sie sich an einem Zweig festhielt, wie eine Sängerin sich an ihren Noten festhält. Sie warf den Kopf zurück, öffnete weit den Mund und gab sich ihrem Gesang hin mit all der Begeisterung und dem Feuer einer lemuroiden Maria Callas.

«Au», sang sie dann. «Ar-au, ar-au, ar-au, ar-au.»

Dann machte sie eine Pause und wartete auf den Applaus, bevor sie mit dem zweiten Vers begann.

«Ar-au, au, au, rau», jaulte sie. «Ar-au, ar-au.»

Das Volumen und die Kraft ihrer Stimme machten die Anspruchslosigkeit des zu Wiederholungen neigenden Textes mehr als wett.

Wann Peter schließlich seinen ganzen Mut zusammennahm und Polly verführte, wußten wir nicht, er muß sie jedoch in einem ihrer seltenen schwachen Momente erwischt haben, denn sie überraschte uns alle durch die Geburt eines schönen, kräftigen Katta-Babys. Es war ein liebenswertes Baby, mit großen, schwermütigen Augen und einem kleinen Gesicht, spitzen, koboldhaften Ohren und dünnen Armen und Beinen, die ihm ein Aussehen verliehen, als hätte es das letzte Stadium der Auszehrung erreicht, ein lemurenhafter Oliver Twist. Dieses bezaubernde Baby ritt zunächst auf Polly herum, klammerte sich an ihrem Bauch fest, die kleinen Hände und Füße in ihrem Fell vergraben. Als er älter wurde, wurde er kühner und begann auf Pollys Rücken zu reiten, wie ein winziger, melancholisch aussehender Jockey auf einem hohen Roß. Sobald er einmal die Welt beobachtet und in sich aufgenommen hatte, wurde er selbstsicherer, und sein Ausdruck wechselte von dem der Melancholie zu dem der Verschmitztheit. Er wagte sich von Pollys Rücken herunter und erforschte Teile ihrer gemeinsamen Domäne, und wenn eine eingebildete Gefahr ihn bedrohte, kehrte er schleunigst in die Sicherheit der Arme seiner Mutter zurück. Er tanzte und drehte sich auf zierliche Weise, badete wie seine Eltern in der

Sonne und nahm sich die Freiheit heraus, ihre Schwänze als Schaukel zu benutzen. Er lernte sogar, mit Polly zusammen zu singen – eine schrille, etwas unsichere Begleitung, die nicht dazu beitrug, das Lied melodischer zu machen oder den Text zu bereichern.

Wir hatten das Glück, nach den Kattas eine Gruppe von Mayotte-Schwarzkopfmakis erwerben zu können, die von einer Insel in den Komoren vor der Küste Madagaskars kommen. Es waren große, feingliedrige Tiere mit blassen Augen und einem wolligen, fast schafartigen Fell in verschiedenen Braun-, Zimt- und Schwarztönen. Sie gewöhnten sich bald an ihre neue Umgebung, und nach erstaunlich kurzer Zeit gebar eines der Weibchen ein Junges. Durch bittere Erfahrung lernten wir damals eines der psychischen Probleme des männlichen Schwarzkopfmakis kennen, wenn er mit den Freuden der Vaterschaft konfrontiert wird. Kaum war das Baby geboren, da entriß das Männchen es seiner Mutter und tötete es. Diese Kinderfeindlichkeit des Männchens war ein großer Schock für uns; wir mußten nun Mittel und Wege finden, die bösen Absichten der männlichen Makis gegenüber ihren Sprößlingen zu vereiteln. In jedem Käfig richteten wir einen eigenen Bereich für die Mutter ein, also einen Käfig im Käfig. Sobald eine Geburt bevorstand, wurde das Weibchen in die Entbindungsabteilung gesperrt. Obgleich es vom Männchen getrennt war, konnte es durch den feinen Maschendraht von ihm gesehen, gerochen und betastet werden. Was wichtiger war, das Männchen konnte die Geburt miterleben und sich an die Vorstellung gewöhnen, daß das Weibchen ein Baby hatte. Wenn das Baby groß genug war, wurde der Maschendraht entfernt, und das Männchen nahm die Anwesenheit des Babys als gegeben hin.

Eines Morgens stand ich mit Jeremy vor dem Schwarzkopfmaki-Käfig. Wir bewunderten die Possen eines jungen Pärchens, das vor einiger Zeit Nachwuchs bekommen hatte.

«Wenn sie sich weiter so vermehren, werden wir bald ihr Quartier vergrößern müssen», sagte Jeremy.

«Ja», sagte ich. «Und das wird einen Haufen Geld kosten.»

«Ich weiß», sagte Jeremy und fügte wehmütig hinzu: «Es wäre toll, wenn wir ganz neue Käfige für die Makis hätten, was?»

«Ja, das wäre toll», sagte ich.

Das Baby-Maki schwang sich geschickt vom Schwanz seiner Mutter zum Schwanz seines Vaters, fügte ihm einen schmerzhaften Biß zu und entging der Bestrafung durch rasche Flucht.

«Ich will vielleicht nach Amerika fahren», sagte ich.

«Amerika», sagte Jeremy. «Sie sind noch nie dort gewesen, nicht wahr?»

«Nein. Aber ich spiele mit dem Gedanken, hinzufahren und eine Art amerikanischer Zweigstelle des Trusts zu gründen.»

«Um Geld aufzutreiben?»

«Natürlich», sagte ich. «Jeder scheint nach Amerika zu fahren, um dort an Geld zu kommen. Ich sehe wirklich nicht ein, warum ich da eine Ausnahme machen sollte.»

«Nun, ja. Es könnte eine interessante Reise werden», sagte er nachdenklich. Keiner von uns wußte, wie interessant die Reise wirklich werden würde.

Ich hatte beschlossen, nicht zu fliegen, da ich der Meinung war, daß der Flug in und über ein fremdes Land einem das Gefühl der Entfernung nimmt und man dadurch viel versäumt. So wollte ich an Bord der «QE II» nach New York übersetzen und dann mit dem Wagen und dem Zug einen großen Teil der Vereinigten Staaten bereisen. Daß alle Amerikaner, denen ich begegnete, mich für verrückt erklärten, versteht sich von selbst, aber ich kannte damals nur sehr wenige Amerikaner, und so blieb mein Entschluß, Amerika vom Boden aus zu besichtigen, unerschüttert. Ich hatte Vorträge in so weit auseinanderliegenden Orten wie San Francisco, Chicago und New York vereinbart; die Reise würde also lang und anstrengend werden. Ich brauchte jemanden, so beschloß ich, der auf mich aufpaßte und mich beschützte, eine Art Privatsekretär, jemanden, der die Hotels buchte, Fahrkarten besorgte und sonstige Dinge erledigte, damit ich Zeit hatte, so viele Trustmitglieder wie möglich aus den Reihen derer zu werben, die meine Vorträge hörten und mit denen ich sonst zu tun hatte. Ich entschied mich für meinen alten Freund Peter Waller, der seit einigen Jahren mit der Royal Covent Garden Opera Company zu tun hatte und in letzter Zeit seinem Freund Steve Eckart geholfen hatte, die American School in London aufzubauen. Mit seiner großgewachsenen, schlanken Figur und seinem guten Aussehen schätzte man Peter auf höchstens vierzig, tatsächlich war er wesentlich älter. Er hatte viel Charme, und Frauen – besonders ältere Frauen – waren in ihn vernarrt. Ich hielt ihn für den idealen Mann, um mich vor den alles in Beschlag nehmenden Matronen der amerikanischen Frauenvereine zu schützen, über die ich so schreckliche Sachen gehört hatte; schließlich würden auf meinem amerikanischen Pfad, so dachte ich, Gefahren auf mich lauern, denen ein Mann, der nur an die mit einer Wildtier-Expedition im Dschungel verbundenen Komplikationen gewöhnt war, nicht gewachsen war. Peter erwies sich als reizender, liebenswerter Begleiter, der sorgfältig über mein Wohl wachte, obgleich es Zeiten gab, in denen seine Fähigkeiten als Kammerdiener den in sie gesetzten Erwartungen nicht ganz entsprachen.

Abgesehen von einer Reihe eleganter Anzüge, die ich mir eigens für diesen Anlaß schneidern ließ, nahm ich mehrere hundert Exemplare unseres Jahresberichts (ein umfangreiches Dokument) und mehrere tausend Broschüren mit, in denen die Arbeit des Trusts beschrieben wurde. Infolge irgendwelcher Verzögerungen beim Drucker wurden diese erst im allerletzten Augenblick geliefert, und anstatt sie in festen Kartons zu verstauen, hatte man sie zu unordentlichen Bündeln zusammengepackt, eingeschlagen in braunes Papier und mit einem wahren Spinnennetz von Schnüren zusammengebunden. Es war keine Zeit mehr zum Umpacken, und so trafen Peter und ich bei der «QE II» ein, als hätten wir ein Zigeunerlager geplündert und alles mitgenommen, was nicht mehr gebraucht wurde. Ein äußerst verbindlicher und aristokratischer Zahlmeister (der aussah wie einer der Botschafter Ihrer Majestät) sorgte dafür, daß unser Zigeunerlager sicher im tiefsten Inneren des Schiffes verstaut wurde. Danach wurden wir in unsere Kabinen geführt.

Ich hatte das Glück, daß einige alte Freunde Peters mit uns reisten – Margot und Godfrey Rockefeller und ihre beiden Kinder. Margot – die darauf hinwies, daß sie die armen Rockefellers seien – war eine höchst attraktive Frau mit einem schönen, von vorzeitig weiß gewordenem Haar umrahmten Gesicht und blauen Augen, scharf wie die eines Falken. Sie hatte einen spitzbübischen Sinn für Humor und eine beachtliche komödiantische

Begabung; so konnte sie ihr Gesicht verziehen und mit hoher Fistelstimme sprechen, daß sie an die berühmten Hollywood-Puppen erinnerte. Im Gegensatz dazu war Godfrey ein untersetzter, muskulöser Mann mit einem großen, runden, gutmütigen, stets lächelnden Gesicht und humorvollen, schläfrigen Augen. Ihre Kinder waren ein bezaubernder Junge und ein reizendes Mädchen, Parker und Caroline, die ich damit ärgerte, daß ich sie die Baby Rocks nannte.

Der Anfang der Reise war höchst angenehm, und Godfrey, der über einen unbegrenzten Vorrat an Scotch zu verfügen schien, den er irgendwo in seiner Kabine versteckt hatte, bestand darauf, daß wir uns alle vor den Mahlzeiten zu einem Drink trafen. Und dann gerieten wir in schlechtes Wetter. Am nächsten Morgen zogen sich Godfrey und Peter in ihre Kojen zurück. Ich hatte jedoch wenig Zeit, sie zu bedauern, denn ich war mit meinen eigenen Problemen beschäftigt. Beim Frühstück hatte mich der elegante und aristokratische Zahlmeister angesprochen und mir die unangenehme Nachricht überbracht, daß meine Zigeunerlager-Pakete während der Nacht aufgegangen waren und der Gepäckraum jetzt knietief unter Trust-Literatur stand. Könnte ich, fragte er, etwas dagegen unternehmen? Die Aussicht, Hunderte von Jahresberichten und Gott weiß wie viele tausend Broschüren wieder einzupacken, war wenig erfreulich, aber Margot rettete mich. Sie rief die Baby Rocks, und wir vier gingen hinunter in den Gepäckraum, bewaffnet mit Packpapier und Schnüren, die uns der freundliche Zahlmeister zur Verfügung gestellt hatte, und inspizierten die Verheerung. Wenn ich sage, daß wir knietief in Trust-Informationen steckten, ist das milde ausgedrückt. Finster machten wir uns an die Arbeit. Wir brauchten den ganzen Tag, aber endlich war das letzte Bündel verpackt und zusammengebunden.

«Gott sei Dank», sagte Margot und sah auf ihre schmutzigen Hände. «Was für eine Arbeit!»

«Aber was für eine Geschichte läßt sich daraus machen!» sagte ich.

«Wieso, welche Geschichte?» fragte Margot argwöhnisch.

«Wie ich den Atlantik auf der ‹QE II› überquerte, eingesperrt mit drei Rockefellers, die mein Gepäck zusammensuchten.»

«Ich werde Sie gerichtlich belangen», warnte Margot mich. «Außerdem würde sowieso niemand glauben, daß die Rockefellers so dämlich sind.»

Am letzten Abend der Reise versammelten wir uns in Godfreys Kabine, um etliche Flaschen Champagner zu leeren, die er besorgt hatte, um unsere Ankunft in New York am nächsten Tag zu feiern. Unter der Wirkung dieser erlesenen Flüssigkeit fühlte Peter sich bemüßigt, uns von seinen Jugendjahren in der Wiener Ballettschule zu berichten.

«Die Disziplin, meine Lieben», sagte er, schlug die Hände zusammen und sah gegen die Decke. «Die Disziplin. Ihr habt keine Vorstellung. So streng, aber es lohnt sich.»

«Wie meinen Sie das?» fragte Godfrey, der wie ein gestrandeter Wal auf dem Boden der Kabine lag. «Kein Alkohol?»

«Keinen Tropfen», sagte Peter erschauernd. «Stunden und Stunden und Stunden an der *barre*, bis man das Gefühl hat, daß einem die Beine abfallen. Einfach strapaziös.»

«Und alles ohne Alkohol?» fragte Godfrey ungläubig.

«Nicht einen Tropfen, Süßer, nicht einen winzigen Tropfen.»

«Hingabe», sagte Godfrey und wandte sich an mich. «Absolute Hingabe. Wüßte nicht, wie ich ohne Alkohol tanzen könnte.»

«Was mußten Sie sonst noch machen?» fragte Margot.

«Nun», sagte Peter, der jetzt bei seinem fünften Glas Champagner war. «Man ließ uns in so einem kleinen Kasten tanzen, ich habe den Namen vergessen, um sicherzustellen, daß man nur eine kleine Fläche zur Verfügung hat, und wenn man sie überschritt, war man unten durch.»

«In einem Kasten tanzen?» sagte Godfrey. «Was für einen Kasten?»

«Nun, ziemlich flach, ungefähr so», sagte Peter und wies auf einen kleinen runden Tisch, der zum Mobiliar der Kabine gehörte.

«Aber das ist ja nicht größer als ein Sombrero», sagte Godfrey. «Darauf kann man doch nicht tanzen.»

«Mexikaner tanzen auf ihren Hüten», sagte Margot nachdenklich und füllte die Gläser nach.

«Aber Peter ist kein Mexikaner», stellte Godfrey klar. «Er ist Ire.»

«Iren tanzen nur in Holzschuhen», sagte ich, um die Sache vollends zu verwirren.

«Nun ja, ob Ire oder nicht, ich glaube nicht, daß er auf diesem Tisch tanzen kann», sagte Godfrey abschließend und nahm einen kräftigen Schluck Champagner.

Wir hätten gewarnt sein sollen. Das Schiff schlingerte immer noch von einer Seite auf die andere, aber wir schrieben das den gesundheitsfördernden Eigenschaften des Champagners und nicht den Unbilden der Witterung zu.

«Natürlich kann ich darauf tanzen», sagte Peter, verärgert darüber, daß jemand seine Fähigkeiten in Frage stellte. «Ich werde euch zeigen, was wir damals taten.»

Er schob den Tisch in die Mitte der Kabine und blickte ihn gedankenverloren an.

«Ich habe zuviel an», sagte er und entkleidete sich mit großer Würde bis auf seine Unterhosen.

«Deswegen stehen Ballettänzer in so einem schlechten Ruf», sagte Godfrey. «Sie müssen sich ständig entblößen.»

«Ich habe mich nicht entblößt», sagte Peter indigniert. «Habe ich mich entblößt, Margot?»

«Noch nicht», sagte Margot gleichmütig.

Peter kletterte auf den Tisch und hob die Arme über den Kopf, Hände und Finger in anmutiger Haltung. Er stellte sich auf die Zehen und sah uns schelmisch an.

«Singt etwas», schlug er vor.

Nach einigem Nachdenken stimmte Godfrey eine kaum wiederzuerkennende Version der Nußknackersuite an. Peter schloß verzückt die Augen, wirbelte herum, vollführte einige *grand pliés* und stellte sich auf die Zehenspitzen, um eine weitere Pirouette zu drehen, als das Schiff abermals von einer größeren Welle getroffen wurde. Mit einem Schrei fiel unser armer Nijinskij vom Tisch und schlug mit Armen und Beinen schwer auf den Boden. Wie ein Jungvogel, der auf dem Nestrand Flugübungen gemacht und dabei sein Gleichgewicht verloren hat, um in eine fremde, erschreckende Welt zu fallen, lag Peter mit weißem Gesicht auf dem Boden und hielt seinen Oberschenkel umklammert.

«Au!» schrie er. Die Ähnlichkeit mit einem Lemuren war verblüffend. «Au! Mein Bein! Ich habe mir das Bein gebrochen!»

Das, dachte ich, hatte mir gerade noch gefehlt. Wir sollten am nächsten Morgen in New York eintreffen, und mein Sekretär hatte sich das Bein gebrochen.

Wir drängten uns um unseren gefallenen Helden, benetzten die weiß gewordenen Lippen mit Champagner und versicherten ihm, daß er nicht in unmittelbarer Lebensgefahr schwebe und daß, wichtiger noch, sein Bein nicht gebrochen sei. Er hatte sich den Oberschenkelmuskel nur stark verzerrt. Die Verletzung war jedoch so schlimm, daß er ins Krankenhaus mußte, um sich dort röntgen und behandeln zu lassen. Als wir in New York anlegten, wurde also mein käsiges Faktotum mit dem Krankenwagen abtransportiert, und ich blieb allein den Gefahren der Neuen Welt ausgesetzt.

Zum Glück hatte ich zunächst nur Verabredungen im Big Apple oder an Orten wahrzunehmen, die nicht weit davon entfernt lagen; so kam ich einigermaßen zurecht, während Peter im Krankenhaus darniederlag und Rechnungen in so astronomischer Höhe bei mir eingingen, daß ich über unsere Versicherung nicht dankbar genug sein konnte. Die Medizin in Amerika scheint ein überaus lukratives Geschäft zu sein; ich bin erstaunt, daß die Mafia es noch nicht übernommen hat.

Während ich in New York war, berichtete eine junge Frau, die Peters Stellvertretung übernommen hatte, mir immer wieder von einem gewissen Dr. Thomas Lovejoy und wie wunderbar er sei. In ihren Augen war er ein Geschenk Gottes für alles und jeden, und es war klar, daß sie völlig vernarrt in ihn war. Sie sagte, sie habe versucht, ein Zusammentreffen zu arrangieren, aber der begehrte Lovejoy sei so schwer zu greifen wie ein Irrwisch. Dann standen wir eines Morgens, als wir gerade ein paar Einkäufe erledigt hatten, vor Macy's, als die junge Frau einen durchdringenden Freudenschrei ausstieß.

«Sehen Sie», schrie sie. «Sehen Sie, da ist Tom Lovejoy.»

Ich blickte interessiert in die angegebene Richtung, um dieses ungreifbare Musterbild von einem Mann in Augenschein zu nehmen. Ich sah einen jüngeren Mann, der über den Bürgersteig auf uns zugetänzelt kam, mit zerzaustem Haar, dunklen Augen, in denen ein leicht ironischer Glanz lag, einem gutgeschnittenen Gesicht und einem einnehmenden Lächeln. Ich sah sogleich, was ihr Herz höher schlagen ließ. Ich mochte ihn sofort und hatte das Gefühl, daß er auch mich mochte. Jetzt, da wir dieses Einhorn auf so glückliche Weise eingefangen hatten, nahmen wir ihn unverzüglich in Beschlag, führten ihn in eine nahe gelegene Gaststätte und füllten ihn mit Bier ab, während ich ihm berichtete, was ich in Amerika vorhatte. Er hörte ruhig zu und gab mir einige ausgezeichnete Ratschläge. Er wurde mir immer sympathischer, besonders als ich entdeckte, daß er einer der seltenen Wissenschaftler war, die ihre Arbeit ernst nehmen und doch über sich und andere lachen können. Ja, es war eigentlich dieser unerhörte Sinn für Humor, der uns miteinander verband. Wenn man als Naturschützer nicht lachen kann, muß man weinen, und wenn man weint, ist man der Verzweiflung nahe. Tom versprach mir, sich mit mir zusammenzusetzen, wenn ich meine Rundreise beendet hatte, um zu besprechen, wie der Trust am besten in Amerika aufgebaut werden könnte.

Kurz danach tauchte Peter aus dem Krankenhaus auf, und wir begannen unsere Marathon-Tour durch die USA.

Amerika war phantastisch, und diese erste Reise hatte viele Höhepunkte. Wir waren in New York angekommen während einer Hitzewelle, deren warme und drückende Luft alles in den Schatten stellte, was ich außerhalb Westafrikas je erlebt hatte. Wie Kumuluswolken in fischförmigen Bänken lag der braune Smog zwischen den Wolkenkratzern, so daß ihre Spitzen wie riesige Zuckerwürfel einsam ins Sonnenlicht ragten, während ihre unteren Teile sich in den dichten Smogbänken verloren. Der Anblick war unglaublich; es sah aus wie eine Marsstadt Ray Bradburys. Ich verliebte mich in New York, obgleich ich im allgemeinen keine Städte mag. Auf unserer Fahrt nach Chicago – ein Ort, der mich gleichgültig ließ –, wo ich vor einem Auditorium von etwa 2000 Menschen sprechen sollte, bekluckte Peter mich wie eine Henne, um seinen Ballett-Fauxpas wieder gutzumachen. Doch während er sich um die unwichtigsten Kleinigkeiten kümmerte, neigte er dazu, das Ganze aus den Augen zu verlieren. So entdeckte ich, als ich vor dem Auditorium stand, daß wir die Hälfte der Filme über den Trust im Hotel vergessen hatten. Ich bin immer nervös, wenn ich einen Vortrag halten soll, und dieser Patzer trug nicht gerade dazu bei, mich zu beruhigen.

Doch es sollte noch schlimmer kommen in Chicago. Bei einer Cocktailparty, die freundlicherweise von Bekannten für die potentiellen großen Spender unter den Zuhörern gegeben wurde, stand ich neben einem Sofa, auf dem ein magerer, grauhaariger Mann saß. Plötzlich wandte sich eine ziemlich furchterregend aussehende Frau mit hellblauen Haaren, einem Gesicht wie ein Tomahawk und einer Stimme, die in jedem Steinbruch Blöcke hätte zerschneiden können, an mich.

«Mr. Djuroll», kreischte sie, «mein Name ist Avenspark, und das hier ist mein Mann.» Sie wies mit einer besitzergreifenden Geste auf den zerbrechlich wirkenden Mann neben mir. Wir verbeugten uns voreinander. «Mr. Djuroll», fuhr sie fort, «mein Mann und ich sind zweihundertundfünfzig Meilen gereist, um Ihren Vortrag heute abend zu hören.»

«Das ist sehr schmeichelhaft...» begann ich.

«Zweihundertundfünfzig Meilen», sagte sie, ohne meinen Einwurf zu beachten. «Zweihundertundfünfzig Meilen, und mein Mann ist schwerkrank.»

«Wirklich?» sagte ich und wendete mich mitfühlend Mr. Avenspark zu. «Das tut mir leid.»

«Ja», fuhr sie mit ihrer schädelsprengenden Stimme fort. «Er hat Krebs.»

Es war, wie ich entdeckte, schwer, auf eine solche Feststellung etwas zu erwidern. «Ich hoffe, daß es Ihnen bald bessergeht», war kaum passend. Während ich mir den Kopf zerbrach, kam Peter glücklicherweise zu meiner Rettung und zog mich fort. Das machte bis zu einem gewissen Grad die vergessenen Filme wieder gut.

Wir bestiegen den Zug von Chicago nach San Francisco. In die für uns reservierten Abteile führte uns ein kleiner, uralter, schwarzer Schlafwagenschaffner mit schneeweißem Haar, der so aussah, als sei er geradewegs aus der Szenerie von *Vom Winde verweht* spaziert. Zu meiner großen Freude sprach er auch so.

«Dies is' Ihr Abteil, Sah», sagte er. «Und dies rechts danehm is' das von Ihrem Freund, Sah. Ich geh rasch Ihr Gepäck hol'n, Gen'lemen.»

Ich wußte, daß die Trennwände zwischen den Abteilen dieser Klasse sich zurückschieben lassen; und als der Schaffner mit unserem Gepäck wiederkam, bat ich ihn, die Trennwand zu öffnen.

«Mach ich, Sah», sagte er, drehte an den Knöpfen, die die einzelnen Abschnitte zusammenhielten, und nach wenigen Augenblicken hatten wir ein geräumiges Abteil mit zwei Betten, zwei Waschbecken, zwei Schränken, zwei Sesseln und zwei Fenstern, durch die wir das vorbeiziehende Amerika bewundern konnten. Es war ein hektischer Tag in Chicago gewesen, und wir hatten eine Belohnung verdient.

«Und nun», sagte ich, «hätten mein Freund und ich gern eine Flasche Korbel-Champagner, bitte.»

«Gewiß, Sah, gewiß. Hol' ich Ihn' sogleich», sagte er.

Er kam zurück – der Zug glitt gerade aus dem Bahnhof in die offene Landschaft –, einen Eiskübel in der Hand mit einer gut gekühlten Flasche dieses ausgezeichneten amerikanischen Schaumweins.

«Soll ich sie öffnen?»

«Ja, bitte. Und stellen Sie eine zweite auf Eis, für alle Fälle», sagte ich.

«Mach ich, Sah», sagte er und drehte an dem Korken.

Nachdem er mich hatte kosten lassen, schenkte er den Wein ein, legte sorgfältig eine schneeweiße Serviette um die Flasche und stellte sie wieder in den Eiskübel.

«Is' das alles, Sah?» fragte er.

«Ja, danke», sagte ich.

Er blieb an der Tür stehen. «'tschuldigen Sie, Sah, wenn ich das sage», sagte er. «Aber es is' wirklich 'n echtes Vergnügen, Gen-'lemen zu bedien', die zu reisen versteh'n.»

Während wir es uns bequem machten und den Wein schlürften, machte ich Peter mit meinen Ansichten über das Zugreisen vertraut.

«Das ist wirklich eine der besten Arten zu reisen», sagte ich. «Wer ist schon gern 8000 Meter hoch in einer Sardinenbüchse mit Leuten eingesperrt, von denen man weiß, daß sie in Panik geraten, wenn etwas passiert? Mit einem Zug ist es etwas ganz anderes. Man sitzt nicht zusammengekrümmt in dieser pränatalen Haltung da, sondern kann umhergehen. Man reist mit ziviler Geschwindigkeit und sieht gemütlich und aufs beste bedient zu, wie die Welt an einem vorüberzieht. Vor allem ist man auf dem Erdboden und weiß, daß der Pilot einen nicht plötzlich von der anregenden Tatsache in Kenntnis setzt, daß der Steuerbordmotor in Brand geraten und kein Grund zur Panik sei. Bahnreisen, mein lieber Peter, mögen langsam sein, aber sie sind sicher.»

Just in diesem Moment machte der Zug plötzlich einen Ruck, als ob er gegen eine Ziegelmauer geprallt sei. Unsere Champagnergläser vollführten einen Steptanz und verschütteten dabei ihren Inhalt, und große Holz- und Metallstücke begannen am Schaufenster vorbeizufliegen. Mit kreischenden Rädern kam der Zug stotternd zum Stillstand.

«Meinst du, daß wir mit etwas zusammengestoßen sind?» fragte Peter nervös.

«Unsinn», sagte ich ungerührt. «Züge stoßen nicht zusammen.»

«Aber wir sind in Amerika», meinte Peter.

«Das stimmt», sagte ich. «Steigen wir aus und sehen wir nach.»

Wir schlossen uns den anderen Fahrgästen an und gingen die Schienen entlang bis zum Anfang des Zuges, wo unsere stolze Lokomotive, traurig in eine Dampfwolke gehüllt, stand. Wie sich herausstellte, hatte ein gewaltiger Laster mit einem ebenso gewaltigen Anhänger versucht, vor unserem Zug über einen Bahnübergang zu gelangen. Es war beim besten Willen nicht auszumachen, was den Fahrer zu dieser Wahnsinnstat veranlaßt hatte. Der Laster hatte den Übergang geschafft, aber wir hatten den hinteren Teil des Anhängers erwischt und zusammengestaucht. Wir konnten die Wucht des Zusammenstoßes daran ermessen, daß unser massiver, stählerner Schienenräumer sich wie Spaghetti verbogen hatte. So mußten wir drei Stunden warten, bis eine Ersatzlokomotive eintraf. Es war das letzte Mal, daß ich Peter über die Annehmlichkeiten des Zugreisens belehrte. Ich glaube, er war heilfroh, den Gefahren dieser Art des Reisens entkommen zu sein; als wir San Francisco erreichten, entdeckte ich erst im Taxi auf dem Weg zum Hotel, daß er meine gesamte Garderobe in einem der Schränke unseres Schlafwagenabteils hängen gelassen hatte.

Nachdem ich mich in San Francisco verliebt und Los Angeles hassen gelernt hatte – ich kenne keine andere Stadt, die einen so unpassenden Namen trägt –, hielt ich endlich meinen letzten Vortrag in einem unglaublich exklusiven und teuren Country Club, in dem man erst Mitglied werden konnte, wenn man seine erste Million Dollar gemacht hatte. Es schien der richtige Ort für meine Bettelschale. Der Saal war voll von neureichen Amerikanern, von Frauen mit violettem Haar, Hälsen wie Geier und den winzigen verräterischen Spuren des letzten Faceliftings, die sich unter der echten oder falschen Bräunung abzeichneten. Sie waren mit Juwelen behängt wie Weihnachtsbäume und klimperten beim Gehen wie Spieldosen. Wenn ich einer von ihnen hinter einem Busch auflauern und ihr die Bommeln abreißen könnte, dachte ich, würde das den Trust wahrscheinlich für einige Jahre seiner Solvenzprobleme entheben. Doch meine Erziehung als Gentleman hielt mich von der Anwendung einer solch leichten und schnellen Technik ab.

Die Männer, die zu diesen Frauen gehörten, hatten alle offensichtlich vierzig bis fünfzig Kilo Übergewicht. Ihre Stimmen besaßen jenes reiche Timbre, wie es durch regelmäßiges Gurgeln mit Kies entsteht, und ihre Gesichter sahen aus wie große wunde Babypopos. Sie fuhren in elektrischen, fransenbehangenen Golfwagen durch die Gegend, so daß sie sich keinerlei Gefahr des Gewichtsverlusts aussetzten. Überall in Amerika hatte ich reizende, höfliche und entwaffnend liebenswerte und großzügige Menschen kennengelernt, so daß diese Ansammlung von Schreckensgestalten mich etwas aus der Fassung brachte, um es vorsichtig auszudrücken. Mein Spendenaufruf an diese Mondmenschen sollte nach dem Dinner erfolgen. Dem Dinner voraus gingen zwei Stunden, in denen so viel getrunken wurde, wie ich es selten erlebt habe. Wenn man nach einem Scotch fragte, wurde einem etwas von der Größe einer kleinen Blumenvase in die Hand gedrückt, das einen halben Liter alkoholischer Flüssigkeit, vier Eiswürfel, von denen jeder die *Titanic* zum Sinken gebracht hätte, und einen Teelöffel Sodawasser enthielt, in dem verloren drei oder vier Bläschen schwammen.

Als das Essen aufgetragen wurde, gab es unter meinen potentiellen Zuhörern wohl keinen mehr, der noch halbwegs nüchtern war. Zum Essen gab es natürlich für jeden Gang die entsprechenden Weine und schließlich Brandy in Cognacschwenkern, die so groß wie Suppenterrinen waren. Die Frau neben mir (die eine recht gelungene Imitation der Kronjuwelen an sich herumschleppte) war, vermutlich aus Gesundheitsgründen, auf vorwiegend flüssiger Diät und stocherte nur in ihrem Essen herum. Die wenigen Bemerkungen, die sie an mich richtete, fanden ihren Ausdruck in einem, wie mir schien, seltenen und unverständlichen mitteleuropäischen Dialekt. Ich nickte und lächelte und machte intelligente Bemerkungen wie «Ja», «Wirklich?» und «Oh». Dann kam mein großer Augenblick. Der Mann, der diese schreckliche Prüfung organisiert hatte, stand auf, suchte sich vergeblich Gehör im lauten Gebrüll der Nach-Tisch-Konversation zu verschaffen, hielt eine kurze Rede, die völlig in dem Stimmengewirr unterging, und setzte sich ziemlich unsicher wieder. Das war mein Einsatz. Ich erhob mich. Alle hörten auf zu reden und starrten mich an wie Eulen.

Mein herzergreifender Appell, den Tieren der Welt zu helfen, richtete sich an eine Zuhörerschaft, die sich aus den unsympathischsten Säugetieren zusammensetzte, denen ich je begegnet bin. Während ich in meinen Ausführungen fortfuhr, begann die murmelnde Unterhaltung von neuem, und ich vernahm ein seltsames Geräusch neben mir. Ich drehte mich um und gewahrte zu meinem nicht allzu großen Erstaunen, daß die Frau mit den Kronjuwelen (zweifellos eingelullt durch meinen wohlklingenden englischen Akzent) eingeschlafen war. Das Gewicht der Juwelen hatte ihren Kopf auf den vor ihr stehenden Teller gezogen, der unglücklicherweise die Reste eines üppigen Erdbeersoufflés enthielt. Ihr Gesicht ruhte in dieser rosafarbenen Lava, die sich fest um ihre Nasenlöcher schloß. Während sie rasselnd schnarchte, blubberte das Erdbeersoufflé mit gurgelnden und platzenden Geräuschen fröhlich vor sich hin. Sie sah aus wie jemand, der Eiscreme durch einen Strohhalm zu saugen versucht.

Ich war froh, mich wieder setzen und diesen exklusiven Club verlassen zu können, um kaum mehr als hundert großzügig gespendete Dollar reicher.

Am nächsten Tag mußten wir unbedingt eine der ersten Maschinen nach New York bekommen, denn ich hatte nicht nur eine Fernseh- und eine Radiosendung zu bestreiten und verschiedene Interviews zu geben, sondern auch noch einen Vortrag zu halten. So ging ich früh am nächsten Morgen, nachdem ich gepackt und gefrühstückt hatte, in Peters Zimmer, um mich davon zu überzeugen, daß er nicht verschlafen hatte. Eine traurige, gequälte Stimme bat mich, einzutreten. Sein Frühstückstablett stand auf dem Bett, aber er war nirgends zu sehen.

«Wo bist du?» rief ich.

«Hier drinnen, Gerry-Schätzchen, hier bin ich», klang es schwach aus dem Badezimmer.

Ich steckte meinen Kopf durch die angelehnte Tür und sah Peter splitterfasernackt in der Badewanne stehen. Er hielt ein großes Handtuch an die Brust gepreßt, mit einem Ausdruck völligen Entsetzens auf dem Gesicht.

«Was ist los?» fragte ich überrascht.

«Schau mal», krächzte er und wies nach unten.

Ich schaute. Ein Blutstrom floß sein Bein hinunter und bildete eine große Lache in der Wanne.

«Du meine Güte! Wie ist das passiert?»

«Ich weiß es nicht», sagte Peter und sah aus, als ob er im nächsten Augenblick in Tränen ausbrechen würde. «Ich glaube, ich habe mich beim Abtrocknen mit meinem Siegelring geschnitten.»

«In Ordnung, komm her und leg dich aufs Bett. Ich werde es mir einmal ansehen», sagte ich und dachte etwas lieblos, daß Peter es darauf *abgesehen* hatte, sich gerade zu der Zeit, da wir ein volles Programm hatten, mit dem Siegelring aufzuschlitzen. Er legte sich aufs Bett, und ich entdeckte, daß der Ring sauber eine Hauptader in jenem Teil seiner Anatomie zerschnitten hatte, wo es unmöglich war, eine Aderpresse anzulegen, ohne meinen Freund in einen Eunuchen zu verwandeln. Ich fragte mich, wie um alles in der Welt ich das Blut stillen konnte. Mein verzweifelter Blick fiel auf das Frühstückstablett. Ein Salzfaß stand darauf. Ich tupfte schnell das Blut von der durchtrennten Ader ab und schüttete den Inhalt des Salzfasses darauf. Das Ergebnis war nicht ganz, was ich erwartet hatte. Peters Ausbildung als Ballettänzer machte sich überraschend bemerkbar. Er hüpfte mit einem Sprung aus dem Bett, der Nijinskij zur Ehre gereicht hätte, verspritzte Blut und Salz in alle Richtungen und stieß lange, jo-delnde Schmerzensschreie aus. Ich mußte mehrmals im Zimmer hinter ihm herjagen, bevor ich ihn dazu bewegen konnte, sich wieder aufs Bett zu legen – freilich erst, nachdem er mir das Versprechen abgenommen hatte, kein Salz mehr anzuwenden. Die Anstrengung hatte natürlich die Ader gereizt, aus der jetzt das Blut wie aus einem Springbrunnen hervorsprudelte. Es lag auf der Hand, daß etwas unternommen werden mußte, damit Peter nicht verblutete und wir noch unser Flugzeug erreichten.

Ich rief die Rezeption an. Ja, sicher hätten sie eine Erste-Hilfe-Ausrüstung. Worum es denn gehe? Mein Freund, sagte ich, habe sich geschnitten, in der Hoffnung, man würde annehmen, daß er sich beim Rasieren geschnitten habe. Könnte ich hinunterkommen und den Verbandskasten mit nach oben nehmen? Sicher könnte ich das. Ich ermahnte Peter, ruhig liegenzubleiben, und eilte nach unten. Ich erreichte die Rezeption zur gleichen Zeit wie eine kiechernde Schar amerikanischer Teenager, die zu allen Seiten um mich herum standen.

«Das tut mir leid, das mit Ihrem Freund», sagte der Portier und stellte den Verbandskasten auf den Tresen. «Wo hat er sich denn geschnitten?»

«Ich… hm… das heißt… Nur ein Kratzer, blutet wie verrückt, wissen Sie», sagte ich.

Die amerikanischen Mädchen betrachteten mich interessiert, durch meinen Akzent neugierig geworden. Der Portier öffnete den Kasten, durchwühlte den Inhalt und holte eine Rolle Heftpflaster hervor.

«Wie wär's damit, Sir?» fragte er hilfsbereit.

Bei all den unschuldigen jungen Mädchen, die um mich herum standen, konnte ich unmöglich erklären, daß ein Heftpflaster nicht an jenem Teil der Anatomie anzubringen war, an dem ich pflegerisch tätig werden wollte.

«Wenn ich vielleicht den ganzen Kasten mitnehmen könnte», sagte ich und griff danach. «Wesentlich einfacher, wissen Sie.»

«Nun, natürlich, Sir», sagte der Portier erstaunt. «Aber das ist ein medizinischer Verbandskasten.»

«Er ist ganz ausgezeichnet, davon bin ich überzeugt», sagte ich, drückte den Verbandskasten gegen die Brust und bahnte mir rückwärts einen Weg durch die Schar der jungen Frauen. «Ich möchte nur einmal hineinschauen... Vielen Dank... Bringe ihn zurück.»

Ich schaffte es zum Lift. Sobald ich sicher in Peters Zimmer war, durchsuchte ich den Kasten, der groß und bemerkenswert gut mit allen möglichen medizinischen Hilfsmitteln ausgestattet war. Das einzige, was fehlte, war ein blutstillendes Mittel. Beim weiteren Wühlen in dieser Schatzkammer stieß ich jedoch auf eine Spraydose mit der Aufschrift «Newskin». Ich drückte versuchshalber auf den Düsenknopf, und heraus kam ein feines, spinnwebähnliches Zeugs, das sich sofort wie kristallisierter Zucker verhärtete.

«Ah, genau das richtige», sagte ich, um Peter aufzumuntern, und fragte mich, was es wohl sei. Ich stillte das Blut vorübergehend mit dem Finger, dann zielte ich mit der Spraydose und drückte auf den Knopf. Vielleicht hatte ich zu stark gedrückt. Auf jeden Fall spie die Spraydose eine gewaltige Wolke des Spinnennetzes aus, und nach einer Sekunde hatten sich Peters äußere Genitalien in etwas verwandelt, was an eines jener bizarren Vogelnester erinnerte, die man in Südamerika findet. Es stoppte die Blutung, ich fragte mich jedoch besorgt, ob das Material sich beim Trocknen zusammenziehen würde. Nach einigen Augenblicken stellte sich jedoch heraus, daß es keine nachteilige Wirkung hatte; so half ich Peter ohne weitere Umstände in seine Kleider, und wir rasten zum Flugplatz, den wir eine halbe Minute vor dem Abflug unserer Maschine erreichten.

Nach unserer Rückkehr nach New York führte ich die verabredeten Gespräche mit Tom Lovejoy. Wir arbeiteten die Formalitäten aus, die es dem Wildlife Preservation Trust International ermöglichen würden, als amerikanische Geldbeschaffungsorganisation des Trusts zu fungieren. Um genauer zu sein: Ich sagte, was der Trust brauchte, und Tom zimmerte einen Plan zurecht, wie es zu beschaffen war.

Es gibt Zeiten, in denen es schwer ist, mit der Bettelschale unterwegs zu sein; aber in diesem Fall wurde ich für meine Bemühungen reichlich belohnt durch die wunderbaren und großzügigen Menschen, die ich in Amerika traf und die dann die ersten Vorstandsmitglieder wurden, als ich den WPTI gründete. Im

Laufe der Jahre hatten wir Grund genug, unseren amerikanischen Freunden dankbar zu sein, denn die meisten großen Spenden und Fördermittel kamen von der anderen Seite des Atlantik. Ohne diese Hilfe wären wir weit langsamer vorangekommen. Ich muß jedoch darauf hinweisen, daß es unter den begehrten amerikanischen Exportgütern mehr gibt als Dollar; und hier gelangen die Lemuren Madagaskars wieder ins Spiel, diesmal in der unglaublichen Verkleidung als Ehestifter.

Die Duke University in North Carolina war mit Recht berühmt dafür, daß sie die größte Sammlung von Lemuren außerhalb Madagaskars besaß. Ihre Zuchterfolge und die Forschung, die sie betrieb, waren ausgezeichnet. Deshalb war es ein Schock, als ich einen Brief von einem unserer wissenschaftlichen Berater, Professor François Bourlière, erhielt (einem der bedeutendsten Primatologen Frankreichs), der mir mitteilte, daß die große Lemuren-Sammlung der Duke University aus Geldmangel aufgelöst werden sollte. Ob ich glaube, daß der Trust etwas unternehmen könne? Wir konnten natürlich nichts in finanzieller Hinsicht tun, aber wenn die schreckliche Nachricht, daß die Sammlung aufgelöst werden sollte, stimmte, konnten wir sicherlich einigen Arten ein Heim bieten. Ich hatte mich gerade mit der Absicht getragen, meinen Krug noch einmal am Dollarbrunnen zu füllen, deshalb rief ich unseren inzwischen etablierten Aufsichtsrat an und teilte ihm mit, ich würde gern die Duke University besuchen, bevor ich meine Kampagne begann, und man stimmte mir bereitwillig zu.

Wir hatten verabredet, daß ich zuerst nach Durham fliegen sollte, um dort die leidgeprüfte Margot Rockefeller zu treffen, deren Baby Rock Caroline an der Duke studierte. Margot, sprühend vor guter Laune wie immer, holte mich am Flugplatz ab, und während der Fahrt setzte ich sie kurz über die Bedeutung der Duke-Primatensammlung ins Bild.

«Wenn sie so bedeutend ist, warum wird sie dann nicht von der Universität angemessen unterstützt?» fragte sie durchaus logisch.

«Ich habe nicht die geringste Ahnung. Ich kann nur vermuten, daß die Ehemaligen wie üblich mehr daran interessiert sind, die

Football-Mannschaft zu unterstützen als einen Haufen stinkender Lemuren.»

«Nun, wenn die Sammlung wirklich so bedeutend ist, ist es eine Schande», sagte Margot empört.

Zu unserer Ankunft hatte man den roten Teppich ausgerollt, und eine Schar von Professoren erklärte uns die Lage der Dinge. In den nächsten drei Stunden war ich in meinem Element, inspizierte einen Käfig nach dem anderen mit ihren herrlichen Insassen – Rotschopfmakis, bunt wie Plakate; Kattas, die wie ein Schmuckfries in einer Reihe saßen; Sifakas, die sich an ihren Sitzstangen festklammerten und aussahen wie viktorianische Spielzeugaffen, mit ihrem blassen, silbrigen Fell und ihren schwarzsamtenen Gesichtern mit großen, goldenen Augen. Es gab Mongozmakis, in Felle von unterschiedlichen Schokoladentönen gekleidet und mit blassen Augen, die sie auf eigenartige Weise wie Raubtiere aussehen ließen, und Mausmakis, die wie Distelwolle in ihren Käfigen umhersprangen, wobei die walnußgroßen Köpfe nur aus riesigen topasfarbenen Augen und zarten, wie Blütenblätter schimmernden Ohren zu bestehen schienen. Beim Mittagessen drehte sich die Unterhaltung ausschließlich um Lemuren. Ich sah, wie die arme Margot vor dem Gewicht dieser wissenschaftlichen Lawine erbleichte. Ich selbst litt unter der Zeitumstellung und konnte auch nicht recht mithalten. Nach dem Essen setzten wir uns nochmals für zwei Stunden zusammen, um über Lemuren zu reden, und dann taumelten Margot und ich zurück in unser Motel, in dem Wissen, daß die Professoren in ihrer Herzensgüte eine Dinnerparty am selben Abend für uns arrangiert hatten. «Ich glaube nicht, daß ich das aushalte», sagte Margot erschöpft. «Ich hätte nichts dagegen, aber ich verstehe nur die Hälfte von dem, was sie sagen. Müssen sie ständig zehnsilbige Wörter verwenden?»

«Ja», sagte ich bedauernd. «Es beweist, daß sie Akademiker sind und nicht zum ungebildeten Plebs wie Sie und ich gehören.»

«Nun, ich weiß nicht, wie ich diese Party durchstehen soll», sagte Margot.

«Sie brauchen nicht zu kommen», sagte ich. «Die Party ist eigentlich für mich. Sie können sagen, daß Sie sich den Fuß verrenkt haben oder so was.»

«Nein, mein Bester. Ich habe bis jetzt durchgehalten und werde Sie auch heute abend nicht im Stich lassen», sagte Margot mit der Stimme einer Märtyrerin.

«Kommen Sie vorher auf mein Zimmer, und ich gebe Ihnen einen hübschen Drink, um Sie in Partystimmung zu bringen», sagte ich.

Später versuchten wir, uns mit Hilfe einer Flasche Scotch aufzumöbeln, so daß wir, als wir das Haus unseres Gastgebers erreichten, hochrot im Gesicht und voller falscher Leutseligkeit waren. Glücklicherweise war jeder mit seinem dritten Drink beschäftigt (von der Größe, die nur in Amerika üblich ist), so daß unser Eintreffen unbemerkt blieb. Alle Professoren hatten ihre Frauen mitgebracht, die ebenfalls vielsilbig sprachen. Für Margot und mich schien wenig Hoffnung zu bestehen, und ich bemerkte den gequälten Ausdruck auf ihrem Gesicht. Auch ich sah mich verzweifelt im Raum um und suchte nach einem Winkel, in dem ich mich verstecken konnte. Da fiel mein Blick auf eine junge Frau, die auf etwas saß, das zu meiner Zeit als Puff bezeichnet wurde, ihren Drink schlürfte und äußerst attraktiv aussah. Ich schaute auf ihre Hände, die keinen Ring trugen. Ich schaute mich um, ob irgendein muskulöser junger Mann in der Nähe war, der so aussah, als ob er seine Besitzansprüche geltend machen könnte. Es gab niemanden. Eine der Annehmlichkeiten in Amerika ist es, daß man sich völlig Unbekannten selbst vorstellen kann, ohne daß sie vor Entsetzen in Ohnmacht fallen. So ging ich zu dem Mädchen hinüber.

«Hallo», sagte ich. «Ich bin Gerry Durrell.»

«Ich weiß», sagte sie. «Ich bin Lee McGeorge.»

«Was machen Sie?» fragte ich und hoffte, sie würde mir nicht mitteilen, daß sie mit einem der Professoren verlobt und der Verlobungsring gerade in der Reinigung sei.

«Ich studiere», sagte sie.

«Was studieren Sie?» fragte ich und hoffte, daß sie nicht Psychologie, Kernphysik oder Historiendramen des späten 17. Jahrhunderts sagen würde.

«Ich beschäftige mich mit tierischer Kommunikation», sagte sie. «Zumindest ist das das Thema meiner Doktorarbeit.»

Ich starrte sie völlig verblüfft an. Wenn sie mir gesagt hätte, daß ihr Vater ein reinblütiger Indianerhäuptling und ihre Mutter ein Marsmensch sei, hätte ich nicht erstaunter sein können. Tierkommunikation in all ihren Formen ist zufällig ein Thema, das mich brennend interessiert.

«Tierische Kommunikation?» fragte ich wie ein dummer Junge. «Sie meinen die Art, in der Tiere miteinander kommunizieren, Pfeifen, Grunzen, Blöken und so weiter?»

«Nun, grob gesagt, ja», sagte sie. «Ich habe zwei Jahre Feldforschungen in Madagaskar betrieben und die Geräusche der Waldtiere studiert.»

Ich starrte sie unverwandt an. Daß sie zweifellos attraktiv war, war eine Sache, aber attraktiv zu sein *und* Tierkommunikation zu studieren, das erhob sie fast in den Rang einer Göttin.

«Gehen Sie nicht weg», sagte ich und stand auf. «Ich hole uns noch einen Drink, und Sie erzählen mir alles über Madagaskar. Ich bin noch nie dort gewesen.» So unterhielten wir uns in den nächsten beiden Stunden über Madagaskar und stritten uns heftig über Tierkommunikation. Wir sind nicht überall der gleichen Meinung, dachte ich, aber jedenfalls haben wir keine Schwierigkeit, miteinander zu kommunizieren, von Säugetier zu Säugetier gewissermaßen.

Gegen zehn Uhr stand unser Gastgeber auf und sagte, es sei Zeit, zum Dinner zu gehen. Ich hatte gedacht, wir würden dort essen, wo wir waren; aber offensichtlich sollten wir in irgendein Restaurant gehen. Wie sich herausstellte, war Lee die einzige, die den Weg zu diesem Wasserloch kannte; so wurde ausgemacht, daß sie uns mit ihrem Wagen voranfahren sollte.

«Gut, ich fahre mit Ihnen», sagte ich fest. «Dann können wir unser Gespräch fortsetzen.»

Ihr Wagen war winzig und aus unerklärlichen Gründen voller welker Blätter und Hundehaare. Wir setzten uns in Bewegung, gefolgt von einer Art Leichenzug von Professoren und ihren Frauen, alle in höchst ausgelassener Stimmung, Margot Rockefeller in ihrer Mitte. Lee und ich setzten unser Gespräch fort und waren so darin vertieft, daß wir erst nach geraumer Zeit merkten, daß Lee eine falsche Abzweigung genommen hatte und jetzt dauernd im Kreis herumfuhr, gefolgt von der vertrauensvoll hinter uns herfahrenden Elite der akademischen Welt. Nach mehreren vergeblichen Versuchen fanden wir die richtige Straße und betraten unter den mißbilligenden Blicken der Kellner anderthalb Stunden zu spät das Restaurant. Während des Essens unterhielten Lee und ich uns weiter, und gegen zwei Uhr morgens fuhr sie mich zurück in mein Motel.

Als ich am nächsten Morgen aufwachte, schien mein Kopf bei der leisesten Bewegung zu bersten. Ich blieb still liegen und dachte über Lee nach. War es, dachte ich, der alkoholische Nebel, der sie mir als so intelligent hatte erscheinen lassen? Schön, ja, aber intelligent? Ich rief Dr. Alison Jolly an, die beste Kennerin Madagaskars und seiner sympathischen Lemuren.

«Sagen Sie, Alison, kennen sie ein Mädchen namens Lee McGeorge?»

«Aber sicher», sagte sie. «Duke University.»

«Nun, was halten Sie von ihr?» fragte ich und wartete gespannt auf ihre Antwort.

«Sie ist ohne Frage einer der hellsten Köpfe auf dem Gebiet des Tierverhaltens, der mir seit vielen Jahren über den Weg gelaufen ist», sagte Alison.

Mein nächstes Problem war nicht so leicht zu lösen. Wie stellt man es an, ein junges, hübsches Mädchen auf sich aufmerksam zu machen, wenn man korpulent, grauhaarig und alt genug ist, um ihr Vater zu sein? Mir, der erfolgreich auf allen Kontinenten Tiere gesammelt hatte, schien das Problem, wie dieser Fang zu bewerkstelligen war, unlösbar, um es vorsichtig auszudrücken. Dann erinnerte ich mich plötzlich an das einzige Attribut, das mich von allen anderen unterschied: Ich hatte einen Zoo. Ich mußte sie dazu bringen, nach Jersey zu kommen, um meine einzigartige Errungenschaft zu sehen. Aber wie konnte ich das bewerkstelligen, ohne die schlimmsten Verdächtigungen in ihrem Herzen aufsteigen zu lassen? Diese Frage beschäftigte mich während der nächsten Tage; dann kam mir eine glänzende Idee. Ich rief sie an.

«Hallo, spreche ich mit Lee McGeorge?» fragte ich.

«Ja», sagte sie.

«Hier ist Gerry Durrell», sagte ich.

«Ich weiß», sagte sie.

«Woher wissen Sie das?» fragte ich erstaunt.

«Sie sind der einzige, der mich anrufen könnte, der einen englischen Akzent hat», sagte sie.

«Oh», sagte ich, von ihrer Logik entwaffnet. «Nun, wie dem auch sei, ich rufe Sie an, weil ich zwei gute Nachrichten habe. Die erste ist, daß ich eine Spende erhalten habe, die es uns ermöglicht, das Hospital zu bauen, das wir brauchen.»

«Wunderbar», sagte sie. «Das ist phantastisch.»

Ich holte tief Luft. «Und die zweite Nachricht ist, daß eine alte Frau, ein Mitglied des Trusts, gestorben ist und uns in ihrem Testament etwas Geld vermacht hat. Wenn die Leute dem Trust Geld vermachen, spezifizieren sie normalerweise, wofür es verwendet werden soll; aber in diesem Fall hat sie es mir überlassen, es so zu verwenden, wie ich es für richtig halte.»

«Ich verstehe», sagte Lee. «Und was wollen Sie damit machen?»

«Nun, vielleicht erinnern Sie sich», sagte ich, «daß ich ein Verhaltensforschungszentrum und ein Tonaufnahmestudio einrichten wollte?» Das wenigstens war wahr.

«Sie wollen es also dafür verwenden. Eine großartige Idee», sagte sie begeistert.

«Nun, nicht ganz», sagte ich. «Es ist nur ein kleiner Betrag, nicht genug, um damit etwas aufzubauen, aber genug, um erste Untersuchungen darüber anzustellen, ob sich das Ganze realisieren läßt. Ich habe mich also gefragt... ob wir es dazu verwenden sollten... Sie nach Jersey kommen zu lassen, um mich beim Aufbau der Sache zu beraten. Was sagen Sie dazu?»

«Hört sich großartig an», sagte sie langsam. «Aber sind Sie sicher, daß Sie *mich* als Berater haben wollen?»

«Ganz sicher», sagte ich fest. «Bei Ihrer Erfahrung wüßte ich keinen besseren.»

«Nun, ich würde das wahnsinnig gerne machen, aber ich könnte nicht vor Ende des Semesters kommen.»

So kam sie, mit einem riesigen Tonbandgerät bewaffnet, und verbrachte sechs Wochen auf Jersey. Wie ich erwartet hatte, liebte sie den Zoo und war begeistert von der ganzen Idee des Trusts. Gegen Ende der sechs Wochen fragte ich sie mit einigem Bangen, ob sie mich heiraten wolle, und zu meinem Erstaunen sagte sie ja.

Ich bin von Natur aus ein bescheidener Mann, aber *eines* habe ich in meinem Leben erreicht, auf das ich ungeheuer stolz bin. Ich bin der einzige Mann seit Menschengedenken, der wegen seines Zoos geheiratet wurde.

Artenschutz mit Hindernissen

Auf dem Papier scheint das Anfangsstadium der Aufzucht in Gefangenschaft als Instrument des Artenschutzes ziemlich unkompliziert zu sein. Man wählt das Tier aus, das Hilfe braucht, und errichtet eine Zuchtkolonie. Aber es verhält sich nicht ganz so einfach. Die Geschichte des Zwergwildschweins ist ein gutes Beispiel. Sie machte uns um manche Erfahrung reicher. Sie lehrten uns, daß Feldforschungen unerläßlich sind, denn unsere Kenntnisse der meisten wildlebenden Arten sind dürftig. Sie lehrten uns, daß in vielen Teilen der Welt die Trägheit der Behörden oder die Kompetenzstreitigkeiten der betreffenden Stellen sich verhängnisvoll auf die Erhaltung der Arten auswirken kann. Und in diesem besonderen Fall lehrten sie uns, daß einige Arten nicht so gefährdet sind, wie wir glauben; denn als wir uns zum erstenmal für dieses kleine Tier interessierten, galt es als ausgestorben.

Das Zwergwildschwein, der kleinste Vertreter der Suidae, wurde zuerst 1847 in Assam in Nordindien von B. H. Hodgson beschrieben. Zunächst war man sich keineswegs sicher, ob dieses winzige Schwein überhaupt eine eigene Art oder nicht vielmehr das Junge des Indischen Wildschweins sei. Es erwies sich jedoch bald als tatsächlich neue Art und wurde auf den Namen *Sus salvanius* getauft. Ein paar Exemplare wurden von Museen erworben, und dann verschwand es wieder auf die geheimnisvolle Weise, wie es aufgetaucht war. Das wurde den Eingriffen des Menschen in sein natürliches Habitat zugeschrieben: das Elefantengras oder «Reet» wurde abgebrannt und untergepflügt, um Ackerland zu gewinnen – eine Praxis, die auch heute noch existiert. So schien es, als ob das Zwergwildschwein nur kurz auf der naturwissenschaftlichen Bühne aufgetreten war, um dann genauso wieder in Vergessenheit zu geraten wie die Dronte.

In einem so großen und so wenig von Wissenschaftlern besuchten Gebiet war es jedoch durchaus möglich, daß dieses kleine, scheue Geschöpf sich versteckt hielt und noch immer in einigen unberührten Flecken des Reetdickichts Unterschlupf fand. Ich nahm mir vor, eines Tages die Fährte des verschwundenen Zwergwildschweins aufzunehmen, und dachte dann nicht mehr daran, bis ein gewisser Captain Tessier-Yandell in mein Leben trat, begleitet von einem Otter – ein Entree, das ich jeder nichtssagenden Visitenkarte vorziehe. Was der Captain von mir wollte, war eine vorübergehende Unterkunft für seinen Otter. Er wollte, wenn er demnächst in den Ruhestand trat, Assam verlassen und nach Jersey ziehen, wo er seinen Otter wieder zu sich nehmen würde. Ich war eigentlich nicht scharf auf einen Otter, so reizend diese Tiere auch sind, aber dieses Exemplar war so bezaubernd, daß es im Nu mein Herz eroberte. Als wir in meinem Büro saßen und der Otter sich in jener wunderbaren, geschmeidigen Art, die diesen Tieren eigen ist, über den Fußboden schlängelte, sagte Tessier-Yandell, daß er für kurze Zeit nach Assam zurückkehren wolle und sich glücklich schätzen würde, jede Art für mich aufzutreiben, die ich haben wollte.

«Ein Zwergwildschwein», sagte ich spontan.

Er sah mich mit völlig leerem Gesichtsausdruck an. «Was ist ein Zwergwildschwein?» fragte er zögernd.

«Kleinster Vertreter der Schweinefamilie, angeblich ausgestorben. Aber ich gehe jede Wette ein, daß das nicht stimmt. Reizendes Tierchen», sagte ich begeistert. Ich hatte tatsächlich noch nie ein Zwergwildschwein gesehen, aber ich hege eine tiefe, warme Zuneigung für alle Mitglieder der Schweinefamilie. Weil es ein Schwein war und noch dazu ein so kleines, mußte es einfach reizend sein. Ich holte das einzige Bild hervor, das ich von dem Tier besaß, und wir betrachteten es eingehend. Zwergwildschweine weisen eine Schulterhöhe von etwa 35 Zentimetern auf und haben ungefähr die Form eines übergewichtigen Drahthaarterriers. Ihr Fell ist grauschwarz und borstig, und sie haben einen kleinen, aber äußerst beweglichen Rüssel. Auf den ersten Blick sehen sie tatsächlich wie das Junge eines Wildschweins aus, aber bei näherer Prüfung zeigt sich, daß der Kopf völlig anders geformt ist. Selbst ich, ein glühender Liebhaber von Schweinen, muß gestehen, daß ein ausgewachsenes Zwergwildschwein auch bei großzügiger Auslegung ästhetischer Wertmaßstäbe nicht als schön zu bezeichnen ist.

Zu meiner Freude schien Tessier-Yandell von der ganzen Idee fasziniert zu sein. «Ich werde meine Augen offen halten», sagte er. «Und ich werde die Einheimischen fragen. Sehen wir, was dabei herauskommt!»

Im Laufe der Jahre habe ich Dutzende von Leuten kennengelernt, die mir dasselbe versprachen; und nur wenige haben ihr Versprechen auch gehalten. Aber Tessier-Yandell stand zu seinem Wort. Nach erstaunlich kurzer Zeit schrieb er mir, um mich von der aufregenden Neuigkeit in Kenntnis zu setzen, daß das Zwergwildschwein tatsächlich existierte – wenn auch in kleiner Zahl –, und daß die Einheimischen von ihm wußten und versuchen würden, eines zu fangen. Er selbst könne leider dabei nicht mitwirken, da er bald abreise, aber er habe die ganze Sache den Leuten vom Assam Valley Wildlife Scheme übertragen, die bereits die äußerst seltene Weißflügel-Brautente aufzogen. Wenig später erhielt ich dann die phantastische Nachricht, daß das Zwergwildschwein gefangen worden war und nicht weniger als drei Paare in einer Teeplantage in Attareekhat eine Heimstatt gefunden hatten. Vier dieser wertvollen Schweine könnten uns gehören, wenn wir zwei Vorbedingungen erfüllten: 1. müßten wir die indische Regierung die Ausfuhr genehmigen lassen, und 2. müßten wir das britische Landwirtschaftsministerium ihre Einfuhr nach Jersey genehmigen lassen. (Die Einfuhr nach Jersey unterliegt denselben Bestimmungen, die im Vereinigten Königreich gültig sind.)

Das erste Problem wurde dadurch gelöst, daß ich Sir Peter Scott schrieb, der nicht nur einer unserer wissenschaftlichen Berater, sondern auch Vorsitzender der Species Survival Commission der International Union for the Conservation of Nature and Natural Resources (IUCN) war. Er schrieb sogleich an Ministerpräsidentin Indira Gandhi, die schon immer für den Naturschutz eingetreten war. Sie erteilte uns sofort die Genehmigung, drei Paare der Zwergwildschweine nach Jersey einzuführen. Damit war der bürokratische Teil der Operation erledigt; so dachten wir jedenfalls. Doch wir hatten das britische Landwirtschaftsministerium unterschätzt. Die meisten der amtlichen Tierärzte im Ministerium erbleichen und fallen in Ohnmacht, wenn man den Antrag stellt, Rinder oder Schafe oder Ziegen oder jegliche Art von Paarhufern nach Großbritannien einzuführen – aus Furcht, sie könnten den gesunden britischen Tierbestand mit so widerlichen ausländischen Krankheiten wie Milzbrand, Rinderpest, Bluetongue und Maul-und-Klauen-Seuche anstecken. Vor allem Schweine lösen gewöhnlich einen kollektiven Nervenzusammenbruch aus, da sie die edlen britischen Schweine mit Schweinepest oder *Pestis suum* verseuchen könnten.

Nach einer längeren Korrespondenz, die kühl begann, aber mit menschlicheren Tönen endete, erlaubten sie uns schließlich zögernd, die Schweine in einem europäischen Zoo auf dem Festland unterzubringen und dort aufzuziehen. Wenn sich ohne den geringsten Zweifel herausstellen sollte, daß in den letzten sechs Monaten keine der gräßlichen Krankheiten in der betreffenden Region aufgetreten war, durften wir die Jungen nach Jersey einführen. Damit schienen unsere Schwierigkeiten behoben, aber nicht ganz. Im übrigen Europa gelten ebenfalls Quarantäne-Bestimmungen, und unser Problem war jetzt, einen geeigneten Zoo zu finden, dem die Einfuhr von Wildschweinen gestattet war, der passende Unterkunftsmöglichkeiten besaß und überhaupt Zwergwildschweine *wollte*. Die ganze Geschichte war inzwischen so kompliziert, daß ich bedauerte, je von dem Tier gehört zu haben. Dann, als wir gerade begannen zu verzweifeln, kam uns der Züricher Zoo zur Hilfe. Sie würden die Schweine aufnehmen, würden versuchen, sie zu züchten und bei Erfolg den Nachwuchs (zumindest einige Tiere) nach Jersey verschiffen. Triumphierend (der ganze Vorgang hatte sechs Monate gedauert) bat ich Jeremy, sofort nach Assam zu fliegen und die kleinen Tiere in seine Obhut zu nehmen. Doch als Jeremy in Attareekhat eintraf, wurde er sofort in das hineingezogen, was der Fluch jedes Naturschützers ist – die Politik.

Seit einigen Jahren versuchte Assam damals (was es auch heute noch tut), sich von Indien zu lösen und autonom zu werden. Als Jeremy voller Begeisterung ankam, entdeckte er, daß die Beziehungen zwischen Indien und Assam äußerst heikel waren, um es vorsichtig auszudrücken. Und als er fröhlich sagte, er sei gekommen, um drei Paare von Zwergwildschweinen abzuholen, und seine von Frau Gandhi ausgestellte Genehmigung hervorzog, zeigten sich die Einheimischen alles andere als hilfsbereit. Er hatte das Gefühl, so willkommen zu sein wie ein Beerdigungsunternehmer auf einer Hochzeit. Vergeblich appellierte er an die örtlichen Behörden. Der Chief Conservator of Forests, der verantwortliche Mann, behauptete einfach, er habe nicht genug Schweine übrig. Übrig für was? fragt man sich. Er unternahm nichts mit denen, die seiner Obhut anvertraut waren, und er unternahm praktisch nichts, um den Lebensraum der wildlebenden Schweine zu schützen, was eigentlich seine Aufgabe war. Diese Konfrontation mit politischer Feindseligkeit und Bürokratie trieb Jeremy fast in den Wahnsinn. Telegramme nach und aus New Delhi hatten keine Wirkung. Der Conservator of Forests blieb unerbittlich. Jeremy hatte das Gefühl, nichts mehr tun zu können, und wollte gerade seine Niederlage eingestehen, als der Conservator zu dem Schluß gelangte, daß er die politische Karte ausgereizt hatte und es vielleicht unklug wäre, sich weiterhin so stur zu verhalten. Er hatte es der Zentralregierung gezeigt. Großzügig genehmigte er Jeremy, ein Paar der Zwergwildschweine mitzunehmen. Jeremy befand sich jetzt in einem Dilemma. Als der Trust gegründet wurde, hatten wir uns nach langen Diskussionen und eingehender Beratung mit Wissenschaftlern entschlossen, keine Zuchtkolonie mit weniger als drei Paaren aufzubauen, um die Genbasis nicht zu gefährden. Dieser festgeschriebene Grenzwert durfte nur in Ausnahmefällen unterschritten werden, wenn beispielsweise die wildlebende Population selbst nur aus acht oder zehn Exemplaren bestand. Nach sorgfältiger Überlegung kam Jeremy zu dem – völlig richtigen – Schluß, daß wir nach all der Zeit und Energie, die wir in das Projekt investiert hatten (vom Geld gar nicht zu reden), besser daran täten, das Angebot anzunehmen. So verstaute er die beiden Schweine in Kisten und flog ab, bevor der Conservator vielleicht seine Meinung änderte.

Die beiden Tiere kamen sicher in Zürich an und gewöhnten sich rasch an ihr Quarantäne-Quartier. Ihre Anpassung an die Bedingungen der Gefangenschaft und an eine ihnen fremde Nahrung war ein großer Erfolg, und wir sahen hoffnungsfroh in die

Zukunft. Zu unserer Freude warf die Bache fünf Ferkel. Leider waren es vier Männchen und nur ein Weibchen. Unsere eigentliche Strategie, drei Paare einer Art zum Aufbau einer Kolonie zu verwenden, erwies sich damit als richtig, denn jetzt hatten wir einen Überschuß an männlichen Tieren. Die beiden Elterntiere starben plötzlich, so daß nur noch die geschlechtlich ungleiche Gruppe der Ferkel übrig war. Sie gediehen prächtig. Als sie aber die Geschlechtsreife erreicht hatten, versetzte uns das Schicksal einen gemeinen Schlag. Unsere einzige Bache starb ebenfalls. Jetzt besaßen wir nur noch vier junge Eber. Inzwischen hatten die Beziehungen zwischen Assam und Indien ein äußerst unangenehmes Stadium erreicht, und unsere Chancen, nach weiteren Bachen Ausschau zu halten, waren gleich null. Wieder einmal, wie schon so oft in der Vergangenheit, behinderte die Politik den Naturschutz. In unserer Verzweiflung nahmen wir unseren Ebern Samen ab und befruchteten künstlich einige Sauen einer Hausschweinrasse, die sich durch einen äußerst kleinen Körperbau auszeichnete. Wir hofften auf weiblichen Nachwuchs, den wir dann wieder mit unseren Zwergwildschweinen kreuzen wollten, um so schließlich Nachkommen zu gewinnen, die genetisch gesprochen mit einem «echten» Zwergwildschwein eng verwandt waren. Unsere Versuche schlugen fehl, da die Sauen nicht trächtig wurden.

Dies ist also die traurige Geschichte des Zwergwildschweins, das man für ausgestorben hielt und das wiederentdeckt wurde, die Geschichte einer Rettungsaktion, die mißlang; und jetzt ist das kleine Tier wieder im Dunkel verschwunden. Zu Beginn dieser Geschichte wurden 40 bis 50 Prozent des Reetgebiets, des einzigen bekannten Lebensraums des Zwergwildschweins, jedes Jahr abgebrannt. Nach den letzten Berichten sind es inzwischen jedes Jahr 100 Prozent. Damit nicht genug, wird der letzte Zufluchtsort des Zwergwildschweins, das Manas-Tiger-Reservat, das nicht nur Heimat des Zwergwildschweins, sondern auch des äußerst gefährdeten Großen Panzernashorns und des Wildbüffels ist, inzwischen durch bewaffnete Stammesdissidenten bedroht, die in das Gebiet eingedrungen sind. Diese Leute haben Waldhüter getötet, Feuer gelegt und Nashörner erschossen. Obgleich die indische Armee eingegriffen hat und die Lage angeblich unter Kontrolle ist, scheint es, als ob das Zwergwildschwein, das dem Aussterben gerade noch einmal entkommen war, jetzt endgültig jenen Weg geht, den vor ihm die Dronte, das Quagga, die Wandertaube und eine Schar anderer Geschöpfe gegangen sind, die vergeblich versucht haben, mit dem schrecklichsten aller Raubtiere, dem völlig zu Unrecht so genannten *Homo sapiens*, zusammenzuleben.

Etwas von anderen Tieren herauszufinden ist schwer; so sollte man meinen, daß zumindest die Kommunikation innerhalb der eigenen Art eine recht einfache Sache ist, zumal selbst Sprachbarrieren überwunden werden können. Ich habe zu meinem Leidwesen erfahren müssen, daß dem nicht so ist und daß es schwerer ist, sich innerhalb unserer eigenen Art zu verständigen, als das Geschlechtsleben unbekannter Tiefseefische zu erforschen. Das lernte ich, als wir die Weißrohrfasanen bekamen.

Diese anmutigen und schönen Vögel bewohnen das Hochland von China und Tibet und werden (wie das meiste Federwild, das Guana- und Baumhuhn Südamerikas, das Perlhuhn Afrikas) immer seltener, da sie Jägern zum Opfer fallen und ihre Lebensräume zerstört werden. Der letzte wildlebende Weißrohrfasan war 1936 aus China ausgeführt worden, und die in Gefangenschaft lebende Population, die noch übrig war, bestand aus achtzehn Vögeln, die alle entweder zu alt oder brutunfähig waren. Als wir die Chance erhielten, einige Vögel aus China einzuführen, um eine neue Kolonie zu gründen, gingen wir daher begeistert darauf ein. Wir erhielten zwei Paare – ich habe an anderer Stelle von den Widrigkeiten berichtet, denen wir bei ihrer Aufzucht begegneten. Trotz allem waren wir schließlich erfolgreich, und es war ein Tag, den wir in unserem Kalender rot ankreuzten, als Shep Mallett, unser damaliger Vogelkurator, und ich vor der Voliere standen und liebevoll nicht weniger als dreizehn zarte und aufgeplusterte, in blaßgelben, mit schokoladenfarbenen Tupfen gesprenkelten Flaum gehüllte Babies betrachteten, die piepsend um ihre Pflegemutter, ein Bantamhuhn, herumliefen wie dreizehn jener blechernen Vögel zum Aufziehen, die Straßenverkäufer feilbieten. Wir hatten natürlich sorgfältig ein Archiv über diese wertvollen Babies angelegt, aber es fehlten uns bestimmte Informationen über den gegenwärtigen Status ihrer gefangenen und freilebenden Artgenossen. Wir erfuhren von dem holländischen Händler, bei dem wir die Tiere erworben hatten, daß er sie vom Pekinger Zoo hatte. Was lag also näher, als den Direktor des Zoos brieflich um die Informationen zu bitten, die wir brauchten?

Ich schrieb einen überschwenglichen Brief, in dem ich die Aufregung schilderte, als wir die Fasanen bekamen, informierte ihn dann über die Arbeit des Trusts und bat um seine Hilfe. Ich legte ein Exemplar unseres Jahresberichts, unseren Zooführer und Fotos der Fasanenjungen und ihrer Eltern in den Volieren bei. Tage vergingen, und aus Tagen wurden Wochen. Ich dachte, der Brief sei vielleicht in den Wirren der Kulturrevolution verlorengegangen. So schickte ich eine Kopie meines Originalschreibens (samt weiterer Fotos) mit einem Begleitbrief ab, in dem ich meiner Befürchtung Ausdruck gab, daß mein Originalbrief vielleicht verlorengegangen sei. Wochen vergingen, und nichts geschah. Ich schrieb ein drittes und schließlich ein viertes Mal, mit dem gleichen Ergebnis. Nach einiger Überlegung entschloß ich mich, anders vorzugehen. Ich schrieb an den chinesischen Botschafter in London, legte Kopien meiner verschiedenen Briefe an den Pekinger Zoo bei und bat ihn um seinen Rat und seinen Beistand. Nichts geschah. Ich schrieb noch einmal; ich sei sicher, sagte ich, daß mein Brief von der ineffizienten, dekadenten britischen Post fehlgeleitet worden sei, und legte Kopien von allem bei, was ich jemals über den Weißohrfasan geschrieben hatte. Keine Antwort. Es war, als ob meine Feder nie einen Bogen Papier berührt habe. Ziemlich wütend (schließlich hatte ich sie nicht um Angaben über die Startrampen ihrer Atomraketen gefragt) setzte ich mich hin und schrieb an den Chargé d'Affaires an der Londoner Botschaft, erläuterte die Situation und legte Briefkopien bei. Der Papierstoß war inzwischen auf die Dimension eines Tolstojschen Manuskripts angewachsen und hatte mich ein kleines Vermögen an Porto gekostet. Schweigen. In meiner Verzweiflung kopierte ich die gesamte unbeantwortete Korrespondenz und schickte alles zusammen an unseren Botschafter in Peking, entschuldigte mich für die Mühen, die ich ihm bereitete, und bat ihn, mir zu helfen, die Mauer des Schweigens zu durchbrechen. Er schrieb mir höflich zurück, er habe meine Korrespondenz an den Direktor des Pekinger Zoos weitergeleitet, und das sei alles, was er tun könne. Er hoffe, daß ich eine befriedigende Antwort erhalten würde. Wenig zu meiner Überraschung erhielt ich überhaupt keine Antwort, und dabei ist es bis jetzt, fast dreißig Jahre später, geblieben. Ich hätte meine einseitige Korrespondenz ebensogut in den Kamin schreiben können.

Auch die Südamerikaner betrachten es als Ehrensache, keine Briefe zu beantworten. Wenigstens taten sie es, als wir zum erstenmal mit dem Vulkankaninchen zu tun hatten.

Das Vulkankaninchen ist eigenartig genug, um eine eigene Gattung zu bilden. Es lebt an den Hängen der vor Mexico City gelegenen Vulkane mit den unaussprechlichen Namen Popocatepetl und Ixtacihuatl. Es ist winzig klein, etwa so groß wie ein noch nicht ausgewachsenes europäisches Wildkaninchen, aber mit kleineren, hübscheren, eng am Kopf anliegenden Ohren, einem etwas runderen Profil und einer sehr wachsamen Haltung.

Ich erinnere mich an den Tag, als wir zum erstenmal die Seiten des Popocatepetl hinauffuhren, um nach dem Kaninchen Ausschau zu halten, dort, wo die Straße endete und das große Schneetreiben begann. Wir hatten nichts gesehen außer verstreuten Pinienwäldern und einem Meer von Zakatongras, großen goldenen Flechten, die aussahen wie die Perücken von hunderttausend Kurtisanen auf Perückenständern. Dann, als wir durch die klare Luft zurückfuhren in das von Smog gefüllte Tal, in dem Mexico City liegt, eine Stadt, deren Dunst immer übler wird, hörten wir plötzlich ein seltsames Geräusch, eine Mischung aus Zirpen und Bellen, und da, auf einem zierlichen Zakatonzweig, saß ein Vulkankaninchen, kompakt, aufrecht, und beobachtete uns aufmerksam. Ich schaute mir dieses anmutige, kleine Geschöpf an, das aussah, als ob es sich gerade gewaschen und herausgeputzt habe, und das uns mit seinen kleinen, hellen Augen beobachtete, dort oben auf dem Vulkan in der sauberen, kühlen, dünnen Luft in seinem Reich aus Zakatonbüscheln. Dann blickte ich hinunter ins Tal, wo die riesige, ausufernde Stadt unsichtbar unter einer dichten Smogglocke lag. Das Vulkankaninchen wußte sich seiner Umwelt anzupassen, ohne sie zu zerstören, dachte ich, während der Mensch, wohin er auch geht, seine Umgebung verschmutzt und sie nicht nur für sich, sondern auch für alle anderen Geschöpfe, die versuchen, mit ihm zusammenzuleben, unbewohnbar werden läßt.

Selbst damals in den sechziger Jahren konnte man bereits sehen, daß die Weiden und Äcker sich von Mexico City aus ausbreiteten und die Hänge des Vulkans hinaufkrochen, um den Lebensraum des Kaninchens zu bedrohen. Es war an der Zeit, etwas zu tun. Im Laufe von zwei Jahren schrieb ich elf Briefe an die entsprechende Behördenstelle in Mexico City, ohne je eine Antwort zu bekommen. Einige dieser Briefe schickte ich als Einschreiben, so daß niemand behaupten konnte, er habe sie nie erhalten. Schließlich wurde ich so wütend, daß ich mich entschloß, selbst nach Mexico zu fahren. Ich traf mehrere Verabredungen, um den Mann zu sprechen, mit dem ich «korrespondiert» hatte. Die meisten davon wurden ohne eine Entschuldigung in letzter Minute abgesagt. Als es mir schließlich gelang, ihn zu treffen, leugnete er schlankweg, etwas von der Sache zu wissen, obwohl ich ihm die Kopien meiner Briefe zeigte. Dann, um sein lateinamerikanisches *amour propre* zu beschwichtigen, das durch meinen schlecht verhohlenen Ärger und seine Langsamkeit verletzt worden war, ließ er mich unangemessen lange warten, ehe er mir die Genehmigung erteilte, die Kaninchen zu fangen und auszuführen.

Im Umgang mit der Bürokratie und mit umständlichen Bürokraten gibt es nur ein Mittel zum Erfolg – kalt sein wie ein Gletscher und sich wie ein Gletscher unerbittlich Zentimeter um Zentimeter vorschieben, bis man erreicht hat, was man will. Aber dieser Kampf erfordert – wie das Ringen mit einem Alligator – Zeit, Kraft und Mut; und manchmal fehlt die Zeit, weil die Sache dringend ist. Außerdem sind es nicht immer die Bürokraten, die die Probleme verursachen. Wir alle wissen von Charles Dickens' Mr. Bumble, daß «das Gesetz ein Esel ist» – aber wer ist nicht schon gesetzlichen Vorschriften begegnet, die nicht nur eselhaft, sondern dies auf monumentale, idiotische, völlig unverständliche Weise sind?

Sowohl Mangel an Zeit wie an juristischem *common sense* zeichnet den Fall der Schwarzen Strandammer aus, einen Fall, der so blödsinnig, so grotesk ist, daß er, wäre das Ende der Geschichte nicht so schrecklich, bei einer Festrede brüllendes, ungläubiges Gelächter hervorrufen würde. Man würde dem Redner nicht glauben, man würde ihm gratulieren zu seinen Übertreibungen und seinem sarkastischen Witz.

Die Schwarze Strandammer war – ich verwende absichtlich die Vergangenheitsform – ein hübscher kleiner Vogel, mit grauschwarzem, gelb geflecktem Gefieder und einem lieblichen Gesang. Er lebte in einem eng begrenzten Gebiet in den Salzmarschen an der Küste Floridas; als jedoch sein Habitat durch menschliche Aktivitäten trockengelegt und verschmutzt wurde, schrumpfte die Population bis auf fünf Vögel, alles Männchen, zusammen. Sie wurden eingefangen, und dann begann eine letzte Suche nach einem Weibchen, die freilich ergebnislos verlief. Diese fünf Strandammern waren also die letzten ihrer Art, die es auf der Erde gab. Ganz in der Nähe lebte jedoch ein naher Verwandter, die Scottsche Strandammer*, und so wurde vorgeschlagen, weibliche Scottsche mit den Schwarzen Strandammern zu kreuzen, um die Nachkommen rückzukreuzen, bis man einen Vogel hatte, der, genetisch gesprochen, so verwandt mit der Schwarzen Strandammer sein würde, daß er von diesem nicht mehr zu unterscheiden war. Das schien eine vernünftige Lösung zu sein, und jeder war der Meinung, daß sie einen Versuch wert sei. Das heißt, jeder bis auf die Leute vom US Fish and Wildlife Service, der staatlichen Organisation, deren Obhut die letzten Schwarzen Strandammern anvertraut waren und deren Aufgabe es war, dafür zu sorgen, daß der Vogel nicht ausstarb.

Es ging dabei nicht um finanzielle Fragen, denn das ganze Projekt sollte durch Gelder finanziert werden, die bereits von nicht-

---

* Durch Analyse der DNS der Strandammern wurde einige Jahre später entdeckt, daß die Scottsche mit der Schwarzen Strandammer nicht so eng verwandt ist wie mit einigen anderen Formen der Strandammer. Diese Tatsache ändert jedoch nichts an der Richtigkeit meiner folgenden Bemerkungen, zeigt freilich, daß die Artenschützer und die DNS-Wissenschaftler schon früher hätten zusammenkommen sollen.

staatlichen Stellen (zum Teil von unserem eigenen amerikanischen Trust) aufgebracht worden waren. Bundesmittel wurden also nicht in Anspruch genommen. Es ging allein um ein juristisches Problem, das in den folgenden Auszügen einer Pressemitteilung der Florida Audubon Society am besten zum Ausdruck kommt, in diesem Schrei in der Wildnis, wie sich herausstellen sollte:

ZUR SOFORTIGEN VERÖFFENTLICHUNG
FREIGEGEBEN
SCHWARZE STRANDAMMER –
EIN ABSCHIED FÜR IMMER?

MAITLAND: Die Florida Audubon Society wandte sich heute mit der dringenden Bitte an die Bundesbehörde, ein Kreuzungsvorhaben zu genehmigen, das verhindern würde, daß die Gene der Schwarzen Strandammer der Welt für immer verlorengehen.

Laut Peter Rhodes Mott, dem Präsidenten der Florida Audubon, sollte das Zuchtprogramm sofort beginnen, solange noch fünf männliche Schwarze Strandammern am Leben sind... «Wir können eine Zuchtpopulation von Strandammern zur Verfügung stellen, deren Gene im wesentlichen mit denen der Schwarzen Strandammern identisch sind. Wir haben bereits das Geld für das erste Jahr des Projekts aufgebracht.» Der Fish and Wildlife Service habe sich jedoch bisher geweigert, das Programm zu genehmigen. Die Anwälte des Service vertreten die Meinung, die Nachkommen einer Kreuzung zwischen den Scottschen und den Schwarzen Strandammern wären nie ‹reine› Schwarze Strandammern und könnten daher nicht als gefährdete Art angesehen werden. Das heißt, daß die Organisation Bundesmittel, die für gefährdete Arten ausgewiesen sind, nicht für dieses Zuchtprogramm ausgeben kann und daß sie den Nachkommen der Kreuzung, sollten sie freigelassen werden, keinen Schutz angedeihen lassen wird.

«Wenn der Service zu dem Schluß gelangt, daß es sich nicht lohnt, die Gene der Schwarzen Strandammer zu erhalten, und es besser wäre, das Geld zum Schutz spektakulärerer gefährdeter Arten auszugeben, können wir mit einer solchen Entscheidung leben», sagte Mott. «Aber wir sollten nicht zulassen, daß Anwälte mit ihren Haarspaltereien die seltenen Schwarzen Strandammern in Vergessenheit geraten lassen, vor allem, da es eine vernünftige und durchführbare Alternative gibt. Und wir sollten nicht zulassen, daß diese Art völlig verschwindet, nur weil der Fish and Wildlife Service seine eigene bürokratische Trägheit nicht überwinden kann. Mit einem Wort: wir können nicht tatenlos zuschauen, wie die letzten Schwarzen Strandammern, eine nach der anderen, wegsterben. Vor allem, wo es eine Alternative gibt und die Finanzierung von privater Seite gesichert ist.»

Aber die Schlacht hatte erst begonnen. Alle möglichen Leute beteiligten sich daran: der International Council of Bird Preservation; Dillon Ripley, der Sekretär des Smithsonian Instituts, selbst ein bedeutender Vogelzüchter und Ornithologe; und Dr. Hardy, der Kurator am Department of Natural Sciences des Florida State Museum. Dr. Hardy unterstützte das Vorhaben durch einen Brief, den er an den Direktor des US Fish and Wildlife Service in Washington schrieb. Hier sind Auszüge aus der Antwort, die er erhielt. Sie belegen, daß Amtssprache sich zu einer Kunstform entwickeln kann. Meine Übersetzung und Kommentare zu diesem bürokratischen Jargon sind kursiv gesetzt.

...

Obwohl Ihr Vorschlag einige interessante Möglichkeiten aufweist, sind wir nicht der Ansicht, daß die Kreuzung zwischen Schwarzen Strandammern und ähnlichen Strandammern erstrebenswert ist, und zwar aus folgenden Gründen:
1. Es ist ungewiß, ob die Kreuzung den Schwarzen Strandammern ähnliche Tiere hervorbringen wird und ob sie das Salzmarschen-Habitat akzeptieren werden, das jetzt von den Schwarzen Strandammern genutzt wird; ebenso ungewiß ist, ob die Hybriden fruchtbar sein werden. *(Diese Kreuzungen sind nie versucht worden; deshalb kann man natürlich nicht wissen, ob sie erfolgreich wären.)*
2. Eine Kreuzung wird zu einer ständigen Ausdünnung des Schwarze-Strandammer-Demos führen, was nicht wünschenswert erscheint. *(«Demos» bezeichnet im biologischen*

Fachjargon «eine Gruppe von Individuen, die sich mit hoher Wahrscheinlichkeit miteinander paaren». Da nur noch vier Männchen übrig waren, konnte man kaum von einem Demos sprechen, noch weniger von einer Ausdünnung und am allerwenigsten davon, ob die Kreuzung wünschenswert sei.)

3. Es liegen kaum Erkenntnisse darüber vor, ob die Rückkreuzung durchführbar ist und fast «reine» Schwarze Strandammern hervorbringen wird. *(Noch einmal: Man hat es noch nie versucht. Und was war dabei schon zu verlieren?)*

4. Wir sind nicht der Ansicht, daß das Vorhaben dahingehend ausgeweitet werden kann, Kreuzungen als Mittel zum Schutz gefährdeter Arten zu benutzen. *(Ich glaube, was er meinte, war: nichts zu tun halten wir für besser als etwas zu tun; denn etwas zu tun könnte einen Präzedenzfall schaffen, und wir alle hätten dann mehr Arbeit am Hals.)*

5. Eine Genehmigung dieses Projekts würde einen Präzedenzfall für Kreuzungen schaffen, der nicht unterstützt werden kann. *(Ein einmal geschaffener Präzedenzfall verwandelt sich in ein wildes Ungeheuer, das alles verschlingt, was ihm in den Weg kommt. Er ist eine Büchse der Pandora, die man besser verschlossen hält. Strandammern sind entbehrlich, Bürokraten nicht.)*

Ich bedaure, daß wir verschiedener Meinung darüber sind, wie die Schwarze Strandammer zu erhalten ist. Nichtsdestoweniger sind wir Ihnen für Ihren Vorschlag sehr dankbar und hoffen, daß Sie die von uns geplanten Maßnahmen unterstützen. *(Die «Maßnahmen» bestanden darin, weiter nach einem Weibchen der Schwarzen Strandammer zu suchen!)*

Mit vorzüglicher Hochachtung usw. usw.

Ein Komentator beschrieb die Situation noch bissiger als ich:
Die für die Ablehnung angeführten Gründe beziehen sich u. a. auf die Metaphysik juristischer Haarspaltereien und die Angst, «einen Präzedenzfall zu schaffen». Da das Aussterben einen Präzedenzfall schafft, der für immer seine Gültigkeit behält, vermögen wir nicht, die juristische Begründung und das Zögern von Leuten zu verstehen (von denen einige einmal Biologen waren, bevor sie sich in Verwaltungsaufgaben ver-

strickten), die es besser wissen müßten. Es ist eine Ironie der Geschichte, daß die Population der Schwarzen Strandammer gerade von der Bundesorganisation den Todesstoß erhält, deren Aufgabe es wäre, sie vor dem Aussterben zu bewahren.

Während die Schlacht noch tobte, wurden die Strandammern älter und starben, eine nach der anderen. Dennoch gab der Fish and Wildlife Service seine bürokratische Einstellung nicht auf.

Am 16. Juni 1987 starb die letzte Schwarze Strandammer. So verschwand aus unserer Welt ein Vogel, der in den vierziger Jahren noch mehr als 6000 Exemplare zählte, nicht nur durch die Habgier und Gedankenlosigkeit des Menschen, sondern auch durch eine idiotische Bürokratie, die sich der unangenehmsten aller Spezies, des Rechtsanwalts, bediente. Ein ausgezeichneter junger Journalist, der über das Ende dieses Vogels im *Orlando Sentinel* berichtete, schloß mit folgender Bemerkung: «Wie der Kanarienvogel, der die Bergleute vor austretendem Grubengas warnte, übermittelt uns die ausgestorbene Schwarze Strandammer eine Botschaft: Wir sind alle in Gefahr.»

Das sind also einige der Situationen, denen wir in unserem Kampf um die Erhaltung gefährdeter Arten begegneten. Manchmal muß man gegen eine kleine Regierungsabteilung ankämpfen, manchmal nur gegen ein einzelnes Individuum (was die Aufgabe freilich nicht unbedingt leichter macht). Bei anderen Gelegenheiten findet der Kampf überall in der Welt und an weit voneinander entfernten Orten statt und schließt so viele diffuse Personen und Organisationen ein, daß man schier verzweifeln möchte. Der Fall, der mir dabei sofort in den Sinn kommt, betrifft den internationalen Handel mit wilden Tieren und Tierprodukten.

Zu der Zeit, da ich gerade den Zoo in Jersey aufzubauen begann, nahm ich an einer Konferenz teil, wo ich einem holländischen Tierhändler vorgestellt wurde, einem äußerst charmanten Mann, der ausgezeichnet Englisch sprach. Wie vermutlich die meisten Händler war er völlig gewissenlos. In jenen Tagen gab es (anders als heute) natürlich noch kein öffentliches Bewußtsein, was das Schicksal der wildlebenden Tiere betraf; noch weniger gab es internationale Gesetze zu ihrem Schutz. Selbstverständlich hatten einige Länder das, was ich immer als «Papierschutz» bezeichnet habe, um einige ihrer endemischen Arten vor dem Aussterben zu bewahren; aber das meiste, was davon in die Praxis umgesetzt wurde, geschah entweder mit halbem Herzen oder schlug selbst bei entsprechendem Druck fehl, da es an Geldern für das nötige Personal und die nötige Ausrüstung fehlte. Außerdem dachten sich die Händler (wie heute die Drogenschmuggler) immer neue und raffiniertere Methoden aus, die Gesetze zu umgehen.

Spät am Abend, als die Konferenz beendet war, sprach der holländische Händler mich an, da er gerade von meinem neuen Zoo gehört hatte, und fragte mich, ob er mir etwas verkaufen könne. Zu seiner Enttäuschung hatte er nichts, was ich brauchte oder hätte bezahlen können, wenn ich es gebraucht hätte. Da er jedoch ein geselliger Kerl war, blieben wir bis in den frühen Morgen zusammen, und unter dem Einfluß des Alkohols wurde er noch geselliger und etwas indiskret. Als der Trinkfestere von uns beiden hoffte ich natürlich, ein paar Berufsgeheimnisse aus ihm herauszuholen, und so traktierte ich ihn mit weiteren Drinks und unschuldigen Fragen.

«Mein lieber Gerry», sagte er, denn wir hatten inzwischen das Stadium erreicht, in dem man sich mit dem Vornamen anredet, und er stand unter dem Eindruck, daß wir Blutsbrüder seien. «Wenn Sie wollen, kann ich Ihnen jedes Tier in der Welt beschaffen, ob es geschützt ist oder nicht.»

«Ich glaube, Sie übertreiben», sagte ich lächelnd, als ob ich ein unartiges Kind zurechtwiese. «Das nehme ich Ihnen nicht ab.»

«Nein, nein, es stimmt, Gerry, Sie können mir das glauben», sagte er ernst. «Ich schwöre es beim Grab meiner Mutter.»

«Es tut mir leid, daß Ihre Mutter tot ist», sagte ich.

«Sie ist nicht tot», sagte er, ohne sich bei dieser Kleinigkeit aufzuhalten. «Aber ich schwöre es bei dem Grab, das sie einst bewohnen wird. Los, stellen Sie mich auf die Probe!»

Ich dachte einen Augenblick nach.

«Komodo-Warane», sagte ich, da ich wußte, daß diese größten aller Echsen auf ihrer Inselheimat von der indonesischen Regierung streng geschützt werden.

«Pah!» sagte er und nahm einen Schluck. «Können Sie nichts Schwereres finden? Komodo-Warane sind kein Problem.»

«Nun, wie würden Sie es anstellen…» insistierte ich, ehrlich interessiert.

«Wie Sie wissen», sagte er, mit einem wohlmanikürten Finger auf mich weisend, «hat die indonesische Regierung eine Barkasse, die die Gewässer um die Insel Komodo patrouilliert, ja?»

«Ja», sagte ich. «Eine Patrouille gegen Schmuggler und Wilderer.»

Er nickte und zwinkerte mir mit einem seiner feuchten braunen Augen bedeutungsvoll zu.

«Wissen Sie, wie schnell sie ist?» fragte er rhetorisch. «Sie macht höchstens fünfzehn Knoten.»

«Also?» fragte ich.

«Also habe ich einen Freund auf einer Nachbarinsel, der ein Boot hat, das fünfunddreißig Knoten macht. Also fahren wir nach Komodo, und mein Freund setzt mich dort ab. Natürlich bestechen wir die Einheimischen; die sind alle kriminell. Drei Tage fangen wir Warane. Mein Boot kommt zurück und holt mich ab. Die Zollbarkasse hat uns schon fünfmal verfolgt, aber wir haben sie glatt abgehängt. So gibt's Warane für Europa, Warane für Amerika.»

Er seufzte befriedigt auf und leerte sein Glas.

«In Ordnung», sagte ich provokativ. «Ich gebe Ihnen etwas Schwereres. Was wäre, wenn ich einen Großen Panda wollte?»

Ich war sicher, daß das den Ballon seiner aufgeblasenen Selbstgefälligkeit zum Platzen bringen würde. Er warf mir nur einen vernichtenden Blick zu.

«Warum fragen Sie mich nichts Schweres?» sagte er. «Immer diese blöden Sachen. Ein Panda ist leicht.»

«Und wie würden Sie es anstellen?» fragte ich.

«Ganz einfach. Den Panda fangen, ihn schwarz einfärben und ihn legal als Bären ausführen. Kein Zollbeamter würde den Unterschied merken.»

Ich ging zu Bett.

Zu der Zeit, da ich mich mit dem erfindungsreichen holländischen Händler unterhielt, vollzog sich der internationale Handel mit Wildtieren praktisch ohne Vorschriften, ob die Tiere auf dem

es Augres Manor, teilweise 1530 erbaut. Unsere Wohnung liegt in den oberen beiden
:agen des Mittelteils.

nsere beiden männlichen Przewalskipferde. Der Jersey Zoo fungiert als «Zucht-
ngst-Station» für die einzige in Gefangenschaft lebende Herde der Welt, die
zwischen auf über 700 Tiere angewachsen ist. Das Przewalskipferd, das in freier
ildbahn ausgestorben ist, wird bald wieder in seine Heimat, die Mongolei, zurück-
führt werden.

David Niven, der als Brautführer bei der Hochzeit N'Pongos und Nandis mit Jambo auftrat, hier mit einem passenden Bouquet für die beiden Bräute.

Simon Hicks, tatkräftiger Trust-Sekretär und Geldbeschaffer par excellence, dem das Wort «unmöglich» unbekannt zu sein scheint.

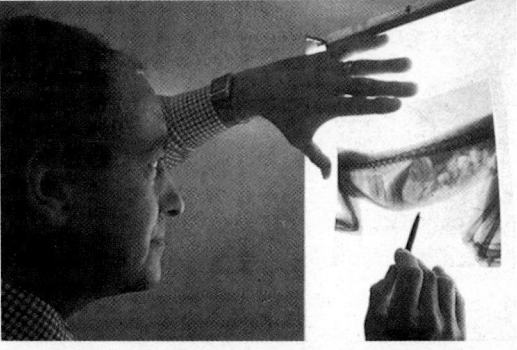

Tony Allchurch, seit viel Jahren unser Tierarzt un jetzt auch unser Administrator.

umley und Lulu, die beiden Schimpansen, die meine Mutter zum Tee besuchten.

s Bild des Gorillababys, das Fürstin Gracias Herz gewann.

Ein Katta, einer der Lemuren, die mich zu Lee führten.

Eine der Madagassischen Strahlenschildkröten, die wir retten konnten. Sie sieht so au
als sänge sie ein «Halleluja».

remy Mallinson, der vor drei-
g Jahren zum Jersey Zoo kam,
weil er einen Job suchte, und
etzt der von allen geliebte und
achtete Direktor des Zoos ist.

es Noyers, das Gut, das uns in den Schoß fiel.

nser internationales Ausbildungszentrum führt Menschen aus allen Teilen der Welt
sammen.

Ein Paar in Jersey aufgezo-
gener Blaumaskenpapagei
wird, begleitet vom Pre-
mierminister St. Lucias, in
seine Heimat zurückge-
schickt. Dies war das erste
Mal, daß ich die Gelegen-
heit hatte, einen Premierminister nicht im Regen
stehenzulassen.

Unsere Schirmherrin, die Princess Royal. Bei einem Besuch stellt ihr David Waugh,
unser Ausbildungsleiter, einen der Studenten an unserem Ausbildungszentrum,
Kanchai Sanwong aus Thailand, vor.

Die Rosentaube aus Mauritius. Es gibt nur noch weniger als zehn wildlebende Tiere, aber über 200 sind in Gefangenschaft aufgezogen worden. Wir haben einige von ihnen einem Rückführungsprogramm zur Verfügung gestellt, das bis jetzt sehr erfolgreich verlaufen ist.

Das Löwenäffchen aus Brasilien, das durch wirklich gemeinsame internationale Bemühungen der beteiligten Regierungen, von wissenschaftlichen Einrichtungen und Zoos vor dem Aussterben gerettet wurde.

John Hartley betrachtet mit Lee und mir eine Round-Island-Boa. John ist nicht nur mein persönlicher Assistent, sondern beaufsichtigt auch alle Aktivitäten auf den Maskarenen.

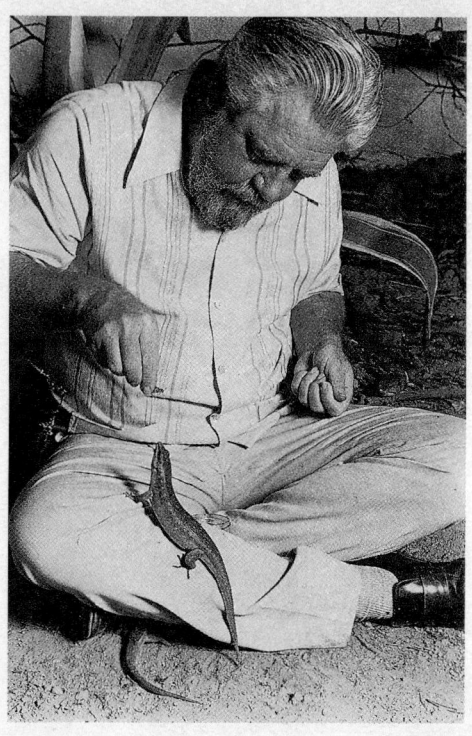

Mein erster Besuch auf Round Island. Die Telfairschen Skinke waren, wie viele Inseltiere, so zahm, daß sie uns auf den Scho? krochen und das Picknick mit uns teilten.

Das Geschenk, das meine Mitarbeiter mir zum 25. Geburtstag des Jersey Zoo machten – eine silberne, mit vergoldeten Skorpionen gefüllte Zündholzschachtel als Erinnerung an die «Zündholzschachtel-Menagerie» meiner Kindheit.

Papier oder tatsächlich in ihren Ländern unter Schutz standen oder nicht. Die Schutzbestimmungen waren ohnehin entweder unzureichend oder schwer durchzusetzen. Die allgemeine Einstellung dem Schicksal der gefährdeten Arten gegenüber war unglaublich herzlos. Tiger, gefleckte Katzen, Krokodile und Meeresschildkröten waren gefährdet, weil die Modeindustrie nach ihren Fellen, Häuten und Panzern verlangte. Die Zahl der Affen und Menschenaffen in den Tropen nahm ständig ab, weil medizinische Institute in Europa und Amerika sie für Experimente brauchten. Hunderttausende von Vögeln, Reptilien, Amphibien und Fischen wurden von Zoohandlungen aufgekauft; und nur wenige überlebten die gutgemeinte, aber alles andere als artengemäße Pflege ihrer neuen Herren.

Inzwischen ist es jedoch darum ein wenig besser bestellt. Nachdem sie zehn Jahre lang den internationalen Tierhandel untersucht hatte, arbeitete die IUCN die Convention on International Trade in Endangered Species (CITES) aus. Das Abkommen wurde 1973 von einundzwanzig Nationen unterzeichnet – inzwischen ist die Zahl auf mehr als neunzig angewachsen. Der Zweck des Abkommens ist es, den internationalen Handel mit wildlebenden Pflanzen und Tieren und ihren Produkten – zum Beispiel Elfenbein, Felle und Häute – zu überwachen und zu regulieren und die Arten zu schützen, die durch ihn bedroht werden. Das Abkommen will den betreffenden Nationen keineswegs den Handel mit ihren wilden Tieren untersagen, will aber sicherstellen, daß er wirksam und das heißt in diesem Falle durchsetzbar kontrolliert wird. So ist CITES besser als gar nichts, obwohl es immer noch Löcher gibt, durch die skrupellose Händler schlüpfen können. Eines davon ist die Tatsache, daß ein Land das Abkommen unterzeichnet haben mag, sein Nachbar (oder seine Nachbarn) möglicherweise jedoch nicht, und das öffnet dem Schmuggel Tür und Tor, denn eine Pflanze oder ein Tier, die aus einem Land kommt, das CITES nicht unterzeichnet hat, kann nicht vom Zoll beschlagnahmt werden.

Aus eben diesem Umstand erwuchs eine komplizierte Situation. Es ging um den illegalen Handel mit dem *Golden-headed lion tamarin*, dem Goldkopf-Löwenäffchen, aus Brasilien. Dieser kleine und hübsche Primat war durch ständiges Jagen für den

Zoohandel in seinem Bestand stark dezimiert worden. Überdies waren seine heimatlichen Wälder mit beängstigender Geschwindigkeit gerodet worden, um Platz für Ackerland und Weiden zu schaffen. Plötzlich bot ein belgischer Tierhändler zum allgemeinen Erstaunen vierundzwanzig Exemplare zum Verkauf an. Sie stellten schätzungsweise ein Viertel der gesamten Population dar, und die Tatsache, daß sie im Zoohandel auftauchten, war entsetzlich. Nähere Nachforschungen zeigten, daß sich weitere Tiere in Zoos oder in privater Hand in Japan, Hongkong, Frankreich und Portugal befanden. Insgesamt wurden vierundfünfzig Goldkopf-Löwenäffchen lokalisiert. Es stellte sich heraus, daß diese Tiere alle illegal in Brasilien gefangen worden waren, wo sie unter Artenschutz stehen, denn Brasilien ist eines der Unterzeichner des CITES-Abkommens. Gleich nach dem Fang wurden sie nach Guyana geschmuggelt und dort von Tierhändlern verkauft. Die Tatsache, daß sie nicht aus Guyana stammen konnten – denn dort ist die Wahrscheinlichkeit, wildlebende Exemplare zu finden, genauso hoch wie die, eine Kolonie von Eisbären in der Sahara zu finden –, machte keinen Unterschied. Damals zählte Guyana nicht zu den Unterzeichnern des CITES-Abkommens, ebensowenig wie Belgien; und diese Länder konnten machen, was sie wollten. So befand sich möglicherweise die Hälfte der Gesamtpopulation dieses zierlichen Äffchens in privaten Sammlungen oder Zoos.

Unverzüglich begannen die Naturschützer tätig zu werden. Es war schlicht nicht hinzunehmen, daß ein so hoher Prozentsatz der Gesamtpopulation dieses einzigartigen Geschöpfes auf solche Weise über die ganze Erde verstreut wurde. Außerdem waren die Tiere illegal gefangen und aus ihrem Heimatland Brasilien ausgeführt worden. Wenn irgend möglich, mußten sie nach Brasilien zurückgebracht werden. Wenn sich das nicht bewerkstelligen ließ, sollten sie zusammengeführt werden, um den Kern einer Zuchtkolonie zu bilden. Das war leichter gesagt als getan. Jeremy beteiligte sich äußerst aktiv an all diesen Plänen, denn er hatte alle Arten von Krallenaffen tief in sein Herz geschlossen. Der erste Schritt bestand darin, den belgischen Tierhändler zu veranlassen, die in seinem Besitz befindlichen Tiere herauszugeben. Verständlicherweise war er nicht bereit, das zu tun, da die

Tiere für ihn eine beträchtliche Auslage darstellten. Inzwischen waren die IUCN, der World Wildlife Fund, die brasilianische Regierung, der National Zoo in Washington und wir selbst mit der Sache befaßt. Wir alle waren entschlossen, die Tiere nicht zu kaufen (was wir hätten tun können), damit es nicht so aussah, als ob wir den illegalen Handel mit Tieren stillschweigend duldeten oder gar unterstützten.

Die Verhandlungen fanden auf höchster Ebene statt. Die brasilianische Regierung bat die belgischen Behörden, ihren Einfluß geltend zu machen, um die Tiere in ihre Heimat zurückzuschaffen; auch der Herzog von Edinburgh, Prinz Philipp, schaltete sich als Präsident des WWF ein. Schließlich wurde der öffentliche Druck so stark, daß zu unserer Erleichterung der belgische Tierhändler sich – wenn auch widerwillig – bereit erklärte, alle Tiere bis auf acht nach Brasilien zurückzuschicken. Seinem guten Beispiel folgend, sandten auch die Japaner die in ihrem Besitz befindlichen Tiere zurück nach Brasilien; schließlich wurden die Besitzansprüche auf einige der Tiere, die sich in anderen Teilen der Welt befanden, wieder an die Brasilianer abgetreten. Dann tauchte ein anderes Problem auf, da die brasilianischen Behörden – völlig unerfahren in den komplizierten Praktiken des Artenschutzes – nicht verstehen konnten, warum wir die Äffchen nach der Rückführung in ihre Heimat nicht einfach im nächstbesten Wald wieder aussetzten. Natürlich kann man Tiere, die in Gefangenschaft aufgewachsen sind, nicht einfach in einem ihnen fremden Waldgebiet aussetzen; das würde ihren sicheren Tod bedeuten. Es gelang uns schließlich, die Brasilianer davon zu überzeugen, daß die Tiere am besten im Primatenzentrum in Rio de Janeiro untergebracht wären, um dort als Basis einer Zuchtkolonie zu fungieren. Das geschah auch, und wenig später wurden zwei weitere Gruppen gegründet, eine in Washington und eine in Jersey. Während inzwischen alle diese Kolonien gedeihen, bemühen wir uns mit Hilfe der brasilianischen Regierung darum, einige der übriggebliebenen Wälder zu retten, um die Goldkopf-Löwenäffchen, wenn ihre Zahl in Gefangenschaft genügend angewachsen ist, dort ebenso wieder anzusiedeln, wie es uns mit einem ihrer Verwandten, dem Löwenäffchen, gelungen ist – eine Geschichte, auf die ich später zurückkommen werde.

CITES ist ein gewaltiger Schritt in die richtige Richtung – ein Schritt, der vor fünfundzwanzig Jahren noch undenkbar gewesen wäre –, und doch hat der Handel mit wildlebenden Arten, sei er legal oder illegal, unglaubliche Ausmaße angenommen. In den fünf Jahren nach Inkrafttreten des Abkommens stiegen die sogenannten legitimen Importe von Produkten wildlebender Arten allein in den USA von vier Millionen «Posten» auf 187 Millionen «Posten». Nur drei Jahre später erreichte der Handel ein Volumen von einer Milliarde Dollar! Jedes Jahr werden mehr als zwanzig Millionen Schmetterlinge aus Taiwan exportiert, um aufgespießt und getrocknet die Wände bürgerlicher Wohnungen überall in der Welt zu «verschönen». Und Hunderttausende von Meeresgeschöpfen werden jedes Jahr getötet, damit ihre Panzer und Schalen Staub auf Kaminsimsen ansetzen können.

Der unersättliche Hunger nach Elfenbein hat die Bestände des Afrikanischen Elefanten dezimiert; und da die Hörner des Nashorns ihr Gewicht in Gold wert sind, ist die Zahl dieses wunderbaren vorsintflutlichen Lebewesens auf wenige tausend zurückgegangen. Wie im Drogenhandel sind es die riesigen Gewinne, die die raffgierigen Händler reizen. Wenn das Fell eines Ozelots 40 000 US-Dollar einbringt – wozu ist das Tier dann gut, wenn nicht als totes Tier? Neun Greifvögel, die kürzlich nach Saudi-Arabien eingeschmuggelt wurden, wurden für 200 000 US-Dollar verkauft. Im Vergleich zu diesen – legal oder illegal – erworbenen Summen erscheinen die Gelder, die in den Artenschutz gesteckt werden, lächerlich gering. Angesichts des Ausmaßes des Tierhandels und der wirtschaftlichen Zwänge in einigen Ländern ist es kein Wunder, daß die Lücken des CITES-Abkommens so groß sind.

Selbst wenn ein Land das Abkommen unterzeichnet hat, ist es keineswegs verpflichtet, die gesetzlichen Bestimmungen zu beachten, die ein anderes Land aufgestellt hat. Es kann in seinem eigenen Interesse Ausnahmebestimmungen erlassen. Ein anderes Problem liegt darin, daß man von überlasteten Zollbeamten nicht verlangen kann, daß sie Zoologen sind; natürlich haben sie Schwierigkeiten, die verbotenen Arten auf der Artenschutzliste zu identifizieren. Auch kann in manchen Fällen ein äußerst seltenes Tier genauso aussehen wie sein weitverbreiteter Verwandter, so daß nur ein Fachmann sie auseinanderhalten kann. Ein weiteres Problem ist, was mit den Tieren passieren soll, die der Zoll als verbotene Arten erkannt und konfisziert hat. Man kann sie nicht einfach in ihr Ursprungsland zurückschicken und dort aussetzen, und im allgemeinen gibt es in einem solchen Ursprungsland, wenn überhaupt, nur wenige Leute, die über genügend Fachwissen verfügen, um für diese Geschöpfe zu sorgen. Was sollen die Zollbeamten also tun? Fast immer sehen sie sich gezwungen, die Tiere in einen Zoo oder eine ähnliche Einrichtung zu geben. Vor einigen Jahren wurden wir selbst gebeten, bei einem solchen Problem zu helfen.

Madagaskar besitzt mehrere Arten von Schildkröten, die alle selten sind und alle wenigstens auf dem Papier unter Artenschutz stehen. Eine der größten und schönsten ist die Madagassische Strahlenschildkröte. Ein voll ausgewachsenes Exemplar ist etwa sechzig Zentimeter lang und wiegt ungefähr fünfunddreißig Pfund. Auf dem honigfarbenen Panzer zeichnet sich ein lebhaftes schwarzes Sternmuster ab. Wir hatten bereits eine Anzahl dieser hübschen Reptilien in Jersey, und an mehreren anderen Orten in Europa und Amerika wurden sie gezüchtet. So schien das Überleben dieser Art, wenn auch nicht in der Wildnis, so doch in Gefangenschaft, gesichert zu sein. Denn obwohl es unter Artenschutz steht, wird das Tier immer noch von einigen Menschen verzehrt, und natürlich fordern die schrecklichen (von Menschen angelegten) Brände, die die noch bestehenden Wälder Madagaskars dezimieren, ihren Zoll unter so langsamen Geschöpfen wie den Schildkröten.

Wir waren nicht darauf vorbereitet und etwas verblüfft, als wir eines Tages einen Anruf von einem Beauftragten der britischen Wildlife Division des Umweltministeriums erhielten. Was, fragte er, wußten wir über die Strahlenschildkröte? Wir sagten, daß sie aus Madagaskar stamme und daß wir sie züchteten. Das sei eine ausgezeichnete Nachricht, sagte er, da er hoffe, daß wir ihm bei einem kleinen Problem helfen könnten. Zollbeamte in Hongkong hätten sich mit ihm in Verbindung gesetzt, denn sie hätten einige in die Kronkolonie eingeschmuggelte Strahlenschildkröten entdeckt und konfisziert. Aber nun wüßten sie nicht, wohin mit ihnen, und ob wir helfen könnten. Etwas verwirrt antworteten wir, daß wir unser Bestes tun würden. Wie viele Schildkröten es denn seien? Fünfundsechzig, sagte der Mann stolz. Sie seien aus Madagaskar herausgeschmuggelt worden und für chinesische Küchen bestimmt gewesen, um dort in schmackhafte Steaks, Eintöpfe, Pasteten und ähnliche Delikatessen verwandelt zu werden. Nachdem wir unsere Hilfe zugesagt hatten, mußten wir nun natürlich auch helfen, und so machten wir einen ganzen Raum im Reptilienhaus frei. Bald trafen fünfundsechzig Strahlenschildkröten ein, einige so groß wie eine Untertasse, andere so groß wie ein Fußschemel. Die meisten von ihnen waren in guter Verfassung, aber einige litten unter den Folgen falscher Ernährung und der schlechten Behandlung, der sie auf der Überfahrt ausgesetzt gewesen waren. Vier starben wenige Tage nach ihrer Ankunft, aber der Rest gedieh prächtig. Es war ein atemberaubender Anblick, wenn man die Tür des Raumes öffnete und den Fußboden buchstäblich mit den Panzern dieser wunderbaren Reptilien gepflastert fand.

Es war natürlich unmöglich, sie nach Madagaskar zurückzuschaffen, aber wir informierten die madagassischen Behörden, mit denen wir in anderen Naturschutz-Angelegenheiten zusammenarbeiteten. Sie baten uns, das Problem selbst zu lösen. Sobald die Tiere wieder ganz gesund waren, schickten wir gemäß einem Zucht-Leihabkommen mit der madagassischen Regierung Männchen und Weibchen an andere Zoos, die bereits Zuchtgruppen besaßen und denen sie als genetische Auffrischung ihrer Bestände hochwillkommen waren. Wenn ich auf dieses Ereignis zurückblicke, finde ich, daß wir damals Glück hatten: Statt der fünfundsechzg Schildkröten hätten es schließlich auch fünfzig Komodo-Warane oder hundert Leoparden oder sogar eine Herde Elefanten sein können.

Die einzige Lösung, diese schreckliche Vergewaltigung der Natur, ihrer wildlebenden Pflanzen und Tiere zu verhindern, liegt in der Aufklärung. Die Menschen müssen lernen, daß alles in der Natur sich in einem endlosen Kreislauf erneuert, wenn es klug genutzt und nicht vergeudet wird. Wenn sie lernen, daß ihr natürliches Erbe etwas ist, auf das sie stolz sein können, etwas, das gehütet werden muß und nicht selbstsüchtig um kurzzeitiger

Gewinne wegen verschwendet werden darf, wird die daraus resultierende behutsame Nutzung der Natur allen zum Vorteil gereichen. Ein Beispiel dafür ist die Geschichte eines schönen Vogels aus der Karibik, des Blaumaskenpapageien, eines herrlichen Geschöpfes mit grünem, rotem, gelbem und blauem Gefieder. Als Dr. David Jeggo, unser Vogelkurator, vor etwa fünfzehn Jahren von seinem traurigen Schicksal erfuhr, hatte die Zahl dieses einst weitverbreiteten Vogels so stark abgenommen, daß nur noch etwa hundert in Freiheit lebten und einige wenige in kleinen Käfigen in Gefangenschaft dahinkümmerten, als Einzeltiere gehalten und daher nicht imstande, sich fortzupflanzen. Verschiedene Faktoren waren für diesen Zustand verantwortlich: die Vernichtung des Lebensraums der Tiere durch Rodung der Wälder, ungehemmte Bejagung, da Jaquot (wie dieser Vogel auf St. Lucia genannt wird) zu jeder Jahreszeit, besonders aber zu Weihnachten als Leckerbissen gilt, und ein blühender Handel mit Jungtieren, die an Papageienliebhaber in Europa und den USA verkauft wurden.

Abgesegnet durch die Regierungsstellen in St. Lucia, durften wir sieben Jungtiere (die einzigen Blaumaskenpapageien, deren Ausfuhr genehmigt wurde) fangen und nach Jersey bringen – in der Hoffnung, mit ihnen eine Brutkolonie aufbauen zu können. Wie alle vom Aussterben bedrohten Tiere blieben sie Eigentum der Regierung. Sie gewöhnten sich gut ein, und wir machten uns große Hoffnungen; doch erwarteten wir keine sofortigen Ergebnisse, da Papageien in der Regel langsame Brüter sind. In der Zwischenzeit unternahmen Gabriel Charles, der Chief of Forestry, und das dortige Landwirtschaftsministerium energische Versuche, die übriggebliebenen Wälder auf den Bergen der Insel zu retten, die nicht nur eine wichtige Wasserscheide für die Einwohner von St. Lucia bilden, sondern auch den letzten Zufluchtsort der Papageien darstellen. Ein totales, für die ganze Insel geltendes Jagdverbot und eine Zählung aller in Gefangenschaft befindlichen Papageien waren weitere Schritte in die richtige Richtung. Außerdem wurde ein junger Engländer, Paul Butler, angestellt, der eine Kampagne zur Rettung des Papageien in die Wege leiten sollte; er wußte, daß Aufklärung der Schlüssel zum Erfolg ist.

Von uns erhielt er riesige Plakate mit einer Abbildung des Papageien, die er in Schulen, Ämtern, sogar in Geschäften und Bars aufhängte. Er hatte die weitsichtigen Verantwortlichen dazu bewogen, den Blaumaskenpapageien zum Nationalvogel St. Lucias zu erklären, und er brachte Broschüren für Schulen heraus, in denen das Schicksal Jaquots und die Bedeutung seiner heimatlichen Wälder beschrieben wurde. Nach drei Jahren gab es keinen Menschen mehr auf St. Lucia, der nicht wußte, daß der Papagei der Nationalvogel der Insel war und daher geschützt werden mußte. Ihn zu schützen hieß natürlich, seine heimatlichen Wälder und die Wasserscheide zu schützen.

Dann brach die Katastrophe in Form des Hurrikans Allen über die Insel herein. Große Waldgebiete wurden vernichtet, und wir fürchteten das Schlimmste für die wildlebenden Papageien. Die riesigen umgestürzten Bäume lagen wie verschüttete Streichhölzer quer übereinander, und es war unmöglich, in das Durcheinander einzudringen, um die toten Tiere zu zählen und den lebenden zu helfen. Wir wurden dringend um Beistand gebeten, und nach vierundzwanzig Stunden hatten wir David Jeggo, mit einer gewaltigen Kettensäge bewaffnet, in ein Flugzeug gesetzt. Glücklicherweise war, wie David entdeckte, die Zerstörung der Wälder zwar schlimm, der Verlust an Vögeln jedoch nicht so groß, wie wir befürchtet hatten. Tatsächlich – und dies legt ein Zeugnis für die gute Arbeit von Gabriel Charles und Paul Butler ab, der jetzt überall auf der Insel unter dem liebevollen Spitznamen Paul Parrot, Papageien-Paul, bekannt ist – tatsächlich waren die überlebenden Papageien, schwach und nahe am Verhungern, von den Einwohnern St. Lucias selbst sorgfältig eingesammelt, gepflegt und den Waldhütern übergeben worden. Gabriel meinte später zu mir, daß die Leute, wenn der Hurrikan *vor* der Aufklärungskampagne zugeschlagen hätte, die hilflosen Papageien eingesammelt hätten, um sie zu essen.

Inzwischen war unser Zuchtprogramm in Jersey in vollem Gang. Wir hatten vierzehn dieser wunderbaren Vögel aufgezogen. Wir mußten allmählich daran denken, einige von ihnen zurückzuschicken, um auf St. Lucia eine eigene Zuchtkolonie aufzubauen. Der Trust gab dem Forestry Department die nötigen finanziellen Mittel, um Vogelhäuser zu errichten, und David

Jeggo wurde hingeschickt, um bei der Konstruktion und beim Aufbau zu helfen. Zwei unserer Papageien im geschlechtsreifen Alter wurden ausgewählt, aber wir mußten sicherstellen, daß sie das *richtige* Geschlecht hatten. Es gibt viele Vogelarten, bei denen sich wie beim Blaumaskenpapagei die Männchen nicht ohne weiteres von den Weibchen unterscheiden lassen; und vor der Erfindung eines wunderbaren Instruments lebten oft zwei Männchen oder zwei Weibchen traurig zusammen, während jeder sich fragte, warum die armen Dinger nicht brüteten.

Das Instrument heißt Laparoskop und wurde natürlich ursprünglich für die Humanmedizin erfunden, hat sich jedoch inzwischen für den Veterinär als von unschätzbarem Wert erwiesen. Es besteht aus einer starken Lichtquelle, einem flexiblen Schlauch aus Glasfaserelementen von der Dicke eines Bleistifts und einer präzisen optischen Einheit, die man Endoskop nennt. Die ganze Einrichtung ermöglicht es, das Innere eines Menschen oder eines anderen Säugetiers unter leichter Anästhesie zu betrachten — fast ohne Verletzungsrisiko für den Patienten. Im Falle der Vögel wird eine kleine Öffnung unter dem Flügel geschaffen, ein Einschnitt, der nur so groß ist, daß sich das Instrument einführen läßt. Dann kann man es sanft an den verschiedenen Organen vorbeibewegen, bis man ein klares Bild von den Geschlechtsorganen gewinnt, zwei ovalen Hoden beim Männchen und einem Bündel von Eiern beim Weibchen, das genauso aussieht wie eine Traube reifer Beeren.

Nach dem Bau der Vogelhäuser auf St. Lucia gingen wir als nächstes daran, den Premierminister zu bitten, persönlich nach Jersey zu kommen und die Vögel in Empfang zu nehmen. Simon Hicks, der Sekretär unseres Trusts, wurde mit einer Einladung nach St. Lucia geschickt. Der Premierminister antwortete, er würde gerne kommen, wenn wir einen passenden Termin festsetzen könnten. Wir wandten uns dann an die British Airways, um ein ausgezeichnetes Programm zu nutzen – «Dem Naturschutz helfen» genannt – das uns die Möglichkeit einräumt, kostenlos (wenn Kapazitäten frei sind) Tiere und Ausrüstungsgegenstände in verschiedene Teile der Welt zu schaffen, wo wir, wie in Mauritius oder Madagaskar, Naturschutz-Vorhaben verwirklichen. Auch andere Naturschutzorganisationen können von dieser Möglichkeit Gebrauch machen. So setzten wir uns mit den entsprechenden Leuten in Verbindung und fragten vorsichtig an, ob sie uns helfen könnten, etwas aus der Karibik zu befördern. In der Annahme, daß es sich um Tiere handelte, erklärten sie, sie wollten sehen, was sie für uns tun könnten. Als wir dann preisgaben, daß es sich um den Premierminister von St. Lucia handelte, waren sie zunächst etwas überrascht, gingen dann aber, als wir ihnen die Lage erklärten, bereitwillig darauf ein und sagten uns zu, den Premierminister samt seinem Gefolge nach Jersey zu fliegen.

Der große Tag brach an. Unglücklicherweise war ich krank und durfte – auf Weisung des Arztes – nur der Übergabe-Zeremonie beiwohnen. Wir hatten ein Podium vor unseren Zuchtvolieren errichten und Mikrofone installieren lassen, damit der Gouverneur von Jersey, Sir William Pillar, der Premierminister und ich unsere Reden halten konnten. Der Himmel war leider grau und verhangen, und ein leichter Dauerregen hatte eingesetzt – was jedoch die vielen Besucher, die Zeitungsreporter und Fernsehteams nicht abgeschreckt hatte. Schließlich trafen die offiziellen Gäste ein. Zwei riesige Wagen, schimmernd wie Walfische, glitten unter flackerndem Blaulicht majestätisch die Auffahrt herauf, begleitet von makellos uniformierten Polizisten auf Motorrädern. Es war äußerst eindrucksvoll. Als der Premierminister zusammen mit Sir William ausstieg, stimmten die Schüler der Trinity School die Nationalhymne von St. Lucia an, was den Premierminister, der Habachtstellung angenommen hatte, zu überraschen und tief zu bewegen schien. Die Kinder hatten seit Wochen geübt und sangen die schöne Hymne ganz allerliebst. Die Vögel in den Volieren hinter uns waren völlig überdreht durch das ganze Spektakel, kreischten und quäkten, so daß unsere Reden fast nicht mehr zu verstehen waren. Als der Premierminister seine Ansprache hielt, wurde der Regen heftiger; so mußte ich einen riesigen, rotweißen Golf-Regenschirm über ihm aufspannen. Es war das erste Mal, daß ich einem Premierminister den Regenschirm hielt; aber ein großer Reiz im Leben eines Naturschützers liegt gerade darin, daß er sich immer wieder auf neue Situationen einstellen muß.

Nachdem die Zeremonie beendet war, führten wir den Premierminister und seine Frau zu einer kurzen Besichtigung durch das Gelände und baten sie dann zum Tee zurück in das Herrenhaus. Nach ihrer Abfahrt blieb Paul Butler noch da, um einige Naturschutz-Angelegenheiten mit mir zu besprechen, und er erzählte mir diese Geschichte, die, wie ich finde, sehr schön zeigt, was Aufklärung bei der Rettung einer gefährdeten Art bewirken kann.

Ein amerikanischer Gentleman traf auf dem Flugplatz von St. Lucia ein, stieg in ein Taxi und bat, zu den Papageien-Wäldern gefahren zu werden. Aus irgendeinem, nur ihm bekannten Grund wurde der Taxifahrer argwöhnisch. Er glaubte, daß der Mann nichts Gutes im Schilde führe. Pflichtbewußt fuhr er den nichtsahnenden Amerikaner jedoch hinauf in den Wald an einen Platz, an dem häufig Papageien zu finden waren, und verließ ihn mit dem Versprechen, nach einigen Stunden wiederzukommen. Dann raste er so schnell er konnte zum nächsten Telefon und ließ sich mit dem Forestry Department verbinden. Er unterrichtete den zuständigen Beamten detailliert über den Papageien-Schmuggler, da er Geschichten über diese Männer gehört hatte, die Vögel narkotisieren, um sie schichtweise unter den doppelten Böden ihrer Koffer zu verstecken. Er hatte nicht den mindesten Anhaltspunkt für seine Anschuldigung, aber das Forestry Department nahm seinen Hinweis sehr ernst und sah sich so mit einem vertrackten diplomatischen Problem konfrontiert. Der Mann war Amerikaner, und wie alle Inseln der Karibik war St. Lucia auf Touristen aus den Vereinigten Staaten angewiesen. Einen amerikanischen Bürger unter dem Verdacht des Papageienschmuggels festzunehmen und seine Koffer zu durchsuchen würde für Schlagzeilen sorgen und, wenn der Mann unschuldig war, ungeheures Aufsehen erregen. Nach einigem Überlegen kamen die Leute vom Forestry Department auf einen raffinierten Plan. Sie riefen das FBI in Miami an und erläuterten ihr Dilemma. Könnte das FBI helfen? Das FBI konnte und wollte und kam selbst auf einen raffinierten Plan. Es ließ sich von St. Lucia den Namen des Mannes und die Nummer seines Rückflugs geben. Als das Flugzeug in Miami landete, gab das FBI bekannt, daß es eine Bombendrohung gegeben habe und daß das Gepäck aller Passagiere durchsucht werden müsse. Natürlich wurde nur das

Gepäck des angeblichen Papageien-Schmugglers durchsucht. Wie sich herausstellte, fand man nicht einmal eine Papageienfeder unter seiner Habe. Aber es war gut zu wissen, daß die ganze Lawine von Ereignissen durch einen Taxifahrer ausgelöst worden war, der – in der Zeit, bevor das Landwirtschaftsministerium, das Forestry Department und Paul Butler ihre Kampagne gestartet hatten – den Amerikaner vielleicht gefragt hätte: «Was für Papageien?» oder schlimmer: «Soll ich Ihnen helfen, ein paar zu fangen?»

Die Puzzle-Taktik

In all den Jahren hat Jeremy immer von der «facettenreichen Methode» des Trusts für die Aufzucht in Gefangenschaft gesprochen; und obwohl wir uns immer über diese oft wiederholte und etwas umständliche Formulierung lustig gemacht haben, bringt sie unserer Arbeit und den Grund für ihren Erfolg auf eine treffende Formel. Tatsächlich besteht die facettenreiche Methode des Trusts aus drei Phasen, jede von der anderen unterschieden, aber jede mit den anderen beiden verzahnt wie die Stücke eines Puzzlespiels.

Phase eins ist die Auswahl der Arten, von denen man glaubt, daß sie am meisten von der Hilfe profitieren werden, die Errichtung einer Zuchtkolonie in Jersey und dann, wenn die Zahl der Tiere groß genug ist, der Aufbau von «Satelliten-Kolonien» in anderen Zoos von gutem Ruf, gewöhnlich in Europa oder Amerika. An diesem Punkt kann man mit einer gewissen Berechtigung davon sprechen, daß, falls keine Katastrophe eintritt, die Art in Gefangenschaft gerettet ist. Phase zwei ist die Gründung von Kolonien im Heimatland der betreffenden Art, denn schließlich ist das der Ort, wo die gefährdeten Arten aufgezogen werden *sollten*. Das Klima stimmt, die geeignete Nahrung steht zur Verfügung, und vor allem können die Einheimischen ihre eigenen Tiere dort sehen und lernen, sie zu würdigen. Die dritte Phase ist die schwierigste: die Aussetzung der Tiere in ein Habitat wildlebender Arten, sei es in Jersey, in einer unserer Satelliten-Kolonien oder in ihrem eigenen Land. Diese letzte Phase ist eine Geschichte für sich, die ich im nächsten Kapitel erzählen werde.

Es wurde bald klar, daß selbst die erste Phase zwecklos war, wenn nicht die Regierung des Landes, aus dem die Tiere stammten, sich an unseren Bemühungen beteiligten. Im Laufe der Jahre ist mir schmerzlich bewußt geworden, wie wenig über Artenschutz bekannt ist und wie wichtig diese Kenntnis für die Menschen ist, die Entscheidungen zu treffen haben – die Politiker. Ich besitze ein kleines schwarzes Heft, in das ich die idiotischsten Äußerungen der Führer der Welt eintrage, damit ich sie wortwörtlich zitieren kann, wenn ich mich über die Regierungen beklage und die Leute denken, daß ich übertreibe.

Oben auf meiner Liste steht natürlich Ex-Präsident Reagan. Sein Verständnis der ökologischen Probleme und seine Sorge um die Umwelt lassen sich, glaube ich, in zwei Feststellungen zusammenfassen: Erstens, daß Bäume die Umwelt verschmutzen; und zweitens, daß es keine Rolle spielt, ob die Redwood-Wälder in Stücke gehauen werden, denn, wie der Präsident treffend bemerkte, wenn man einen Redwood gesehen hat, hat man alle gesehen. Mein nächster Preis für törichte oder geistig zurückgebliebene Äußerungen geht sicherlich an jenen indischen Minister, der – konfrontiert mit der Opposition von Umweltschutzorganisationen, als er einen Staudamm bauen wollte, der wichtige Waldgebiete samt ihrer Flora und Fauna überfluten würde – ärgerlich sagte, daß «wir uns diesen ökologischen Luxus nicht leisten können». Wenn Ökologie zum Luxus wird, sind wir alle tot.

Der Bergbauminister in Queensland/Australien gewann mein Herz mit seinen Mitteilungen an die Presse, als die Pläne, am Großen Barriere-Riff nach Öl zu bohren, auf Widerstand stießen. Zunächst, sagte er, gebe es so etwas wie Ölschlick überhaupt nicht. Falls doch, fügte er dann hinzu, entgegen einer Wahrscheinlichkeit von eins zu einer Milliarde Öl entweichen sollte, mache das nichts, da (und hier zitiere ich ihn wörtlich) «jeder Schuljunge weiß, daß Öl auf der Wasseroberfläche schwimmt und Korallen unter der Oberfläche leben; deshalb kann kein Schaden entstehen». Man fragt sich, was für ein Niveau die Schule hatte, die der Minister besucht hat – vorausgesetzt, daß er überhaupt zur Schule gegangen ist. Ein hochrangiger brasilianischer Amtsträger soll gesagt haben, daß es keinen «Beweis» dafür gebe, daß die Rodung von Wäldern das Klima verändere. Wenn man an die riesigen, durch die Vernichtung von Wäldern zur Wüste gewordenen Gebiete denkt, fragt man sich, welche Art von Biologieunterricht der Minister in *seiner* Schule genossen hat.

Als ich in Neuseeland war, mußte ich (zur Strafe für meine Sünden) mit dem gesamten neuseeländischen Kabinett zu Mittag essen – ein grauenhaftes Erlebnis, vor allem deshalb, weil einer der Minister sich über den Wildlife Service ausließ, der einige der Wildschafe auf einer Insel im Süden eliminieren wolle, denn diese beherbergte die Brutkolonie einer seltenen, nur noch auf dieser und einer anderen Insel vorkommenden Albatrosart. Die Idee sei lächerlich, sagte er. Er habe sein Leben lang Schafe gezüchtet, und er habe noch nie gehört, daß ein Schaf auf ein Gelege oder einen am Boden nistenden Vogel getreten sei. Ich erwiderte, der Grund für die Eliminierung der Schafe sei wahrscheinlich der, daß ihre Zahl zu groß geworden sei und daß sie durch Überweiden den Lebensraum der Albatrosse zerstörten.

«Das mag der Grund sein», räumte er ein. «Aber was ist schon dabei, wenn die Albatrosse die Insel verlassen? Sie liegt so weit im Süden, daß niemand dorthin fährt, um sich die verdammten Vögel anzusehen.» Ich entgegnete, es gebe viele Rembrandts auf der Welt, die ich nie sehen würde; aber ich würde deswegen nicht vorschlagen, sie alle zu verbrennen. Er antwortete nicht. Vielleicht hat er mich nicht verstanden. Wahrscheinlich dachte er, Rembrandt sei eine Biermarke. Nach diesen Erfahrungen sah ich, als die Zeit dafür gekommen war, der Aussicht, mit Regierungsstellen zusammenarbeiten zu müssen, mit einiger Sorge und Beklemmung entgegen. Doch tatsächlich hat sich diese Zusammenarbeit in den meisten Fällen als relativ unkompliziert erwiesen.

Als ich dieses Buch schrieb, hatte ich jedoch eine Diskussion mit Jeremy über ein Projekt, das wir in einem Land, das namenlos bleiben soll, finanziell zu unterstützen gedachten. Ich fragte ihn, warum wir damit nicht vorankämen. «Wahlen», sagte Jeremy traurig. «Die Partei, die jetzt an der Macht ist, unterstützt, wie Sie wissen, unser Vorhaben. Aber in ein, zwei Monaten sind Wahlen, und wenn die andere Partei sie gewinnt, wird sie wahrscheinlich jede Entscheidung, die von *dieser* Partei getroffen wurde, rückgängig machen. Deshalb hielten wir es für klüger abzuwarten.» So konnte ein wichtiges Naturschutz-Vorhaben nicht vorankommen, weil einige kleine Politiker sich erst produzieren mußten, während die ihnen anvertraute Natur weiter in Vergessenheit geriet.

Aber im großen und ganzen arbeiten wir recht gut mit den Regierungen zusammen. Der Hauptgrund dafür sind nach meiner Meinung die Abkommen, die wir treffen und in Verträgen niederlegen, die von beiden Seiten unterzeichnet werden müssen. Sie haben sich als unbezahlbar erwiesen. Sie bürgen dafür, daß alle Tiere und ihre Nachkommen das Eigentum des Ursprungslandes bleiben und zu jeder Zeit zurückgeholt werden können. Das beweist, wenn es eines Beweises bedarf, daß es nicht unsere Absicht ist, auf bequeme Weise an seltene Tiere zu kommen, sondern daß wir zum Wohle ihrer Fauna mit den Regierungen zusammenarbeiten. So brauchen die betreffenden Regierungen nicht zu befürchten, daß wir «koloniale Ausbeuter gefährdeter Arten» sind. Ein zweiter Grund, weshalb diese Verträge so wertvoll sind, liegt darin, daß sie schriftlich die Art und Weise festlegen, in der die zweite und dritte Phase unserer facettenreichen Methode des Artenschutzes zu verwirklichen sind.

Während unsere Zuchtergebnisse in Jersey sich ständig verbesserten, war es Phase zwei, der Aufbau von Zuchtkolonien *in situ*, die uns am meisten Sorge bereitete. Obgleich außer Frage stand, daß die Tiere in ihrem Heimatland aufgezogen werden sollten, gab es in der Regel niemanden dort, der genügend Sachkenntnisse für eine solche Aufgabe besaß, selbst wenn wir die nötigen finanziellen Mittel zur Einrichtung eines Zuchtzentrums bereitstellten. Es war klar, daß wir Leute für diese Aufgabe ausbilden mußten, und das hieß, daß sie nach Jersey kommen mußten. So entwarfen wir den Plan für ein Ausbildungszentrum, einen Komplex, den wir später unsere «Mini-Universität» nennen sollten, mit Wohnungen für die Studenten, einem Vorlesungssaal und vielen anderen notwendigen Einrichtungen. Es würde ein großes und teures Gebäude werden, und obgleich ich den Gedanken haßte, unser schönes Land mit Beton vollzupflastern, schien es keine andere Möglichkeit zu geben, wenn der Trust seiner Aufgabe nachkommen wollte. Wir erhielten die Baupläne des Architekten, versenkten uns darein, brachten unsere Einwände vor und erhielten dann eine revidierte Version, von der wir hofften, daß die Fehler korrigiert waren und daß wir nichts Wesentliches übersehen hatten.

Wieder einmal nahm ich meine Bettelschale in die Hand und flog in die Vereinigten Staaten; und dank der typischen amerikanischen Großzügigkeit flossen die Spenden reichlich. Aus einer anderen Quelle in Großbritannien kamen die Mittel, die uns erlaubten, Stipendien für Leute aus den sogenannten «Schwellenländern» auszuschreiben, die nicht über das nötige Kleingeld verfügten, um zur Ausbildung nach Jersey zu kommen. So waren nicht nur der Bau des neuen Hauses, sondern auch die Stipendien finanziell abgesichert. Mit dem Gebäude war ich jedoch nicht glücklich. Da unsere Mittel begrenzt waren, konnten wir uns keine aufwendigen Verschönerungen leisten, und trotz der Versuche unseres ausgezeichneten Architekten, mir den Plan schmackhaft zu machen, hatte ich immer noch das Gefühl, daß das neue Haus wie ein Schuhkarton aus Beton wirken würde. Da ich gesehen habe, welche Schandtaten im Namen der Göttin Beton in Zoos der ganzen Welt begangen worden sind, betrachte ich diese nützliche Substanz eher mit einem gewissen Widerwillen. Es ließ sich jedoch nichts mehr daran ändern – so dachte ich jedenfalls. Dann geschah etwas sehr Merkwürdiges. Es zeigte, daß das Schicksal auf unserer Seite stand.

Seit vielen Jahren kam zweimal die Woche eine gewisse Mrs. Boizard in unsere Wohnung, um wie ein Wirbelsturm durch sie hindurchzufegen und sie blitzblank zurückzulassen. Mrs. Boizards jüngere Tochter Betty hatte gleich nach ihrem Schulabgang für den Trust zu arbeiten begonnen. Im Laufe der Jahre übernahm sie die Buchhaltung des Zoos und regiert dort jetzt mit eisernem Stab. Wenn Mrs. Boizard da war, kam Betty immer für fünf Minuten zu einem Plausch in die Wohnung. Bei einer dieser Gelegenheiten sagte Mrs. Boizard: «Wie ich sehe, hat Leonard du Feu sein Haus zum Verkauf angeboten.» Betty vernahm das mit äußerstem Erstaunen. Leonard war unser nächster und am schwersten geprüfter Nachbar. Nie hatte er sich beklagt, wenn die Tiere nachts seltsame Geräusche ausstießen, ja er hatte nicht einmal protestiert, als unser südamerikanischer Tapir Claudius entwischte, ein Beet gerade aufblühender Anemonen zertrampelte und dann weiter in Leonards Garten eindrang, um all seine Glasabdeckungen zu zerbrechen. Leonard war ein Nachbar, der nicht mit Gold aufzuwiegen war. Sein Land in Jersey war seit undenklichen Zeiten im Besitz seiner Familie (etwa seit fünfhundert Jahren), und seine Felder konnten es, wie man sagte, mit unseren aufnehmen. Sein Haus lag zwei Gehminuten von unserem Herrenhaus entfernt und bestand eigentlich aus drei Häusern in einem, mit einem kleinen Cottage für die Arbeiter, einem riesigen Keller und einem massiven Nebengebäude aus Granit. Wir waren selbst in unseren kühnsten Träumen nie auf die Idee gekommen, daß Leonard den Familienbesitz je verkaufen würde; doch wenn die Kinder einmal erwachsen und fortgezogen sind, ist es schwer, ein Haus, das aus drei Häusern besteht, instandzuhalten.

Atemlos lief Betty nach unten in das Büro und teilte dem erstaunten John Hartley die Neuigkeit mit, der mich sofort in meinem Haus in der Provence anrief, wo ich gerade ein Buch schrieb. Ich sagte John, er solle mit Leonard Verbindung aufnehmen, und betete, daß wir nicht zu spät kamen. Als John endlich mit unserem damaligen Nachbarn sprach, teilte dieser ihm mit, daß der Besitz seit einem Monat zum Verkauf angeboten werde und er sich beim besten Willen nicht erklären könne, warum er nicht früher an uns als mögliche Käufer gedacht habe. Auf den ersten Blick wirkte die ganze Sache ziemlich unkompliziert, aber es stellte sich heraus, daß sie alles andere als das war, denn seit den Tagen, da wir den Zoo aufgebaut hatten, hatten sich die Zeiten gewandelt. Nicht weniger als drei vom Parlament in Jersey eingesetzte Ausschüsse mußten uns erst ihren Segen erteilen, ehe wir den Besitz kaufen und ihn der von uns gewünschten Verwendung zuführen konnten. Das Parlament hatte gerade strenge Gesetze mit klar definierten Richtlinien darüber verabschiedet, wie Grundstücke (besonders landwirtschaftlich genutzte Grundstücke) zu verwenden seien, und es erübrigt sich zu sagen, daß keine dieser Richtlinien den Zwecken entsprach, die wir mit dem Erwerb von Les Noyers im Sinn hatten. Jersey ist jedoch stolz auf uns, und bei dieser Gelegenheit (wie oben bei früheren) brachte man uns ein erstaunliches Maß an Vertrauen entgegen. Ich will damit keineswegs sagen, daß das Recht gebeugt wurde; aber es wurde vielleicht ein bißchen zurechtgebogen, und dann gehörte Les Noyers uns.

Wenn ich sage, daß wir vor Freude außer uns waren, dann ist

das stark untertrieben. Statt des massiven Betonklotzes, den wir als unser Ausbildungszentrum in Betracht gezogen hatten besaßen wir jetzt ein elegantes, wunderschönes Gutshaus mit festen Nebengebäuden und acht Morgen Land. Es gab einige Einschränkungen hinsichtlich der Art, in der wir das Land nutzen durften, aber sie störten uns nicht, denn es war das Haus mit seinen Nebengebäuden, das wir wollten. Sobald das Grundstück in unseren Besitz übergegangen war, begannen wir mit der Renovierung. Ein Teil des Hauses wurde in Schlaf- und Wohnräume für die Studenten, ein anderer Teil in eine Wohnung für den Hausverwalter verwandelt. Wir richteten eine schöne Bibliothek ein, die wir die William Collins Library nannten, denn bevor er starb, hatte Sir William (mein Verleger) uns äußerst großzügig ein Exemplar jedes zoologischen und naturhistorischen Buches vermacht, das Collins je verlegt hatte oder in Zukunft verlegen würde. In dem großen Nebengebäude ließen wir einen geräumigen Vorlesungssaal mit vierundsechzig Sitzen und den modernsten audio-visuellen Einrichtungen bauen. Darüber lagen Büros, ein kleines Museum, eine grafische und fotografische Abteilung, eine Dunkelkammer und ein Fernsehzimmer. Und damit hatten wir erst die Hälfte der riesigen Scheune aus Granit in Anspruch genommen.

Jetzt, da wir ein Ausbildungszentrum besaßen, brauchten wir natürlich auch einen Ausbilder. Wir wußten, daß er etwas ganz Besonderes sein mußte, jemand, der biologisch qualifiziert war, der aber auch taktvoll und einfühlsam mit den unterschiedlichsten Menschen aus allen Teilen der Welt umgehen konnte – jemand, der zugleich ein Beichtvater und eine Vaterfigur war. Um dieses Ideal zu finden, setzten wir eine Anzeige auf. Natürlich wurden wir mit Bewerbungsschreiben überschwemmt; aus diesem Stapel mußten wir erst einmal die unmöglichen Kandidaten aussortieren, wie etwa die Dame aus Penge, die Tiere liebte, vierzehn Katzen besaß und einmal die Ferien auf Mallorca verbracht hatte, und den achtzehnjährigen Schüler aus Somerset, der uns schrieb, daß er immer schon Ausländer gemocht habe, obwohl sie anders seien, und daß er immer schon den Wunsch gehabt habe, sie zu unterrichten. Aus dieser Flut fischten wir also vierzehn mögliche Kandidaten heraus, die wir zu einem Bewerbungsgespräch nach London einluden.

Ich weiß, daß es eine nervenaufreibende Sache ist, zu einem Bewerbungsgespräch zu gehen, aber die Leute, die sich um eine Stellung bewerben, sollten auch an diejenigen denken, die ein solches Gespräch führen. Leute auszuwählen, ohne sie zu kennen, ist eine mörderische Aufgabe. Man hat ihren Lebenslauf vor sich; aber für eine Stelle wie diese sucht man eine ganz bestimmte Persönlichkeit, denn wir sind eine kleine Organisation und können uns einen faulen Apfel in unserem Korb nicht leisten. Manchmal, wenn der Kandidat nervös ist, ist es schwierig, zu einer richtigen Einschätzung zu gelangen. Glücklicherweise gibt es eine strikte Prozedur, was die zur Verfügung stehende Zeit betrifft, wobei die Regeln sind, daß jeder, der vor dem Ausschuß sitzt, nicht schwafeln darf und ohne mit der Wimper zu zucken und ohne sein Urteil beeinträchtigen zu lassen, ungeheure Mengen schlechten Kaffees in sich hineinschütten können muß. Diesmal gelang es uns, ziemlich schnell die ungeeigneten Kandidaten zu eliminieren, beispielsweise den jungen Mann, der mit offener Hose in den Raum geschlurft kam, uns allen lässig zuwinkte und fragte, ob einer von uns Feuer für seine Zigarette habe. Wir waren fast einstimmig der Meinung, daß sein Lebenslauf gefälscht war. Wir waren so schnell fertig, daß wir plötzlich überrascht feststellten, daß nur noch ein Bewerber übrig war. Unter den Kandidaten, die wir gesehen hatten, hatte es vielleicht einen oder zwei gegeben, die möglicherweise in Betracht kamen; aber keiner von ihnen hatte uns zu Begeisterungsstürmen hingerissen. John ging in das Vorzimmer und kam mit der Nachricht zurück, daß der letzte Bewerber nicht erschienen sei.

«Nun», sagte ich. «Da kann man nichts machen. Wir werden noch einmal annoncieren müssen.»

«Und diesmal sollten wir zu verstehen geben, daß fünfzehn Katzen zu haben nicht das gleiche ist wie einen Doktorgrad in Biologie», sagte John.

«Ja. Und daß, obwohl Ausländer keine Engländer sind, ein guter Ausbilder versuchen sollte, darüber hinwegzusehen», sagte Lee. «Schließlich bin ich auch Amerikanerin.»

«In Ordnung. Ich schlage vor, daß wir alle irgendwo hingehen, wo wir diesen üblen Kaffeegeschmack mit einem guten, nicht ausländischen Drink wegspülen können, einem Brandy oder Ginger Ale», sagte ich.

Das Schicksal hat immer eine durchtriebene Rolle in der Geschichte des Trusts gespielt. Es hat immer bis zur letzten Minute gewartet, bevor es zu unserer Rettung kam. Als wir unsere Unterlagen zusammenschoben, klopfte es an der Tür, und auf unser einstimmiges «Herein!» betrat Dr. David Waugh den Raum, der letzte Bewerber, der seinen Bus, seinen Zug und alles verpaßt hatte, was man verpassen kann, aber dennoch gekommen war. Wir konnten nichts anderes tun, als ihn mit einer Tasse kalten Kaffee zu versorgen und ihn so gründlich auszufragen, als ob wir vom CID seien und ihn verdächtigten, Jack the Ripper zu sein. Während er unsere Fragen beantwortete, wurde immer klarer, daß dieser letzte Bewerber derjenige war, den wir wollten. Erleichtert schickten wir ihn hinaus, beglückwünschten uns zu unserer Findigkeit und machten uns auf den Weg zur nächstgelegenen Kneipe.

So trat David seine Stellung an, und seine erste Aufgabe war es, unser Ausbildungsprogramm zu entwerfen. Das tat er schnell und mit gutem Gespür für die Flexibilität, die ein so komplexes Programm erfordert. Ein Freund von mir sagte einmal über irgendein Programm: «Was nötig ist, ist strikte Flexibilität.» Obwohl die Begriffe einander widersprechen, ergeben sie eine surrealistische Art von Sinn. So haben wir uns immer um «strikte Flexibilität» bemüht, und genau das war es, was David bei seiner Planung gelang. Doch während er an dem Programm arbeitete, war uns bewußt, daß wir jemanden einstellen mußten, der David im Umgang mit seinen Vereinten Nationen im Kleinformat beistand, eine Hausmutter, wie die Amerikaner es nennen. Ihre Fähigkeiten mußten denen Davids entsprechen: Sie sollte einen bunt zusammengewürfelten Haufen von Leuten aus aller Welt betreuen, sie lieben, sie mit fester Hand lenken und vor allem mit dem fertig werden, was man gemeinhin als exzentrische Eigenheiten bezeichnet, was aber doch nur unterschiedliche Auffassungen sind, hervorgerufen durch sprachliche Unzulänglichkeiten, unterschiedliche Kulturen oder Religionen oder einfach die Tatsache, daß sie Heimweh haben und sich einsam fühlen.

Olwyn ist, wenn sie mir das zu sagen gestattet, das vollkommene Ideal einer Hausmutter. Von kräftiger Statur, stets makellos gekleidet, erinnert sie an eine Bäuerin, die gewohnt ist, Essen für zehn Kinder, einen Ehemann und acht Feldarbeiter zu kochen, die die Kuh melkt, die Eier unter den Hennen hervorholt, die Schweine füttert und vor Morgengrauen aufsteht, um Brot zu backen. Eine Frau mit einem großen Herzen, die alles schafft, was sie sich vorgenommen hat. Und genau das war es, was von ihr und David verlangt wurde.

Olwyns Kochkünste sind phantastisch, dazu hat sie die seltene Eigenschaft, wie nur große Köche sie haben, sich mit ihren Gerichten ihrem Publikum anzupassen. Ohne mit der Wimper zu zucken, wurde sie mit einem Studenten aus Pakistan fertig, dessen große Leidenschaft Sandwiches mit Thunfisch, Bratkartoffeln, Tomatenketchup und Marmelade waren, ebenso, wie sie mit Studenten fertig wurde, die nach Sardinen und Zitronenquark oder Hefeextrakt und Zitronenquark verlangten. Angesichts solcher Wünsche hätte manche Frau verzagt, nicht aber Olwyn. Sie fand sich sogar mit dem Kalifornier ab, der jede Woche ein gewaltiges Carepaket bekam, das nur Schokolade und Süßigkeiten von Marken enthielt, die es im rückständigen Jersey nicht gab, und mit den Mädchen aus Uruguay, die ständig umherwanderten und nach heißem Wasser für ihre Maté-Kannen verlangten – die sie umklammert hielten wie Babies, die ihre Stofftiere an sich drückten –, wobei eine von ihnen darauf bestand, nicht weniger als vierzehn Orangen am Tag zu essen.

Olwyns Probleme waren nicht rein kulinarischer Art. Wir hatten einen Studenten aus Nigeria, der Olwyn beharrlich – mit Recht, wie mir scheint – «Mama» nannte. Zwei Tage nach seiner Ankunft ging er zu ihr und sagte: «Mama, ich haben schrecklich Schmerz im Bauch.» Das Schlimmste befürchtend, fragte Olwyn ihn aus und gelangte dann zu dem Schluß, daß er nur an akuter Verstopfung litt. Freundlich, aber bestimmt gab sie ihm ein Zäpfchen und erklärte ihm, wie es anzuwenden sei und daß er nach einer halben Stunde Erleichterung spüren würde; er sollte sich also in der Nähe der Toilette aufhalten. Der Vorfall zeigt, daß, selbst wenn man glaubt, verstanden worden zu sein, es klug ist, sich dessen zu vergewissern. Er kam nach einer Stunde zurück und sagte, das Zäpfchen habe nicht gewirkt.

«Was hast du getan?» fragte Olwyn.

«Mama, ich gehen nach Latrine, ich tun dies rein und ziehen raus. Ich tun dies dreißig Minuten, wie Mama hat gesagt. Ich haben Schmerz im Bauch immer noch.»

Auch David hatte seine Probleme. Eines Tages, als er einem madagassischen Studenten, dessen Sprachkenntnisse nur mangelhaft entwickelt waren, Englischunterricht gab, erfand David eine Geschichte, in der ein Mann sich den Arm brach. Die Studenten wurden dann gefragt, was der Mann sich gebrochen hatte. Der madagassische Student, der offensichtlich einen gebrochenen Arm für zu schwach hielt, führte eine ganze Liste von Dingen an, die der Mann sich gebrochen hatte – Augen, Leber, Lungen, Magen, Ohr, Herz und Zunge. Auf die Frage, warum er all diese unzerbrechlichen Organe der menschlichen Anatomie aufgeführt habe, erwiderte er, daß er diese Wörter kenne und stolz darauf sei, seine Kenntnisse unter Beweis stellen zu können.

Bei einer anderen Gelegenheit fragte David jeden der Studenten nach seinem Nationalvogel. Alles verlief zu seiner Zufriedenheit, bis er zu dem Studenten aus Ghana kam, der mit gerunzelten Brauen nachgrübelte.

«Ein Adler, Sah», sagte er schließlich.

«Was für ein Adler?» fragte David.

Der Student dachte abermals nach, lange und tief.

«Ein ausgestorbener Adler, Sah», sagte er schließlich triumphierend.

Dann gab es die beiden Studenten aus Thailand, die in einem besonders strengen Winter eintrafen, als der Schnee hoch und verharscht gleichmäßig den Boden bedeckte. Dieser Stoff, den sie noch nie zuvor gesehen hatten, faszinierte sie. Unglücklicherweise fanden die meisten ihrer Studien im Freien statt, wo sie die Kälte am bittersten spürten. Nach einer Woche beklagten sie sich bei David, daß ihre Füße juckten. Nähere Nachforschungen ergaben, daß sie, wenn sie nach Hause kamen, als erstes ihre Schuhe und Socken auszogen und ihre Füße auf die Heizung legten. Es war nicht verwunderlich, daß sie an Frostbeulen litten; aber es ist auch nicht verwunderlich, daß Frostbeulen in Thailand unbekannt sind.

Ich hätte nie gedacht, daß unsere Mini-Universität noch zu

meinen Lebzeiten solche Ausmaße annehmen würde; aber ehe ich mich's versah, spielte ich mit Studenten aus Brasilien, Mexiko, Liberia, Indien und China Krocket auf dem Rasen von Les Noyers, und daß sie mich freundlicherweise immer gewinnen ließen, war nicht der einzige Grund für meinen Stolz. Tatsächlich bewerben sich bei uns weltweit mehr Studenten um einen Platz im Ausbildungsprogramm, als wir unterbringen können (etwa dreißig pro Jahr), und es ist schmerzlich für sie und für uns, daß wir sie auf die immer länger werdende Warteliste setzen müssen. Wir bekommen buchstäblich Bewerbungen aus allen Teilen der Welt: nicht nur aus Südamerika, Afrika, Asien, Indonesien und Japan, sondern auch aus Europa, den USA, Kanada und Australien erreichen uns Anfragen von jungen Menschen, die von unserem Ausbildungsprogramm profitieren wollen. In die zweite Gruppe fallen vor allem Jugendliche, die eine Berufsausbildung suchen und die für ihre Überfahrt und unsere bescheidenen Studiengebühren selbst aufkommen können. Daher müssen wir darauf achten, daß sie nicht die Studenten aus ärmeren Ländern verdrängen, denn unser Platz ist begrenzt. Doch diese bunte Mischung aus allen Nationen hat sich bewährt, denn alle verfolgen leidenschaftlich dasselbe Ziel – die Erhaltung gefährdeter Arten. Es ist gut für sie, daß sie sich gegenseitig kennenlernen und plötzlich überrascht feststellen, daß alle Länder Probleme mit ihrem Naturschutz haben, nicht nur ihre eigenen, und daß sie einander durch den Austausch von Ideen und Informationen helfen können.

Während die vielen Facetten in der Arbeit des Trusts, was die Erhaltung der Arten betrifft, im Laufe der Jahre auf ein gesundes Maß reduziert wurden, galt es doch auch, vieles andere zu verfeinern. Die tägliche Routine auf dem Zoogelände mußte gewahrt und verbessert werden, um die ganze Maschinerie unserer sich ständig erweiternden Organisation in Gang zu halten. Man denke etwa an das, was von tierärztlicher Seite erforderlich ist, um einem großen Bestand gefährdeter Arten die nötige Pflege angedeihen zu lassen.

Ich habe einmal in einem meiner Bücher geschrieben, daß die gefährlichsten Tiere, die man unbeaufsichtigt in einem Zoo herumlaufen läßt, ein Architekt und ein Tierarzt sind. Entsprechend habe ich mich daran gewöhnt, daß Architekten sich mir mit schlecht verhohlenem Argwohn nähern, als ob ich Iwan der Schreckliche sei, und Tierärzte um mich mit all der Vorsicht herumschleichen, die sie normalerweise einem wildgewordenen Stier oder einem tollwütigen Hund entgegenbringen. Das einzig Tröstliche daran ist wahrscheinlich, daß es beweist, daß sie keine Analphabeten sind oder sich wenigstens ein Buch haben vorlesen lassen.

Ich erinnere mich, wie ich, als ich zum erstenmal sowohl unseren Tierarzt als auch unseren Humanmediziner bat, nach einem kranken Menschenaffen zu sehen, beträchtliche Verlegenheit hervorrief, die ich, in meiner Unschuld, überhaupt nicht verstehen konnte. In den größten Zoos Europas und Amerikas zögert man keinen Augenblick, die Dienste eines Humanmediziners oder auch, wenn es sein muß, eines Zahnarztes in Anspruch zu nehmen. Aus dem Bemühen, die vielfältigen wundervollen Maschinen, vom Menschen bis zur Maus, zu verstehen und zu reparieren, haben sich drei Wissensströme unabhängig voneinander entwickelt: die Erforschung des Menschen, die gesammelten Erkenntnisse über die Krankheiten der Haustiere und als letzter Strom (der bis vor kurzem nur ein Rinnsal war) das Studium der Wildtiere in der Gefangenschaft. Natürlich stand der Mensch im Vordergrund, deshalb sind die Forschungen auf diesem Gebiet am intensivsten betrieben worden. Aber da die drei Ströme sich nicht miteinander vermischten, geriet die Veterinärmedizin ins Hintertreffen. Zwar lernte der Tierarzt, die Praktiken der Humanmedizin auch auf seinem Gebiet anzuwenden, doch nur bei Haustieren; und wenn ein Schimpansenbaby oder ein Riesenotter aus Guyana in seinem Sprechzimmer auftauchte, sah er sich vor eine Aufgabe gestellt, die er nur mit einem gewissen Bangen in Angriff nahm. Unter dieser borniert en Einstellung der Veterinärmedizin hatten die kleineren Zoos zu leiden.

In meiner Jugend wohnte ich zahlreichen Autopsien bei, bei denen der Kadaver des Tieres in Stücke gehackt wurde und die Diagnose unweigerlich TB lautete. Niemand schien sich zu fragen, warum so viele unterschiedliche Tiere, von Straußen bis zu Antilopen, nur an dieser Krankheit litten und ob es dafür nicht ein Präventiv- oder Heilmittel gab. Glücklicherweise sind diese Zeiten endlich vorbei. Jetzt werden Kenntnisse und Techniken frei ausgetauscht.

Vor einigen Jahren tauchte Tony Allchurch bei uns auf. Als junger begeisterter Tierarzt stieg er als Partner von Nick Blampied ein, der uns, wie schon sein Vater, jahrelang treue Dienste leistete. Ich glaube, daß Tony – wie die meisten Tierärzte, die etwas taugen – fasziniert war von der Verschiedenheit der Patienten, die wir ihm boten, und von den irritierenden und raffinierten Methoden, die die Tiere anwandten, um sein Leben zwar unerträglich, aber interessant zu machen.

Eine der ersten Aufgaben Tonys, lange bevor wir unser hochtechnisiertes Hospital hatten, bestand darin, bei einer Operation Oscars, eines unserer großen Orang-Utans, zu assistieren. Oscar hatte einen schlimmen Zahn, und Jack Petty, unser ortsansässiger Zahnarzt, war verständlicherweise nicht scharf darauf, den schmerzenden Backenzahn zu untersuchen, bevor das Tier nicht tief und fest eingeschlafen war. In jenen Tagen wußten wir noch nicht viel von den Geheimnissen der Anästhesie bei diesen Tieren, und um uns selbst und die Versicherungsgesellschaft zu beruhigen, hatten wir die örtliche Polizei um Hilfe gebeten. Ein riesiger, strammer Beamter wurde uns geschickt, bewaffnet mit einem doppelläufigen Gewehr, um Wache zu stehen, während Tony Oscar betäubte und Jack den Zahn behandelte. Tony sagte später, er sei wirklich dankbar gewesen, daß Oscar nicht aus der Narkose erwachte, denn er habe sich darauf gefaßt gemacht, die volle Ladung aus beiden Läufen auf den Pelz zu kriegen, während Oscar unverletzt davongekommen wäre.

«Ich traue keinen Orang-Utans», erklärte Tony. «Aber riesigen Polizisten mit Gewehren traue ich noch weniger.»

Tony ist jetzt unser Verwalter und Tierarzt, und während eines verhältnismäßig normalen Tages muß er sich mit allem befassen, von einem Kaiserschnitt bei einem Gorillaweibchen bis zu einer verstopften Wasserleitung in der Damentoilette.

Eine andere Facette unseres Wirkens ist die Öffentlichkeitsarbeit, die wir als Ergänzung der beruflichen Ausbildung in Les Noyers ansehen. Unser Mann dafür, Phillip Coffey, gehörte früher zu den Wärtern und sorgte für unsere Orang-Utans und Gorillas. Die Geduld, die Liebe und das Verständnis, die für die Pflege der Großaffen erforderlich sind, kamen Phillip gut zustatten, als er unser Lernprogramm für Schulkinder entwickelte. Jedes Jahr nutzen mehr als 7000 Kinder den Jersey Zoo als «Klassenzimmer», und weitere 7000 sind Mitglieder des «Dodo Club», eines für unsere Junioren gegründeten Verbandes. Phillip und David Waugh sind mit den letzten Vorbereitungen eines «Zoo Educators' Course» beschäftigt, an dem Zoo-Pädagogen von überall aus der Welt teilnehmen werden, vor allem aus den Entwicklungsländern. Es ist der erste Kursus dieser Art, und wir freuen uns, daß er hier abgehalten werden wird. Hoffentlich findet er viele Nachfolger in der ganzen Welt.

Wir produzieren ein breites Spektrum von Publikationen, in denen wir unsere diversen Tätigkeiten beschreiben. So gibt es unser Wissenschaftsjournal *Dodo*, dessen Chefredakteur Jeremy ist. Erbarmungslos treibt er unsere Abteilungsleiter, Studenten und zu Besuch weilenden Wissenschaftler an, ihre Beiträge rechtzeitig einzureichen, ob sie sich mit den Methoden der Aufzucht eines seltenen Flughundes oder mit den Ergebnissen einer Untersuchung über die Ökologie und das Verhalten einer gefährdeten wildlebenden Art befassen. Es gibt unser Mitteilungsblatt *On the Edge*, das dreimal im Jahr an alle Mitglieder verschickt wird, und ein eigenes Mitteilungsblatt für die Mitglieder des Dodo Club, den *Dodo Dispatch*. Jeder Ausgabe des *Dispatch* liegt ein großes farbiges Poster mit einer Abbildung einer der Arten bei, mit der wir uns gerade beschäftigen. Wir lassen immer einen Sonderdruck der Poster mit einem Artenschutz-Slogan in der Sprache des Landes anfertigen, aus dem das Tier stammt, und verschicken sie an Schulen, Büros und Geschäfte des betreffenden Landes, um die lokalen Aufklärungsprogramme zu unterstützen. Damit die Verbindung mit unseren früheren Studenten des International Training Centre nicht abreißt und sie auf dem laufenden bleiben, verschicken wir (mittlerweile an fast 300 Leute in 65 Ländern) ein Mitteilungsblatt mit dem Namen *Solitaire*, in dem Berichte über Jersey und unsere ausländischen Projekte stehen, Berichte von den Studenten selbst über ihre Arbeit und Informationen zu laufenden Artenschutzmaßnahmen in diesen und anderen Ländern.

Natürlich verbringen unsere Leute nicht den ganzen Tag damit, Tiere zu pflegen, Kurse abzuhalten oder Berichte zu schreiben. Tatsächlich führen sie ein recht abwechslungsreiches Leben, denn wir schicken sie in alle Länder der Erde, um Feldforschungen zu betreiben und unsere Zuchtprojekte *in situ* zu beaufsichtigen. So fliegt Jeremy regelmäßig nach Brasilien, um unsere dortige Arbeit zum Schutz der Primaten im Auge zu behalten. David Jeggo fungiert als Berater bei den Zuchtprojekten, die wir für Papageien in der Karibik in die Wege geleitet haben, und arbeitet mit an Zählungen der wildlebenden Papageienpopulationen. Bryan Carroll (unser Säugetier-Kurator) sammelt Informationen über wildlebende Flughunde, und Quentin Bloxham, unser Reptilien-Kurator, ist mit einer ähnlichen Arbeit über Reptilien in Madagaskar und anderen Ländern beschäftigt. Manchmal sind die Wege, auf denen wir die nötigen Informationen bekommen, seltsam und alles andere als alltäglich. Als wir zum Beispiel unseren Research Assistant William Oliver damit beauftragten, Feldforschungen über das Zwergwildschwein anzustellen, erkannte er, daß es nur eine Möglichkeit gab, etwas über ihr Privatleben herauszufinden. Er fing ein Zwergwildschwein ein und legte ihm ein Halsband mit einem Sender um. Auf dem Rücken eines Elefanten ritt er dann durch das hohe Gras und stellte mit Hilfe seines Empfängers fest, wie das winzige Schwein seinen Tag verbrachte. Das kleinste Schwein der Welt hoch auf einem Elefanten thronend mit einem Radiosender zu verfolgen, das ist sicherlich eine Erfahrung, die nicht jeder Artenschützer macht.

Das sind also einige Beispiele, die unsere facettenreiche Methode des Artenschutzes illustrieren. Was wir tun, ist nicht mehr und nicht weniger als das, was alle anderen Zoos auf der Erde tun, um gefährdete Arten zu retten. Aber wir sind in unserer Arbeit durch zwei Umstände unterstützt worden, um die uns andere Umweltorganisationen beneiden. Der erste ist, daß es uns gelungen ist, eine Vielzahl von hochtalentierten und engagierten Leuten anzuziehen – und, was wichtiger ist, zu halten. Der zweite ist, daß ich das Glück hatte, Bücher zu schreiben, die so populär wurden, daß sie mir viele Türen öffneten, die anderen Organisationen verschlossen blieben.

Ich glaube, das Geheimnis unserer hervorragenden Mitarbeiter liegt darin, daß wir nicht nur «irgendein Zoo» sind. Wir haben uns bestimmte Ziele gesetzt und verfolgen sie unbeirrt mit unserer Arbeit. Und das, glaube ich, macht uns einzigartig, und das ist es, was die Leute anspricht, die zu uns kommen. Und wir sind glücklich dran, daß im allgemeinen die Mitarbeiter uns und nicht wir die Mitarbeiter suchen. Zumindest scheinen sie in unser Netz zu schwimmen. Der Fall unseres Trustsekretärs Simon Hicks bietet dafür ein gutes Beispiel.

Als wir Simon zum erstenmal trafen, war er Direktor des National Conservation Corps in Großbritannien. Menschen, denen es am Herzen liegt, etwas für den Naturschutz zu tun, können dieser ausgezeichneten Organisation beitreten und unentgeltlich ihre Zeit und ihre Fähigkeiten zur Verfügung stellen, um verdreckte Flüsse und Dorfteiche zu säubern, Pflanzungen gegen die Erosion anzulegen, Zäune, Dämme und Brücken zu bauen und ähnliche anstrengende, aber notwendige Arbeiten zu verrichten. Simon war mit einer solchen Mannschaft angerückt, um uns bei einigen Vorhaben zu unterstützen. Groß und schlank, gutgewachsen, sommersprossig, mit großen blauen Augen, lockigem roten Haar und einer Stupsnase, strahlte er eine unglaubliche Begeisterung aus. Er vibrierte geradezu vor Energie. Es war, als ob man neben einem Dynamo stünde – nicht einem dieser schwachbrüstigen kleinen Dynamos, sondern einem der Art, wie sie auf der «QE II» benutzt werden. Er besaß enormen Charme und nahm die Sache mit einer Effizienz in Angriff, wie ich sie kaum je wieder erlebt habe. Ich war beeindruckt. Ich bat Jeremy und John Hartley um ihre Meinung. Sie waren ebenfalls beeindruckt. Die Arbeit des Trusts hatte gewaltige Ausmaße angenommen, und wir brauchten dringend jemanden an der Spitze, der Jeremy und John etwas entlasten konnte, und Simon erschien uns wie ein Geschenk des Himmels, wenn wir ihn für uns gewinnen könnten.

«Schauen wir ihn uns noch einmal näher an», sagte ich. «Wir könnten ihn unter irgendeinem Vorwand bitten, noch einmal vorbeizukommen. Um uns bei der Neuanlage der Wasserwiesen zu beraten oder so etwas.»

«Glauben Sie, daß das nötig ist?» fragte Jeremy, wie immer vorsichtig.

«Ja», sagte ich. «Denken Sie daran, Jeremy, das Gesicht, das am Morgen auf dem Kopfkissen liegt, sieht vielleicht ganz anders aus als das am Abend zuvor.»

Jeremy errötete. «Ich verstehe, was Sie meinen», sagte er zweifelnd.

So kam Simon zu uns, und er steuerte die Frische bei, die wir brauchten. Seine Begeisterungsfähigkeit, seine Weigerung, bei irgendeinem Projekt die Waffen zu strecken, wie schwer oder unmöglich es auch erscheinen mochte, seine Vitalität – alles war grenzenlos. Eine südamerikanische Freundin von mir brachte es auf eine Formel. Ich sagte ihr, sie müsse Simon kennenlernen; es sei eine Erfahrung, die keine Frau versäumen dürfe. Ich rief ihn unten in seinem Büro an.

«Si», sagte ich. «Eine Dame aus Südamerika ist bei mir, und ich würde Sie gern mit ihr bekanntmachen. Können Sie für einen Augenblick heraufkommen?»

«Ja, ja», sagte Simon. Seine Stimme war deutlich im ganzen Raum zu hören. «Ausgezeichnet, ja, ich bin in einer Sekunde oben.»

Ich legte auf.

«Jetzt hören Sie!» sagte ich.

In der Ferne hörte man einen Knall, danach etwas, das wie das Grollen eines Gewitters klang. Dann kamen zwei weitere Knalle, wie von mächtigen Kanonen abgefeuert. Es folgte ein Donnern von Füßen, die die Stufen zu unserer Wohnungstür hinauftobten, als ob die gesamte russische Armee, neu beschuht, bei uns eindrang. Dann ein Knall an der Wohnungstür, der alle früheren Knalle an Lautstärke übertraf. Meine Freundin fuhr zusammen und verschüttete den Inhalt ihres Glases.

«Simon glaubt, daß Türen dazu erfunden wurden, Leute davon abzuhalten, etwas zu erledigen», erklärte ich freundlich.

Er stürmte ins Zimmer, gleich einem Vulkanausbruch, und zerdrückte die Hand meiner Freundin zu Brei. Er redete zehn Minuten, lachte und erzählte äußerst charmant Witze, während er sich ein kaltes Bier einverleibte.

«Nun», sagte er und blickte auf seine Armbanduhr. «Ich fürchte, ich muß gehen. Hab da ein paar Freiwillige, die ich auf Trab bringen muß. Keine Zeit, tut mir leid. Hoffe, Sie bald wiederzusehen. Ausgezeichnet. War mir ein Vergnügen.»

Er preßte ihre Hand wieder in seinen Daumenschraubengriff und verschwand. Sie lehnte sich zurück und verfolgte das Dröhnen und Geknalle seines Abgangs, wie man den Rückzug einer Armee verfolgt.

«Was haben Sie gesagt? Wie war sein Name?» fragte sie.

«Simon», sagte ich. «Simon Hicks.»

«Sie sollten ihn Hurrikan-Hicks nennen», sagte sie mit Entschiedenheit. Und so ist es bei Hurrikan-Hicks geblieben.

Simons Begeisterung für seine neue Arbeit kannte keine Grenzen. Binnen kürzester Zeit hatte er das Patenschaftsprogramm für die Insassen unseres Zoos umgekrempelt, das bisher nur eine kleine Summe zum Unterhalt einiger weniger Tiere beigetragen hatte. Jetzt machte es einen hübschen Profit, und wir hatten eine lange Warteliste für Patentiere. Das Programm basiert auf dem Prinzip, daß man die Patenschaft für ein Tier übernehmen kann, indem man einen Beitrag zu seinem Unterhalt leistet und dafür namentlich auf einem Schild am Käfig oder Gehege genannt wird. Es eignet sich offenbar besonders für gequälte Eltern, Onkel und Tanten, die nicht wissen, was sie einem Kind zu Weihnachten oder zum Geburtstag schenken sollen. So übernehmen sie die Patenschaft im Namen des betreffenden Jugendlichen. Das Angebot ist natürlich gestaffelt, so daß ein Frosch nicht soviel kostet wie ein Gorilla; und obwohl der Beitrag in keiner Weise die tatsächlichen Kosten deckt, die wir pro Jahr für ein Tier aufbringen müssen, stellt er eine willkommene Hilfe dar. Überdies gibt er sowohl Erwachsenen als auch Kindern das Gefühl, uns in unserer Arbeit zu unterstützen, und sie empfinden einen gewissen Stolz, wenn sie kommen und «ihr» Tier sehen.

Als ich unsere Schwesterorganisation in Amerika gründete, nannten wir sie ursprünglich SAFE (Save Animals From Extinction), doch wir mußten den Namen ändern in Wildlife Preservation Trust International (eine etwas pompöse Bezeichnung), weil die Amerikaner der Meinung waren, daß SAFE zu sehr nach Prophylaxe klang. Simon hatte jedoch keine derartigen Bedenken, ließ sofort den Namen urheberrechtlich schützen und ersann eine neue Möglichkeit, Spenden anzuregen. Er ließ für jede Spezies Karten drucken; jede Karte hatte einzelne Kästchen mit bestimmten Bezeichnungen, etwa «Tierärztliche Versorgung», «Pflege», «Rückkehr in die Wildnis» und so weiter. Wer uns unterstützen wollte, konnte das ankreuzen, was ihn am meisten interessierte, und das Geld wurde dann für den entsprechenden Bereich verwandt.

Neben all diesen Tätigkeiten wollte Simon an den Ausbildungskursen für unsere ausländischen Studenten teilnehmen, und das tat er auch. Er fütterte die Tiere und reinigte ihre Käfige. Mit zunehmender Sachkunde führte er auch Besuchergruppen durch den Zoo und erzählte ihnen etwas über unsere Arbeit und die Biologie der Tiere. Er besitzt jedoch ein erstaunlich unschuldiges Gemüt, das ihn zum perfekten Opfer von Neckereien macht. Nachdem ich einmal (ohne sein Wissen) zugehört hatte, wie er mit einer Gruppe von Mitgliedern des Trusts sprach, ließ ich ihn in mein Büro kommen. «Simon», sagte ich. «Ich muß einmal sehr ernst mit Ihnen reden.»

«Ja, was liegt an?» sagte er, leicht beunruhigt.

«Es geht um diese Vorträge, die Sie den Trustmitgliedern halten», sagte ich. «Ich habe Ihnen neulich zugehört.»

«O mein Gott. Das haben Sie nicht, oder?»

«Doch», sagte ich streng. «Das meiste, was Sie da vortrugen, war zwar in Ordnung, aber ich finde, Sie hätten all diesen Leuten keine Unwahrheiten erzählen sollen.»

«Unwahrheiten?» krächzte er.

«Nun, vielleicht keine Unwahrheiten», räumte ich ein. «Ich meine, vielleicht glauben Sie wirklich, daß Schneeleoparden aus der Sahara kommen.»

Er starrte mich an und merkte plötzlich, daß ich ihn auf den Arm genommen hatte.

«Mein Gott, tun Sie mir das nicht an», sagte er. «Ich habe einen ganz trockenen Mund bekommen.»

Es war zu dieser Zeit, daß Simon in eine komplizierte Situation mit unseren Orang-Utans geriet. Unser riesiger Orang aus Sumatra, Gambar, war äußerst empfindlich gegen jeden, der sein Revier verletzte, und sehr eifersüchtig auf seine Frau Gina. Er hielt Simon – dessen Haar, grob gesagt, die Farbe eines Orang-Utans hat – für einen Nebenbuhler, der unzüchtige Absichten gegenüber Gina hegte. Wann immer Simon sich näherte, zog sich

Gambar an den Gitterstäben hoch und schwang sich von einer Seite zur anderen wie ein gewaltiger lederner Rucksack, wobei er dem ausgedienten Autoreifen, der an einer Kette in seinem Käfig hing, mächtige, laut dröhnende Schläge versetzte. Um sein Imponiergehabe abzurunden, packte er danach Gina und begann zu Simons äußerster Verlegenheit, sich heftig mit ihr zu paaren. Das ging so weit, daß Simon sich weigerte, in die Nähe des Käfigs zu gehen, wenn er Trustmitglieder herumführte.

«Oh, da, Orang-Utans», pflegten sie zu rufen, wenn sie Gambar aus der Ferne erspäht hatten.

«Ja, ja, ganz toll», pflegte Simon aufgeregt zu stammeln. «Aber ich muß Ihnen *zuerst* das Lemuren-Gehege zeigen.»

Simon gestand mir, daß Gina einen so anklagenden Blick in den Augen hatte, wenn Gambar sie bestieg, daß es ihm das Herz zerriß.

«Es ist schrecklich», sagte er. «Sie scheint mir die Schuld dafür zu geben.»

«Machen Sie sich nichts daraus», sagte ich. «Denken Sie nur daran, wie berühmt Sie einmal werden, wenn Gambar von uns gegangen ist. Die *News of the World* werden Ihnen eine hübsche Summe für Ihre Lebensgeschichte zahlen.»

«Was?» sagte Simon. «Wieso von uns gegangen? Wovon reden Sie?»

«Sie werden der einzige Mann in der Geschichte sein, der von einem Orang-Utan bezichtigt wurde, ihm seine Frau abspenstig gemacht zu haben», erklärte ich.

Die Popularität meiner Bücher hat mir viele Türen geöffnet, besonders bei denen, die man gemeinhin «die Prominenten» nennt. Es ist eine enorme Hilfe, wenn man weiß, daß der große Boss einer Organisation ein begeisterter Durrell-Leser ist, da man ihn dann, ohne zu erröten, anrufen und um einen Gefallen bitten kann, anstatt mühsam die steile und oft mit Hindernissen vollgestellte bürokratische Leiter zu erklimmen. Eine solche Persönlichkeit kann einen auch oft mit Dutzenden anderer bekanntmachen, die sich als hilfreich erweisen können, so daß das Ganze sich wie eine Gänseblumenkette rundet. Ein Beispiel dafür ist das Problem, als wir einen geeigneten Schutzherren für unsere aufblühende amerikanische Schwesterorganisation finden mußten.

Es war etwa zu dieser Zeit, daß Tom Lovejoy, nachdem er den amerikanischen Vorstand mit einer Reihe äußerst kooperativer und großzügiger Leute besetzt hatte, zu dem Schluß kam, daß das, was wir jetzt brauchten, eine Galionsfigur war, jemand, der in Amerika gut bekannt war und der Organisation Glanz verleihen konnte. Tom rief mich an, um die Sache mit mir zu besprechen.

«Wie wär's mit Fürst Rainier?» schlug ich vor. «Er mag Tiere und hat selbst einen Zoo in Monaco.»

«Seine Frau wäre besser», sagte Tom. «Keiner in Amerika hat je etwas von Fürst Rainier gehört, aber jeder weiß, wer Grace Kelly ist.»

«Sehr wahr», sagte ich. «Aber ich kenne sie nicht.»

«Ich gehe jede Wette ein, daß David Niven sie kennt», sagte Tom. «Und ihn kennen Sie ja. Er war der Brautführer Ihres Gorillaweibchens, nicht wahr?»

«Ja, aber ich hasse es, meine Freunde zu bitten, Nutzen aus ihren Freunden zu schlagen.»

«Er kann nur nein sagen», erwiderte Tom gleichmütig.

Also rief ich David an und bat ihn um seine Hilfe.

«Ich hasse es, meine Freunde mit solchen Sachen zu behelligen, Gerry», sagte er. «Aber ich sage Ihnen, was ich tun werde. Ich verschaffe Ihnen eine Einladung bei ihr, aber danach bleibt alles Ihnen überlassen, und das werde ich ihr auch sagen.»

«Wunderbar, David», sagte ich. «Das ist in Ordnung. Ich brauche nur einen Fuß in der Tür, und dann können Tom und ich den Rest erledigen. Ich bin sicher, es klappt. Tom hat fast soviel Charme wie Sie.»

«Schmeichelei bringt Sie bei mir nicht weiter, Mr. Durrell», sagte David streng.

«Das Problem bei euch zweitrangigen Schauspielern liegt darin, daß ihr die Wahrheit nicht vertragen könnt», sagte ich und legte auf, bevor er antworten konnte.

Nach angemessener Zeit willigte Fürstin Gracia ein, uns zu empfangen, und ein Termin wurde festgesetzt. Tom war in Hochstimmung.

«Gute alte Miss America», sagte er.

«Bis jetzt hat sie sich noch auf nichts eingelassen», warnte ich ihn. «Und um Gottes willen nennen Sie sie nicht gute alte Miss America. Sie ist eine Fürstin, verdammt noch mal.»

«Nur durch Heirat», sagte Tom.

«Sie müssen lernen, mein lieber Tom, daß die, die durch Heirat Fürstinnen werden, sich manchmal ihrer Würde und gesellschaftlichen Stellung mehr bewußt sind als die, die als Fürstinnen geboren werden.»

«Muß ich einen Hofknicks machen?» fragte Tom.

«Nein», sagte ich. «So sehr ich es auch genießen würde, Sie vor Fürstin Gracia knicksen zu sehen, sollten wir ihr das wohl ersparen. Da Sie jedoch so ungehobelt sind, ist das mindeste, was ich tun kann, Ihnen ein paar Lektionen zu erteilen, wie Sie sich zu benehmen haben, wenn wir ihr vorgestellt werden. Ich mache das, wenn wir uns in Frankreich treffen.»

Da man nicht jeden Tag in den Palast von Monaco eingeladen wird, fühlten wir uns verpflichtet, die Sache stilvoll zu begehen. Daher bezog ich mit meiner weiblichen Entourage (meiner Frau, meiner Sekretärin und einer langjährigen Freundin) ein ausgesprochen feines Hotel in Banknotenrascheln-Hörweite. Nachdem wir mit einem köstlichen Kir als Aperitif unsere Geschmacksknospen in ein Höchstmaß von Erwartung versetzt hatten, wurden wir von einem hinreichend servilen *maître d'hôtel* in den Speisesaal geführt und von einer Schar aufmerksamer Kellner in Empfang genommen. Die köstliche Gurkensuppe, kalt wie die Nase eines Eisbären, war ausgelöffelt, und die Kellner servierten mit ernstem Schweigen den frischen, in Champagner pochierten Lachs, als Thomas Lovejoy den Raum betrat. Er sah aus wie der einzige Überlebende eines heftigen Erdbebens in Mesopotamien. Bei seinem Anblick gab der *maître d'hôtel* ein klägliches Quieken von sich, wie ein kleines Meerschweinchen, das unvermutet von den Hufen eines Zugpferdes niedergetrampelt wird. Ich muß sagen, daß ich ein gewisses Verständnis für den Mann hatte.

In einer Aktentasche, die aus der Haut eines uralten, an Lepra leidenden Krokodils verfertigt zu sein schien, trug Tom offenbar alles, was ihm an irdischem Hab und Gut verblieben war. Sein

Anzug sah aus, als ob siebzehn Landstreicher in ihm geschlafen und ihn dann einer Mülltonne überantwortet hätten. Sein Hemd war grün wie der Bauch eines Fisches, bis auf die Gegend um den Hals, wo es rabenschwarz war. Seine Krawatte – einst zweifellos ein prächtiges Stück – sah aus, als ob sie sorgfältig von einem der weniger intelligenten Dinosaurier zermampft und anschließend wieder ausgewürgt worden sei. Seine Schuhe vervollständigten das Ensemble. Charles Chaplin hatte Jahre mit dem Versuch verbracht, seine Schuhe so hinzukriegen wie diese, doch ohne Erfolg. Zerbeult und zernarbt, die Zehen nach oben gerichtet wie Fahnenstangen, die Sohlen in unmittelbarer Gefahr, ihren Halt am oberen Teil der Fußbekleidung zu verlieren – es waren Galoschen, in denen, wenn man so unklug war, sie näher zu untersuchen, alle möglichen ansteckenden Krankheitskeime zu lauern schienen.

«Hallo, Leute», sagte Tom und ließ sich mit der ganzen Wucht seiner unfreundlichen Erscheinung in einen Sessel fallen. «Tut mir leid, daß ich zu spät komme.»

Meine weibliche Entourage betrachtete ihn wie eine Kröte, die in ihrer Suppe aufgetaucht war. Da saßen sie, in Samt und Seide gekleidet, sorgfältig hergerichtet, teure Düfte ausströmend wie ein frisch gemähtes Heufeld, und in ihre Mitte stahl sich das Phantom der Oper.

«Wir hoffen, daß Sie Fürstin Gracia in ihrem Palast nicht *so* vorgestellt werden wollten», sagten sie drohend und gleichzeitig.

«Wieso?» fragte Tom erstaunt. «Was ist los mit mir?»

Sie sagten es ihm. In einem langen Leben, in dem ich verfolgt habe, wie Frauen ihre Männer auseinandernehmen, habe ich noch nie etwas so rundum Abschätziges zu hören bekommen. Er wurde nach oben geschickt und mußte sich trotz seines Protestes aller Kleidungsstücke, die er auf dem Leibe hatte, entledigen. Während er auf meinem Bett saß, in ein Badetuch gehüllt, machte sich die Reinigungsbrigade an die Arbeit.

«Ich weiß nicht, was an meinem Aussehen nicht in Ordnung sein soll», sagte er bekümmert. «Ich habe gestern mit dem Präsidenten von Peru zu Mittag gegessen, und er hat nichts gesagt.»

«Es gibt einige Frauen, die einen Mann nach seiner Kleidung beurteilen, und ich bin sicher, Fürstin Gracia ist eine von ihnen.

Sie haben besondere Sehorgane dafür. Wenn sie sich in einem Raum mit dreihundert Leuten befinden, entdecken sie unweigerlich einen mikroskopisch kleinen Fleck Eigelb auf der Krawatte eines Mannes, der am anderen Ende des Raumes steht.»

«Ich kann doch nichts dafür, daß mein Gepäck in Paris liegengeblieben ist, oder?» sagte er.

«Nun, das können sie ihr nicht sagen», bemerkte ich. «Dann glaubt sie noch, daß Sie immer wie ein Lumpensammler herumlaufen.»

Toms Garderobe wurde wieder hereingebracht und sah nicht mehr ganz so schlimm wie vorher aus. Während er sich ankleidete, erteilte ich ihm eine Lektion in Hofetikette.

«Denken Sie daran, sich zu verbeugen, wenn Sie ihr die Hand geben», sagte ich. «Und reden Sie sie nur mit Eure Hoheit oder Ma'm an.»

«Wieso Ma'm?» fragte Tom.

«Ma'm, Sie wissen doch, eine Abkürzung für Madam.»

«Kann ich sie nicht Mrs. Rainier nennen?»

«Nein, das können Sie nicht. Bleiben Sie einfach bei Eure Hoheit.»

So bestiegen wir ein Taxi und fuhren den Berg hinauf, wo das rosarote Märchenschloß hoch über dem schimmernden Mittelmeer liegt. Am Tor wurden wir von effizient wirkenden Wachsoldaten in Uniformen angehalten, die für *No, No, Nanette* oder ein ähnlich aufwendiges, in Ruritanien spielendes Musical entworfen zu sein schienen. Man führte uns in das Domizil des Sekretärs der Fürstin, wo wir einen Augenblick zu warten gebeten wurden.

«Schniekes Ambiente», sagte Tom und sah sich in dem reich mit Marmor und Blattgold ausgestatteten Raum um.

«Um Himmels willen, vergessen Sie nicht, was ich Ihnen gesagt habe», schärfte ich ihm ein. Da Tom der Vorsitzende unseres amerikanischen Aufsichtsrats war, sollte er die Fürstin als erster begrüßen. Einen Augenblick später öffnete der Sekretär die Tür und führte uns in das Privatbüro. Fürstin Gracia, atemberaubend schön und elegant, erhob sich hinter ihrem Schreibtisch und kam uns lächelnd entgegen, um uns zu begrüßen. Zu meinem Entsetzen sah ich, daß Tom ihr freundlich zuwinkte.

«Hallo, Grace», sagte er.

In dem verzweifelten Bemühen, wieder gutzumachen, was an Schaden angerichtet worden war, ergriff ich mannhaft das Wort.

«Hoheit ist äußerst gütig, uns zu empfangen», krächzte ich. «Dies ist Dr. Lovejoy, der Vorsitzende unseres amerikanischen Aufsichtsrats, und mein Name ist Durrell.»

«Bitte, setzen Sie sich doch und sagen Sie mir, was ich für Sie tun kann», sagte sie mit jener Art von Lächeln, die jeden heißblütigen Mann in einen stammelnden Idioten verwandelt.

Tom und ich setzten uns auf ein großes Sofa, Fürstin Gracia in unserer Mitte, und versuchten, ihr die Ziele des Trusts zu erklären. Obwohl die Fürstin aufmerksam zuhörte, hatte ich das sichere Gefühl, daß die Antwort nein lauten würde. Ich war überzeugt, daß sie uns nur empfangen hatte, um David Niven einen Gefallen zu tun, und daß sie jetzt nach einer höflichen Ausrede suchte, um uns unsere Bitte abzuschlagen. Also spielte ich meine Trumpfkarte aus. Gerade als sie sagen wollte, sie habe so viele Verpflichtungen und sei wirklich nicht in der Lage ..., schob ich ihr rasch ein großes Foto zu, auf dem unser neugeborenes Gorillababy zu sehen war, wie es auf dem Bauch auf einem weißen Frotteetuch lag. Die Worte erstarben ihr auf den Lippen, und wie ein Schulmädchen stieß sie einen kleinen Begeisterungsschrei aus. Es hätte nicht viel gefehlt, und sie hätte das Foto an sich gedrückt.

«Hoheit, dies sind die Tiere, denen wir zu helfen versuchen», sagte ich.

«Oh, es ist niedlich», girrte sie. «Ich habe noch nie etwas so Niedliches gesehen. Kann ich es meinem Mann zeigen?»

«Es gehört Ihnen. Ich habe es für Sie mitgebracht», sagte ich.

«Oh, ich danke Ihnen», sagte sie, die Augen verzückt auf das Foto gerichtet. «Nun erzählen Sie mir, wie ich Ihnen helfen kann.»

Zehn Minuten später verließen wir den Palast. Unser amerikanischer Trust hatte Ihre Hoheit Fürstin Gracia von Monaco als Schirmherrin gewonnen.

«Ich wußte, daß das Gorillafoto sie überzeugen würde», sagte ich triumphierend zu Tom, als wir ins Taxi stiegen. «Jede Frau, der ich es gezeigt habe, ist rein närrisch geworden. Es bringt die Mutter in ihnen zum Vorschein.»

«Ich glaube nicht, daß es etwas mit dem Foto zu tun hatte», sagte Tom.

Ich starrte ihn an.

«Was meinen Sie damit, daß es nichts mit dem Foto zu tun hatte?» sagte ich. «Es war das Bild, das den Ausschlag gab.»

«Nein, was sie wirklich rumgekriegt hat, war das bißchen Eigelb, das ich auf meiner Krawatte hatte», sagte Tom grinsend.

Rückkehr in die Wildnis

Vor vielen Jahren, als wir gerade den Trust gegründet hatten, versuchte ich immer wieder, den Leuten klarzumachen, was Aufzucht in Gefangenschaft eigentlich bedeutet. Unvermeidlich kam dann die Frage: «Welchen Tieren haben Sie schon die Freiheit wiedergegeben?», als ob die ganze Übung nur darin bestehe, ein paar Exemplare großzuziehen, sie in Kisten zu verladen und zurück in ihre Ursprungsländer zu fliegen, um sie dort im nächstbesten Waldstück auszusetzen. Nichts könnte weiter von der Wahrheit entfernt sein.

Aufzucht in Gefangenschaft zum Zweck der Artenerhaltung ist ein Unternehmen, das voller Probleme steckt; und erst, wenn sie überwunden, das heißt, wenn die Phasen eins und zwei unserer facettenreichen Methode erfolgreich durchlaufen sind, kann man ernsthaft mit Phase drei beginnen – das heißt, die in Gefangenschaft aufgezogenen Tiere in Gebieten freilassen, in denen die entsprechenden Arten ausgestorben sind, oder in neuen Regionen unmittelbar im oder unweit des natürlichen Einzugsbereichs der jeweiligen Art, sofern er geeignete Lebensräume bietet, oder aber in Gebieten, in denen die endemische wildlebende Population eine Auffrischung durch neue Tiere benötigt. Phase drei ist der schwierigste Teil.

Die Schwierigkeit besteht vor allem darin, daß die Rückführung von in Gefangenschaft aufgewachsenen Tieren in ihre natürlichen Habitate etwas völlig Neues ist, eine neue Kunst, wenn man so will, die nur durch Erfahrung zu lernen ist. Zunächst einmal sind keine zwei Arten in ihren Bedürfnissen völlig gleich, und man muß erst herausfinden, was für eine Art lebensnotwendig ist. Zweitens kann man ein Tier, das bereits in der dritten oder vierten Generation in Gefangenschaft lebt, nicht einfach wieder in die Wildnis entlassen. Obwohl ihm Nahrung in Hülle und Fülle zur Verfügung steht, würde es wahrscheinlich verhungern, da es daran gewöhnt ist, seine Früchte oder was auch immer fein zerkleinert in einer Schüssel vorzufinden. Es wäre dasselbe, als wenn man einen Millionär, der lange im Ritz gelebt hat, zwänge, mit einer Zeitung als Decke auf einer Parkbank zu schlafen und sich sein Essen aus Abfalltonnen zusammenzuklauben. Es dürfte eine gewisse Zeit in Anspruch nehmen, ihn mit dieser Lebensweise vertraut zu machen.

Die bisher entwickelten Methoden sind ziemlich einfach, aber der ganze Vorgang muß, wie gesagt, auf das einzelne Tier abgestimmt werden – unter Berücksichtigung des spezifischen Ortes, an dem er sich vollzieht. Unser erster Versuch, die Rosentaube auf Mauritius auszusetzen, ist ein Beispiel dafür, wie leicht man etwas falsch machen kann. Wir hatten uns entschlossen, die Vögel zunächst in ein «Übergangsheim» im Botanischen Garten von Pamplemousses zu schaffen. In diesem großen Areal gab es reichlich Blätter und Früchte, und da viele Zugangswege kreuz und quer durch den Garten führten, konnten wir die Bewegungen und Reaktionen der Vögel gut beobachten. So bauten wir eine spezielle Voliere, deren eine Seite zwei Tauben beherbergte, die freigelassen werden sollten, während die andere zwei weitere als «Köder» enthielt, die hoffentlich die freigelassenen Vögel dazu ermuntern würden, im Garten zu bleiben.

Die ersten beiden Tauben waren sorgfältig aus dem Zuchtzentrum am Black River ausgewählt worden, einem Komplex von Volieren und Gehegen, den die Regierung von Mauritius mit Geldern, die zum großen Teil von unserem Trust stammten, errichtet und mit Personal ausgestattet hatte. Nachdem die Tauben sich dort eingewöhnt und ihrer neuen Umgebung angepaßt hatten, kam der große Tag, an dem wir sie aussetzen wollten. Ich sollte das selbst tun und war zu diesem feierlichen Anlaß nach Mauritius gekommen. Wir hatten uns vorgestellt, daß die Tiere, sobald sie frei waren – oder ihnen zumindest der Weg in die Freiheit offenstand – die Voliere weiterhin als Zufluchtsort benutzen würden, an dem ständig Futter für sie bereitstehen sollte, bis sie völlig unabhängig geworden waren. Am verabredeten Tag fand ich mich pünktlich ein, und mit großem Schwung – denn es war ein bedeutsames Ereignis – zog ich die Schnur, um die Klappen

zu heben, die den Tauben den Weg in die Freiheit weisen würden.

Die Schnur riß.

Es folgte eine peinliche Pause, während jemand sich bemühte,
eine neue Schnur zu finden. In diesem Augenblick hatte ich großes Mitgefühl mit jenen Damen, die, feierlich gewandet, immer
wieder Sektflaschen gegen den Bug eines neuen Ozeandampfers
schmettern, ohne eine Wirkung zu erzielen. Schließlich wurde
die Schnur herbeigeschafft, und die Klappen hoben sich. Die
Tauben benahmen sich wunderbar, flogen hinaus und setzten
sich auf das Dach der Voliere. Wir dachten, sie würden jetzt ihre
Freiheit nutzen und in die Bäume der näheren Umgebung fliegen. Nichts dergleichen. Sie blieben stur auf dem Dach sitzen,
ohne sich zu rühren, und sahen aus wie die mißlungenen Ergebnisse der Bemühungen eines dilettantischen Tierausstopfers. Ich
wünsche mir, daß all die Idioten, die ständig von der Grausam-
keit der Gefangenschaft und den Freuden der Freiheit schwafeln,
diese Vögel hätten sehen können.

Im nachhinein erwies es sich als ungünstig, daß das Aussetzen
der Tiere nicht öffentlich bekanntgegeben wurde. Dies geschah
auf Wunsch der Behörden, und damals wirkte es auch wie eine
durchaus vernünftige Forderung. Wir ließen in Pamplemousses
insgesamt elf Vögel frei, und schließlich nahmen sie all ihren Mut
zusammen und erprobten die neugewonnene Freiheit, indem sie
alle Bereiche des ausgedehnten Gartens erkundeten. Bald mußten sie mit einer neuen Gefahr fertig werden. Kleine Jungen mit
Schleudern zogen durch das Gelände und bemühten sich, Rin-
geltauben für ihr Mittagessen zu erlegen. Man konnte von ihnen
nicht erwarten, daß sie den Unterschied zwischen einer Rottaube
und einer Ringeltaube kannten, abgesehen davon, daß die eine
dicker und daher begehrenswerter ist (das Fleisch einer Rottaube
hat überdies einen unangenehmen Geschmack und ist deshalb
ungenießbar). Dieser Umstand, verbunden mit der an Schwach-
sinn grenzenden vertrauensseligen Natur der Rosentaube war
verhängnisvoll. Mehrere der Tiere fielen den tödlichen Waffen
der jungen Jäger zum Opfer. Es bleibt zu fragen, ob eine große
öffentliche Kampagne einen Unterschied gemacht hätte. Können
öffentliche Kampagnen kleine Jungen mit Schleudern beeinflus-

sen? Das weiß niemand. Doch trotz der Schleudern paarten sich einige der Vögel und brachten Junge zur Welt, die sie freilich im Brutstadium verließen – wahrscheinlich, weil sie sich von den Menschen gestört fühlten.

Alles in allem war unser erster Versuch, die Vögel auszusetzen, kein großer Erfolg; und so fingen wir sie wieder ein und brachten sie zurück zum Black River. Dennoch hatten wir eine Menge gelernt. Die Vögel flogen nicht sogleich fort ins blaue Unbekannte, sondern blieben zunächst in der Nähe des Ortes, an dem sie freigelassen worden waren. Dort konnten sie gefüttert werden, bis sie sich an ihre Umgebung gewöhnt hatten. Dann begannen sie sich von den Blättern und Früchten sowohl der exotischen als auch der einheimischen Pflanzen zu ernähren – eine wichtige Beobachtung, da sich in den Wäldern von Mauritius, in die sie eines Tages zurückkehren würden, exotische Pflanzen ausgebreitet haben. Und schließlich hatten wir bewiesen, daß in Gefangenschaft aufgezogene Vögel sich außerhalb der Gefangenschaft fortpflanzen können.

So gingen wir mit Zuversicht daran, den nächsten Schritt zu planen, der darin bestehen sollte, die Vögel in einem abgelegenen Teil von Mauritius, dem Macchabe Forest, freizulassen. Wieder bauten wir Volieren und brachten die Vögel darin unter. Vor ihrer Freilassung wurden jedoch diesmal die Tauben mit kleinen Radiosendern ausgestattet, so daß wir sie verfolgen konnten; denn es ist eine Sache, einen Vogel in einem Botanischen Garten zu finden, doch eine ganz andere, ihn in den dichten Wäldern und tiefen Tälern von Macchabe aufzuspüren. Nach ihrer Freilassung folgten die Vögel keinem festen Verhaltensmuster. Einige verließen sofort den Bereich, in dem wir ihre Sender empfangen konnten, und verschwanden manchmal für Wochen, um dann geheimnisvoll wieder aufzutauchen. Andere flogen in den Wald, aber kehrten jeden Tag in ihre Voliere zurück, um das zusätzliche Futter aufzupicken, das wir für sie bereitgestellt hatten. Wieder andere entfernten sich nur einige hundert Meter von ihrer Voliere und blieben dort monatelang: Allmählich wurde deutlich, daß die Vögel sich an den Zustand der Freiheit gewöhnten und von Tag zu Tag selbständiger wurden. Sie wählten die Blätter und Früchte, die ihnen besonders schmeckten. Dennoch boten wir ihnen vorsichtshalber weiterhin zusätzliches Futter an, da mit dem Wechsel der Jahreszeiten bestimmte Nahrungsquellen verschwanden und die Gefahr bestand, daß die Vögel verhungerten. Inzwischen, da ich dieses Buch schreibe, sind gerade zwei der freigelassenen Tauben wieder an ihrem Futterplatz aufgetaucht, jede mit einem Jungen im Gefolge. So läßt sich mit aller Vorsicht sagen, daß dieser zweite Versuch, die Vögel in die Freiheit zu entlassen, ein Erfolg war.

Das freut uns aus zwei Gründen. Es beweist, daß Vögel, die seit mehreren Generationen in Gefangenschaft leben, sich wieder den Bedingungen der freien Wildbahn anpassen können. Noch wichtiger ist, daß wir den Vogel außerhalb des von uns so genannten Taubenwalds ansiedeln konnten. Das ist ein Tal tief in den Bergwäldern, das mit einigen Kryptomerien besetzt ist. Die gesamte wildlebende Taubenpopulation (im Jahre 1978 wahrscheinlich weniger als fünfundzwanzig Exemplare) brütet dort. Alle Vögel in einem Gebiet brüten zu lassen, das nur ein paar Hektar groß ist, war natürlich äußerst riskant, da eine unbekümmerte Gruppe der dort eingeführten Affen oder ein ebenso unbekümmerter Primat – ein Mann mit einem Gewehr – oder auch nur ein schlimmer Wirbelsturm die Rottauben für immer hätte vernichten können. Doch die Wildtauben ließen sich nicht bewegen, woanders zu brüten. Wir befanden uns wirklich in der typischen Lage, alle Eier in einem Korb zu haben; doch jetzt, da es uns gelungen ist, eine neue Kolonie in Macchabe aufzubauen, hoffen wir, daß die Vögel in diesem Gebiet bleiben und sich vermehren. Wenn sie das getan haben, können wir weitere Kolonien in geeigneten Habitaten auf der ganzen Insel errichten. Sollte dann der ursprünglichen Kolonie etwas zustoßen, ist wenigstens nicht die ganze Art verloren.

Mit einem ganz anderen Problem wurden wir durch den Waldrapp oder *Geronticus eremita*, einen Ibis, konfrontiert. Er wollte unbedingt an einem Ort brüten, wo sich eine Stadt ausgebreitet hatte. Diese großen Vögel tragen ein dunkles, im Sonnenlicht schimmerndes Federkleid. Sie haben nackte Köpfe und lange korallenrote Schnäbel und sehen so aus, als ob sie ständig beleidigt seien. Ihr stimmliches Repertoire ist groß und besteht aus einer

Reihe komisch wirkender Wisper-, Schnurr- und Grunzlaute und dem Geräusch, das in lateinamerikanischen Ländern einem kräftigen Aushusten vorangeht. Die außergewöhnlichen und nützlichen Vögel waren einmal weit verbreitet, von der Türkei und dem Mittleren Osten über Nordafrika bis Europa, und brüteten so weit nördlich wie die Alpen. Im Mittelalter betrachtete man die Jungen als Delikatesse, die nur den Adligen vorbehalten blieb; doch würde ich mich nicht wundern, wenn einige fette Jungvögel auch den Weg in die Kochtöpfe armer Bauern fanden. Die frühesten schriftlichen Erwähnungen dieses Vogels stammen aus dem 16. Jahrhundert, vor allem aus Salzburg, wo er als Waldrabe bezeichnet wurde. Der Erzbischof von Salzburg erließ 1528 einige Gesetze, um das Tier zu schützen (damit, wie ich vermute, die Aristokraten weiterhin die Jungvögel verzehren konnten, die Bauern aber nicht); doch sie erwiesen sich als wirkungslos.

Wenn ich gesagt habe, der Vogel sei nützlich, so meine ich damit, daß er – wie viele Vögel – Ungeziefer vertilgt. Er ernährt sich vorwiegend von den Larven schädlicher Insekten, freilich auch von Fröschen, kleinen Fischen und Säugetieren. Wenn man die Körpergröße des Waldrapps und die Tatsache bedenkt, daß er bis zu vier Junge hat, müssen einst Unmengen von Insektenlarven vertilgt worden sein, um die Art so gedeihen zu lassen, wie sie gedieh. Früher kündigte die Ankunft des Vogels auf den von ihm zum Brüten bevorzugten Klippen den Einzug des Frühlings an, und seine jährliche Wiederkehr war, besonders in der türkischen Stadt Biriçek, der Anlaß zu einem fröhlichen Fest. Aber dann wurde das DDT erfunden und – das wird es auch heute noch – rücksichtslos verwendet. Darunter litten vor allem die Ibisse, deren Nahrungsquellen kontaminiert wurden. Sie waren bereits durch Bejagung aus ihren alten Brutgebieten in Europa vertrieben worden, und auch in Nordafrika und im Mittleren Osten ging ihre Zahl rapide zurück. Die Kolonie in Biriçek war die einzige, die im Nahen Osten noch übriggeblieben war; doch die Stadt breitete sich in Windeseile aus. Viele der neuen Gebäude, die rund um die Klippen, wo die Ibisse brüteten, aus dem Boden schossen, besaßen flache Dächer, auf denen die Bewohner in heißen Sommernächten zu schlafen pflegten. Natürlich waren die Leute nicht beglückt über die Tatsache, daß die Vögel (die freilich als erste da waren) beträchtliche Mengen von Guano auf die Schläfer fallenließen. So erlegten sie die Ibisse mit Steinen oder dem Gewehr, und was sie einst mit einem Volksfest gefeiert hatten, empfanden sie jetzt als Ärgernis. Die türkische Regierung versuchte vergeblich, die Vögel zu schützen; doch als Folge von Nachstellungen durch den Menschen einerseits und Insektiziden andererseits begann die Population zu schwinden. Heute gibt es im Nahen Osten *keine* wildlebenden Ibisse mehr. Die einzig anderen wildlebenden Populationen, von denen wir wissen, leben in Marokko, Algerien und Saudi-Arabien, aber das sind kleine und schwache Gruppen.

Sowohl der Zoo in Innsbruck als auch der in Basel zogen zufällig Ibisse in Gefangenschaft auf, und letzterer stellte uns die Gründungsmitglieder unserer Kolonie zur Verfügung. Wir besitzen Satelliten-Kolonien in den Zoos von Edinburgh, Chester und Philadelphia und haben den Bau von Volieren in Marokko ermöglicht, wo jetzt aus Beständen von uns und anderen europäischen Zoos eine neue Kolonie entsteht. Die Jungen, die hier in Volieren ausgebrütet werden, werden den Kern einer Population bilden, die einmal an sorgfältig ausgewählten Orten ausgesetzt werden soll. Wir schmieden bereits Pläne für ähnliche Programme in anderen Teilen Nordafrikas. Wenn man den Ägyptologen Glauben schenken will, war es vielleicht der Waldrapp, der als erster Vogel Noahs Arche verließ. Es ist eine beglückende Vorstellung, eine wildlebende Kolonie dieser Vögel beispielsweise auf einer Klippe in der Nähe von Luxor zu gründen und zuzuschauen, wie sie zwischen den uralten Stätten hindurchfliegen, deren Fundamente sie bereits überflogen, als diese Stätten errichtet wurden.

Der Versuch, den Ibis auszusetzen, steht noch aus. Vor einigen Jahren, kurz nachdem wir die Tauben in die Freiheit entlassen hatten, hatten wir das gleiche mit einer anderen Spezies vor. In diesem Fall handelte es sich um ein Säugetier, eine Biberratte aus Jamaika. Die Sache sah durchaus erfolgversprechend aus, aber was dann geschah, zeigt, daß ein Vorhaben, das auf den ersten Blick einfach und unkompliziert erscheint, sehr schwierig werden kann, wenn man nicht aufpaßt.

Biberratten oder Nutrias sind eine Gruppe von Nagetieren, die fast ausschließlich auf den karibischen Inseln vorkommen. Es gibt verschiedene Arten auf Kuba, Jamaika und den Bahamas. Die Jamaika-Art, von den Einheimischen als «Coney» bezeichnet, ist ein grünbraunes Tier, etwa von der Größe eines Pudels, und sieht aus wie ein zu lang geratenes Meerschweinchen. Es ist das einzige größere endemische Säugetier, das jetzt noch auf der Insel zu finden ist. Früher trat es in großer Zahl auf und bildete eine Hauptnahrungsquelle für die Einheimischen und die endemische Boa Constrictor. Doch die Jagd mit modernen Waffen und die Zerstörung der Wälder, in denen die Tiere leben, haben ihre Bestände arg dezimiert. Der Trust erhielt die ersten Nutrias 1972 – zwei Männchen und ein Weibchen, die in den John Crow Mountains gefangen worden waren – und acht weitere im Jahre 1975. Eines dieser Tiere schenkte dem ersten je in Gefangenschaft geborenen Jungen das Leben, und während der nächsten zehn Jahre folgten in 61 Würfen 95 weitere Junge. Unserem Prinzip folgend, nicht alle Eier in einem Korb aufzubewahren, verliehen wir neunzehn dieser Tiere zu Zuchtzwecken an sechs andere Zoos in vier verschiedenen Ländern.

Als sich 1972 unsere prächtigen neuen Nutria-Gehege der Vollendung näherten, erhielt ich einen Anruf von Fleur Cowles, einer unserer Treuhänderinnen. Sie erzählte mir, daß der Hollywoodstar James Stewart und seine Frau Gloria sie besuchen wollten und sie die Absicht habe, mit ihnen nach Jersey zu kommen. Immer auf dem Quivive, ließ ich fragen, ob Mr. Stewart vielleicht unser neues Nutria-Zuchtzentrum eröffnen würde, um etwas Publicity für den Trust zu machen. Seine Antwort war ja, er freue sich darauf.

Am verabredeten Tag fuhr ich zum Flugplatz, um sie abzuholen. Stewart war ohne jeden Dünkel ganz er selbst, mit jenem Cowboygang, den er kultiviert hatte, und jener unnachahmlichen Art, die Wörter beim Sprechen langsam und bedächtig fallen zu lassen. Gloria war eine gutaussehende Frau, vom Scheitel bis zur Sohle makellos gepflegt, wie es typisch für reiche Amerikanerinnen ist, mit einem immensen Charme, aber einem leichten Glitzern in den Augen, das mich fragen ließ, was wohl passieren würde, wenn einmal nicht alles zu ihrer Zufriedenheit verlief.

Sie war der Typ temperamentvoller Frauen, dem *maîtres d'hôtel* sofort mit serviler Ergebenheit entgegeneilen, um zu verhüten, daß ihre wildesten Alpträume wahr werden. Als wir draußen vor dem Flughafen auf den Wagen warteten und über dies und jenes redeten, war James Stewart plötzlich verschwunden. Eine Minute zuvor war er noch dort – hoch aufgeschossen, schlaksig, ein leises Lächeln auf dem Gesicht –, in der nächsten hatte er sich still und heimlich wie eine Rauchwolke in Luft aufgelöst. Man hätte es nicht für möglich gehalten, daß ein so großer Mann (in jedem Sinne des Wortes) so unbemerkt verschwinden konnte.

«Wo ist Jimmy?» fragte Gloria plötzlich und anklagend, als ob wir ihn vor ihr versteckt hielten. Wir alle blickten uns suchend um.

«Vielleicht ist er zur Bedürfnisanstalt gegangen», sagte ich, eine Umschreibung benutzend, die ich in Amerika gelernt hatte und besonders liebte.

«Das hat er schon im Flugzeug erledigt», sagte Gloria. «Wo zum Teufel steckt er?»

Da wir also die Bedürfnisanstalt als mögliches Versteck ausschließen konnten, wußte ich beim besten Willen nicht, wohin er gegangen sein konnte. Glorias wachsende Unruhe bereitete mir Unbehagen. War er gekidnappt worden? Ich konnte schon die Schlagzeilen in der Regenbogenpresse sehen: «James Stewart bei Nutria-Party entführt – Berühmter Schauspieler so gefährdet wie die Tiere, die er retten wollte.» Das war nicht gerade die Publicity, die ich mir für den Trust wünschte.

In diesem Augenblick fuhr John mit dem Wagen vor. «Soll ich Mr. Stewart sagen, daß wir abfahren können?»

«Wo ist er?» fragten wir alle zugleich.

«Er ist draußen auf dem Rollfeld und sieht sich ein Flugzeug an», sagte John.

«Bitte, holen Sie ihn», sagte Gloria. «Er kann die Finger nicht von Flugzeugen lassen.»

«Wie ist er dorthin gekommen?» fragte ich, denn die Sicherheitsbestimmungen sind sehr streng auf Jersey.

«Können Sie sich vorstellen, daß jemand ihn aufhält, wenn er sieht, wer er ist?» fragte John.

Der Ausreißer eilte mit großen Schritten auf uns zu.

«Eh... nette kleine Maschine da draußen», meinte er. «Ja, ordentliche Sache, sehr anständig. Klein, aber oho, wissen Sie. Ganz anständig. Hab sie noch nie vorher gesehen.»

«Steig in den Wagen, Jimmy», sagte Gloria. «Du hältst alle auf.»

«Ja, ja», sagte Jimmy, der sich keiner Schuld bewußt war und überhaupt nicht zuhörte. «Bin froh, daß ich das gesehen habe. Wirklich anständig.»

Nach dem Mittagessen eröffnete er mit großem Charme unser Nutria-Zentrum. Er habe, sagte er, seit er sie zum erstenmal gesehen habe, und das sei ungefähr fünf Minuten her, Rundohren immer schon geliebt. Als die Prozedur vorbei war, fuhren wir zum Dinner in das Haus eines Freundes.

Während des Aperitifs im Wintergarten und beim anschließenden ausgezeichneten Essen schien Jimmy nicht ganz bei der Sache zu sein. Ich führte das auf die Zeitumstellung zurück, die auf jeden eine lähmende Wirkung hat. Nach dem Essen gingen wir ins Wohnzimmer, wo Jimmy seine schlaksige Gestalt langsam in die Tiefen eines gewaltigen Sofas versenkte. Er ließ den Blick durch den Raum schweifen und heftete ihn schließlich fest auf einen Gegenstand, der ihn zu interessieren schien.

«Oh, da ist ein Klavier», sagte er, liebevoll einen Stutzflügel betrachtend, der in einer Ecke stand.

«Jimmy, nein!» sagte Gloria mit einem warnenden Unterton.

«Ja, wirklich, ein Klavier», sagte Jimmy, als ob er die Entdeckung des Jahrhunderts gemacht hätte. «Ein richtiger kleiner Flügel.»

«Jimmy, du läßt das bleiben», sagte Gloria.

«Ein kleines Lied...» sagte Stewart nachdenklich und begann sich aus dem Sofa emporzuwinden, einen fanatischen Glanz in den Augen. «Das Lied, das ich so gern mag... Wie geht es noch?»

«Bitte, Jimmy, spiel nicht», sagte Gloria verzweifelt.

«Oh, ich weiß... ‹Ragtime Cowboy Joe›...» sagte Jimmy und näherte sich dem Instrument. «Ja, das ist es, ‹Ragtime Cowboy Joe.›»

«Jimmy, ich flehe dich an», sagte Gloria mit brechender Stimme.

«Ja, nettes, kleines Lied, der ‹Cowboy Joe›.» Jimmy setzte sich auf den Klavierhocker. Er hob den Deckel, und der Stutzflügel grinste ihn an wie ein Krokodil.

«Nun... Sehen wir mal, wie geht sie noch, die Melodie...» sagte Jimmy und haute mit seinen langen Fingern auf die Tasten. Wir wurden sofort von zwei Tatsachen in Kenntnis gesetzt. Die erste war, daß Jimmy Stewart völlig unmusikalisch war, und die zweite, daß er nicht Klavier spielen konnte. Außerdem hatte er bis auf die Titelzeile den ganzen Text vergessen. In all den Jahren, da ich ihn auf der Leinwand gesehen und bewundert hatte, hatte ich so etwas noch nicht erlebt. Er spielte völlig falsch, und er sang völlig falsch und versuchte dabei, beides miteinander in Einklang zu bringen. Mit seiner rauchigen, krächzenden Stimme sang er immer wieder die Titelzeile des Lieds, unermüdlich mit dem Anfang beginnend, wenn er dachte, daß er etwas ausgelassen hatte. Es war, als ob ein Mann ohne Arme versucht, den Ärmelkanal zu durchschwimmen, und doch war es irrsinnig komisch. Aber niemand wagte zu lachen, da er so stolz auf seine Darbietung war. Schließlich beendete er «Ragtime Cowboy Joe» zu seiner völligen Zufriedenheit und drehte sich vergnügt zu uns um.

«Möchte jemand noch ein anderes Lied hören?» fragte er einladend. Ich hätte gern noch mehr gehört, aber es sollte nicht sein.

«Jimmy, wir müssen gehen», sagte Gloria.

Und sie gingen.

Von dem großen James Stewart etwas so Einmaliges geboten bekommen zu haben, das war eine große Ehre, aber ich bin sicher, daß Gloria nicht dieser Meinung war.

Es ist immer aufregend, wenn ein neues Tier im Zoo eintrifft und man Zeuge wird, wie es sich in seinem neuen Quartier einlebt. Die Rundohren, wie Jimmy Stewart sie getauft hatte, schienen jedoch eine Ausnahme zu bilden. So hübsch sie auch waren, mit ihren mächtigen Hinterläufen, die sie aussehen ließen, als ob sie viel zu große Hosen anhätten, fehlte es ihnen doch an jeder *joie de vivre*. Sie waren so fröhlich wie eine Schar von Kirchenvorstehern, die einen der Ihren zu Grabe tragen. Es gab nur eines, was man als exzentrisches Verhalten hätte bezeichnen können. Wie die meisten Tiere hatten sie nicht in Lehrbüchern die Beschreibungen ihres Verhaltens nachgelesen, und daher wußten sie nicht, daß sie eigentlich terrestrisch lebende Wesen waren. Schwerfällig und völlig ausdruckslos kletterten sie an den Ästen in ihrem Käfig und ließen sich dicht unter der Decke nieder – offensichtlich hielten sie sich für einen Schwarm flugunfähiger Vögel. Zwar beobachtete ich gelegentlich, daß die Jungen sich in einer Art von Freistilringen übten, aber auf eine sehr gesetzte Weise. Man fühlte sich an übergewichtige viktorianische Kinder erinnert, die widerwillig miteinander spielen, weil ihre Eltern es von ihnen erwarteten.

Als die Zahl der Jungen, die wir aufgezogen hatten, groß genug war, dachten wir daran, sie auszusetzen. Unser damaliger Research Assistant William Oliver flog nach Jamaika, um die nötigen Vorbereitungen zu treffen. Dazu gehörten die Wahl eines geeigneten Geländes (eines Ortes, der vom Blickwinkel der Nutrias aus zufriedenstellend war, besonders also, wo sie keine natürlichen Feinde hatten) und die Beteiligung des Hope Zoo in Kingston an dem Unternehmen. Zwischen 1985 und 1986 wurden insgesamt vierundvierzig unserer auf Jersey aufgezogenen Nutrias verschifft und in eigens für sie gebauten Käfigen im Hope Zoo untergebracht. Inzwischen wurde die Vegetation des Geländes erforscht, auf dem wir sie aussetzen wollten. Nichts sollte ihnen fehlen, was sie an Nahrung brauchten. Dann wurden sie in das vorgesehene Gelände geschafft und die jeweiligen Familiengruppen in einem für den Übergang gedachten Gehege freigelassen, in dessen Mitte sich ein künstlich angelegter Felsbau befand. Nach etwa zwei Wochen, als die Tiere sich an ihre neue Umgebung gewöhnt hatten, entfernten wir den Zaun und beobachteten dann in den nächsten drei Monaten aufmerksam die Fortschritte, die jede Gruppe machte.

Die ersten Berichte waren sehr ermutigend. Nur drei Tiere verschwanden während dieser ersten Beobachtungsphase, aber der Rest begann sich selbst zu versorgen und blieb in guter Verfassung. Unsere Hoffnungen schienen sich zu erfüllen. Doch als wir das Gelände gegen Ende des Jahres wieder inspizierten, konnten nur noch acht Nutrias lokalisiert werden. Diese Tiere, zu denen zwei auf dem Gelände gezeugte und geborene Junge gehörten, waren in ausgezeichneter Verfassung. Obwohl wir sechs Wochen suchten, fanden wir jedoch keinen ihrer Artgenossen.

Im nächsten Jahr entdeckten wir zwei Tiere, von denen eines auf Jersey aufgezogen und das andere vermutlich in der Wildnis geboren war. Beide waren in guter Verfassung; aber wo die anderen Exemplare verblieben sind, bleibt bis zum heutigen Tag ein Rätsel. Die von uns beobachteten Tiere haben sich den Bedingungen der freien Wildbahn vortrefflich angepaßt und verhalten sich wie normale wildlebende Nutrias. Das von uns ausgewählte Gelände scheint mit seinem reichen Nahrungsangebot und dem Fehlen natürlicher Feinde seinem Zweck in idealer Weise zu entsprechen. Wir gelangten daher zu dem Schluß, daß die verschwundenen Tiere entweder erkrankt oder streunenden Hunden oder Katzen zum Opfer gefallen sind. Wir arbeiten jetzt mit dem Hope Zoo zusammen, um eine weitere Zuchtkolonie aufzubauen und sie mit Hilfe von Studenten der University of the West Indies in einem zweiten Versuch auszusetzen.

Alle Enttäuschungen, die man erlebt, wenn man Tiere in die Freiheit entläßt, werden mehr als wettgemacht durch die Zusammenarbeit mit andern Menschen und die Freude über einen Erfolg. So auch im Fall des Löwenäffchens. Diese bezaubernden Tiere – mit ihren Verwandten, den Seidenäffchen, die kleinsten Primaten – leben im Regenwald an der Küste Brasiliens. Leider ist dieser Wald rücksichts- und gedankenlos zerstört worden, und alles, was von ihm übriggeblieben ist, sind einzelne Bauminseln, manche ganz vor den anderen abgeschnitten. Daher leben die Tiere isoliert innerhalb strikt begrenzter Territorien, ohne die Möglichkeit zu haben, ihre genetischen Ressourcen durch Paarung mit den oft nur wenige Kilometer entfernt von ihnen weilenden Artgenossen aufzufrischen. Früher bedeckte der atlantische Regenwald ein Gebiet von 350000 Quadratkilometern; jetzt sind davon noch fünf Prozent übrig, und Axt, Feuer und Bulldozer sorgen dafür, daß dieser Rest immer kleiner wird. Dabei werden nicht nur die Löwenäffchen vernichtet – oder zumindest an den Rand der Vernichtung getrieben –, sondern auch unzählige andere Lebewesen, die dieses einzigartige Ökosystem bilden. Einen tropischen Baum zu fällen ist – wegen der zahllosen Arten, die in, auf und um ihn herum leben – gleichbedeutend mit der Zerstörung einer ganzen Stadt.

Das Löwenäffchen ist wahrscheinlich eines der schönsten Säugetiere überhaupt. Etwas größer als ein neugeborenes Kätzchen, besitzt es unglaublich lange, sensible Finger, und sein Fell sieht buchstäblich aus wie gesponnenes Gold. Dieses Fell steht in einer halb aufgerichteten Mähne vom Kopf ab und gibt dem Tier sein löwenähnliches Aussehen. Wie alle Marmosetten und Tamarinen bewegen sich die Tiere mit unglaublicher Schnelligkeit, so daß es fast unmöglich ist, ihre Bewegungen mit dem Auge zu verfolgen. Sie sind Allesfresser, ernähren sich jedoch hauptsächlich von Früchten und Insekten, ohne freilich, wenn sich die Gelegenheit bietet, einen Baumfrosch zu verschmähen. Wie neuere Untersuchungen gezeigt haben, dringen sie am Tage sogar in hohle Bäume ein, um die dort schlafenden Fledermäuse zu jagen. Ihre Stimmen erinnern an die von Vögeln, wenn sie sich durch eine Reihe von zwitschernden, piepsenden und schnatternden Lauten miteinander verständigen.

Nicht nur durch die Zerstörung der Regenwälder verloren diese bezaubernden kleinen Tiere ihren Lebensraum, sie waren vielmehr auch bei Tierhändlern sehr begehrt und wurden überdies für biomedizinische Forschungen benutzt, so daß Ende der sechziger und Anfang der siebziger Jahre klar wurde, daß die Art stark gefährdet war. Ihr Bestand wurde damals auf nicht mehr als 150 Tiere geschätzt. Es ist vor allem den brillanten Arbeiten Dr. Adelmar F. Coimbra-Filhos, des jetzigen Direktors des Primatenzentrums in Rio de Janeiro, zu verdanken, daß ihre bedrohliche Lage einer breiteren Öffentlichkeit bekannt wurde. 1972 fand eine Konferenz statt, die sich mit dem Schicksal dieser Tiere beschäftigte und auf der zum erstenmal versucht wurde, einen Überblick nicht nur über die wildlebenden, sondern auch über die in Gefangenschaft lebenden Populationen zu gewinnen. Offensichtlich war von größter Wichtigkeit, daß man eigenständige Populationen in Gefangenschaft aufzog und zugleich die Probleme in der Wildnis in Angriff nahm. Daß entsprechende Bemühungen so erfolgreich verliefen, ist im entscheidenden Maße der hingebungsvollen Arbeit Dr. Devra Kleimans zu verdanken. Zwischen 1972 und 1980 besaßen nur wenige – zumeist amerikanische – Zoos Löwenäffchen. Diese Zoos erweiterten sorgfältig ihre kleinen Bestände, mit einem erstaunlichen Ergebnis. Die Zahl der in Gefangenschaft lebenden Tiere wuchs innerhalb von fünf Jahren von 153 auf 330 – fast doppelt so viele, wie in Freiheit lebten. Jedes Jahr wurden fünfzig bis sechzig Löwenäffchen geboren, so daß es bald eine ausreichend stabile Population gab, um möglicherweise einige der in Gefangenschaft aufgezogenen Tiere in die Freiheit zu entlassen. Mehrere Zoos bildeten ein Konsortium, das sich allein mit dieser Aufgabe befaßte.

1978 erhielten wir unser erstes Löwenäffchen-Paar und schlossen uns ebenfalls dem Konsortium an. Die Ankunft der Löwenäffchen rief eine Sensation hervor. Es ist eine Sache, eine Abbildung oder ein Farbfoto eines Tieres zu sehen, aber eine ganz andere, es tatsächlich vor Augen zu haben. Diese kleinen Primaten, glitzernd wie Dublonen, jagten mit einer derartigen Geschwindigkeit in ihrem Käfig umher, daß sie wie durch die Luft geschleuderte Goldbarren aussahen. Während sie solcherart ihr neues Domizil erkundeten, zwitscherten und zirpten sie unaufhörlich und stießen zwischendurch spitze Schreie aus, als ob jeder von ihnen ein Fremdenführer sei, der die anderen auf Sehenswürdigkeiten aufmerksam zu machen suchte.

Als sie sich schließlich an ihre neue Umgebung gewöhnt hatten, wurden sie zur Attraktion unserer Marmosetten-Gehege, denn sie waren die bei weitem auffälligste und faszinierendste dieser Primatengruppe. Schließlich kam der Tag, an dem das Weibchen Zwillinge gebar (was normal ist), zwei winzige Goldklumpen, die leicht in einer Kaffeetasse Platz gefunden hätten. In der ersten Zeit klammerten sie sich an das dichte Fell ihrer Eltern, mit dem sie so verschmolzen, daß sie nur schwer auszumachen waren, denn ihre kleinen Gesichter waren nicht größer als ein Markstück. Als sie älter wurden, wurden sie mutiger und verließen die Sicherheit des elterlichen Körpers, um auf eigene Faust den Käfig zu erkunden, kehrten jedoch sofort dorthin zurück, wenn sie irgendeine noch so entfernte Gefahr witterten. Es war ein entzückender Anblick, wie sie im Sonnenlicht hinter Schmetterlingen herjagten, die unvorsichtig genug gewesen waren, durch den Maschendraht zu flattern. Sie vollführten die unglaublichsten, anmutigsten Ballettsprünge, wenn sie sich drehten und wendeten, hochschnellten und die Pirouetten um sie drehenden Insekten zu erhaschen suchten. Und wenn dann das Licht auf sie fiel, funkelte ihr Fell in unzähligen Farben, von Sandsteinrot bis zum hellsten Gold eines Eherings. Ich schlug vor, sie Fort und Knox zu nennen, doch aus irgendeinem Grund traf mein Vorschlag auf so viel Widerstand von allen Seiten, daß ich die Idee wieder aufgeben mußte.

Mittlerweile waren die Pläne, die in Gefangenschaft aufgezogenen Löwenäffchen freizusetzen, weiter gediehen. Natürlich mußte ein Programm dieser Größe mit äußerster Vorsicht und Sorgfalt in die Wege geleitet werden. Ein ökologisches Gutachten mußte erstellt werden, um einen Überblick über die wildlebenden Löwenäffchen-Populationen zu gewinnen. Danach galt es, ein geeignetes Waldgebiet zu finden, das von keiner wildlebenden Population bewohnt war. Fünfzehn Tiere aus US-Zoos wurden ausgewählt und in das Primatenzentrum von Rio geschickt. Ein Tier, das vielleicht bereits in der dritten Generation in Gefangenschaft lebt, ist an regelmäßige Mahlzeiten gewöhnt und braucht seinen festen Standort nicht zu verlassen, um sich Nahrung zu suchen. Vor allem gibt es in der gut geschützten Welt der Gefangenschaft keine Räuber in Gestalt von Schlangen und Greifvögeln, und selbst der *Homo sapiens* erscheint als gefälliger, Geschenke austeilender Freund. So müssen die Tiere äußerst behutsam an die rauhe Wirklichkeit eines Lebens im Wald gewöhnt werden. Einmal entdeckten wir, daß sie völlig verschreckt waren, als Baumzweige sich unter ihrem Gewicht bogen. In guten Zoos sind Äste und Zweige fest an ihren Platz genagelt, so daß ein Zweig, der beim Hinaufklettern nachgibt, eine völlig neue Erfahrung darstellt, die es zu bewältigen gilt. Die Tiere mußten lernen, wilde Früchte zu essen, die sie noch nie zuvor gesehen hatten. Und hierbei entdeckten wir interessanterweise, daß die Jungtiere dies schneller lernten als die Alttiere, denen sie dann zeigten, wie man so etwas macht.

Die Freisetzung erfolgte also Schritt für Schritt, und in gleichem Maße, wie Tiere *und* die für das Projekt verantwortlichen Menschen Erfahrungen sammelten, stellte sich der Erfolg ein. Ein Foto zeigt ein in Gefangenschaft aufgezogenes Exemplar beim Vertilgen eines Frosches, eines ihm unbekannten Wesens, das nie Bestandteil seiner Nahrung in Washington war – ein Beweis, daß die Tiere sich in ihrer Umgebung gut zurechtgefunden hatten. In der nächsten Phase wurden in Gefangenschaft aufgezogene Tiere zusammen mit wildlebenden ausgesetzt. Es war ein großer Tag, als ein in Gefangenschaft geborenes Weibchen, das sich mit einem wildlebenden Männchen gepaart hatte, Zwillinge zur Welt brachte. Zu diesem Zeitpunkt hatten wir über fünfundzwanzig Löwenäffchen auf Jersey aufgezogen und konnten es wagen, fünf unserer Tiere wegzugeben. Sie wurden als Familienverband in einem Waldstück ausgesetzt, in dem es keine wildlebenden Tamarinen gab. Zu unserem Stolz brachte unsere Gruppe zum erstenmal überhaupt Nachkommen hervor, deren Eltern *beide* in Gefangenschaft geboren und aufgewachsen waren. Dies ist der Beweis, falls es eines Beweises bedarf, daß die Aufzucht in Gefangenschaft, wenn alle Beteiligten zusammen auf ein gemeinsames Ziel hinarbeiten, der richtige Weg in die richtige Richtung ist. Auf diesem Wege sollte es uns möglich sein, zahllose gefährdete Arten vor dem Aussterben zu retten.

Ich erinnere mich an ein köstliches Picknick mit Roger Payne und seiner Familie während meines zweiten Aufenthalts in Amerika. Roger hat viel auf dem Gebiet der Erforschung der Wale getan und ist verantwortlich für die Aufzeichnung jener wunderbaren traurigen Walgesänge, denen man immer wieder zuhören kann, während man zu gern wüßte, was diese gewaltigen und außergewöhnlichen Tiere einander zu sagen haben. Damals wollte Roger von mir wissen, was der Trust eigentlich bezwecke, und ich bemühte mich, ihm unsere Ziele und Absichten zu erläutern.

Schließlich sagte Roger: «Ich glaube, ich weiß, was Sie meinen – Sie ziehen sie auf, um sie *dort* wieder auszusetzen, vorausgesetzt, es gibt ein *Dort*, wo man sie aussetzen kann.» So beschrieb er mit einem treffenden Satz die großen Probleme der Aufzucht in Gefangenschaft: Nennen wir es in Ermangelung eines besseren Wortes das «Dort-Syndrom». Der Fall des Rodriguez-Flughunds macht deutlich, was ich damit sagen will.

Rodriguez ist eine kleine Insel 650 Kilometer östlich von Mauritius. Einer der ersten Siedler, Leguat, hat sie als Paradies beschrieben, dicht bewaldet und bevölkert von einer Unzahl prächtiger Geschöpfe. Dort lebte der Einsiedler oder Solitär, ein seltsamer, langbeiniger, flugunfähiger Vogel, dem heutigen afrikanischen Stelzgeier nicht unähnlich. Auch eine Art der Riesenschildkröte gab es dort, und zwar in solchen Mengen, daß man angeblich eine Wegstunde über ihre Rücken laufen konnte, ohne den Boden zu berühren – wie Eichhörnchen in vergangenen Zeiten über Hecken und Bäume von London nach Aberdeen hüpfen konnten, ohne die Erde zu berühren. In diesem tropischen Paradies gab es auch einen Gecko, der einen Meter maß, einen flugunfähigen Papageien und viele andere Naturwunder. Jetzt liegt Rodriguez im blauen Meer unter der brennenden Sonne – ausgetrocknet, erodiert –, kaum noch mit Grün bewachsen und mit einer sich fröhlich ausbreitenden menschlichen Population. Vorbei ist es mit dem Einsiedler, mit dem flugunfähigen Papagei und dem Riesengecko, und vorbei ist es mit der Schildkrötenpanzerstraße. Alles, was geblieben ist, sind einige kleine Waldstücke, und im größten von ihnen, der Cascade des Pigeons, lebt eine Kolonie der goldfarbenen Flughunde, die nirgendwo sonst auf der Welt zu finden sind. John Hartley und ich waren 1976 nach Rodriguez geflogen und hatten aus dieser 120-köpfigen Kolonie achtzehn Flughunde mitgenommen. Einige wurden in den Volieren von Mauritius am Black River untergebracht (wo auch die Rottaube ein Asyl gefunden hatte), während drei Männchen und sieben Weibchen nach Jersey verschickt wurden. Aus dieser Kernkolonie haben wir nicht weniger als neunzig Junge aufgezogen und Satelliten-Kolonien sowohl in Großbritannien als auch in Amerika gegründet. Wir besitzen jetzt genug, um daran denken zu können, sie wieder auszusetzen. Aber wo?

Es liegt auf der Hand, daß auf Rodriguez kein Platz für sie ist. Die Kolonie, der John und ich die Zuchtgruppen entnommen hatten, ist jetzt glücklicherweise auf etwa 800 Tiere angewachsen, da es in letzter Zeit keine Hurrikane gegeben hat und die Cascade des Pigeons von tiefgreifenden Eingriffen durch den Menschen verschont geblieben ist. Aber 800 Flughunde sind das Äußerste, was die restlichen natürlichen Wälder auf Rodriguez

verkraften können. Selbst wenn das jetzt betriebene Auffor-
stungsprogramm sich als Erfolg herausstellen sollte, werden
viele Jahre vergehen, ehe die neuen Wälder den Flughunden
einen Lebensraum bieten können. Und selbst wenn es möglich
wäre, eine weitere Kolonie in der Cascade des Pigeons anzusiedeln, bliebe das Problem der Hurrikane. Es ist nur eine Frage der
Zeit, bis einer dieser Stürme die kleine Insel heimsucht und die
Bäume der Cascade des Pigeons wie Streichhölzer knickt.

Wir hatten an den Chagos-Archipel gedacht, der etwa 1500
Kilometer nördlich von Rodriguez liegt. Diese unbewohnten
Inseln liegen außerhalb des Zyklonengürtels und der Passat-
winde. Wahrscheinlich ist das der Grund, warum keine Flughunde dorthin gelangt sind und sie bevölkert haben. Es gibt drei
Atolle in der Inselgruppe, die eine Kolonie von Flughunden aufnehmen könnten: Diego Garcia, Peros Banhos und Salomon.
Einst gab es Kopraplantagen auf den Inseln, aber sie wurden
1972 aufgegeben. Einige der seinerzeit von den Koprapflanzern
angelegten Obst- und Gemüsegärten sind jetzt verwildert; sie
könnten den Flughunden als Nahrungsquelle dienen.

Leider ist Diego Garcia wie so viele herrliche Inseln jetzt eine
Militärbasis, und die Einreise unterliegt strengen Bestimmungen. Die beiden anderen Atolle könnten jedoch einer Kolonie
von Flughunden genügend Raum zum Leben bieten. Freilich ist
es unklug, Fremdtiere in ein schon vorhandenes Ökosystem ein-
zugliedern. Wir haben gesehen, welche Verheerungen sie anrich-
ten können – sei es das Rotwild in Neuseeland, die Kaninchen in
Australien oder die Esel auf den Galápagos-Inseln. Doch auf den
betreffenden Atollen wurde die ursprüngliche Vegetation entfernt, um Platz für die Kopraplantagen zu schaffen. Außerdem
sind Ratten, Katzen, Schweine und Ziegen dort eingeführt worden, die mittlerweile wild sind – mit all den Auswirkungen, die
solche Tiere auf ein Ökosystem haben. Daher würde eine An-
siedlung von Rodriguez-Flughunden auf den Inseln die Lage
nicht verschlimmern, aber sie könnte dazu beitragen, die Art vor
dem Aussterben zu bewahren, und sich möglicherweise sogar
segensreich auf die Regeneration der Pflanzenwelt auswirken.

Es ist erwiesen, daß Flughunde in Wäldern eine wichtige Rolle
bei der Befruchtung von Blüten spielen. Außerdem fressen sie

Früchte: Die darin enthaltenen Samen wandern durch ihren Körper, während sie von einem Platz zum anderen fliegen, fallen mit den Ausscheidungen zu Boden und schlagen Wurzeln. So wird die entsprechende Art eines fruchttragenden Baumes über weite Gebiete verbreitet. Es ist dumm zu fragen – wie es viele Leute mit verächtlichem Unterton tun –, wozu dieses oder jenes gut sei. Jede Pflanze und jedes Tier erfüllt einen bestimmten Zweck, wenn er auch nicht unmittelbar einleuchtend sein mag. Die Aktivitäten der Flughunde helfen vielen anderen Lebensformen, dem Menschen eingeschlossen.

Wir baten um die Genehmigung, Diego Garcia zu besuchen. Dies verweigerten uns die Behörden. Statt dessen sollten wir unsere Aufmerksamkeit den anderen beiden Inseln zuwenden. Das tun wir jetzt in der Hoffnung, einen sicheren Platz für unsere kleinen goldenen fliegenden Teddybären zu finden. Und wir wünschen uns, daß dieser Platz nicht in ein Atombombentestgelände verwandelt worden ist, wenn wir ihn einmal gefunden haben. Alles ist möglich in einer Welt, in der Töten wichtiger zu sein scheint als Bewahren.

Während der Rodriguez-Flughund unter dem «Dort-Syndrom» leidet, werden gerade einige andere Tiere aus dem Indischen Ozean davon geheilt. Das ist die Geschichte von Round Island – wohl das Eindrucksvollste, was wir bisher erreicht haben: die Rettung einer ganzen Insel und ihrer Bewohner vor dem ökologischen Vergessen.

Als John Hartley und ich auf Mauritius waren, um das Zuchtprojekt für die Rottaube in die Wege zu leiten, wurde ich auf die Probleme aufmerksam, mit denen Round Island, eine etwa 140 Hektar große Vulkaninsel zwanzig Kilometer nordöstlich von Mauritius, zu kämpfen hatte. Erstaunlicherweise gibt es auf diesem winzigen Fleck Erde nicht weniger als zwei Echsen- und zwei Schlangenarten sowie mehrere Pflanzenarten, die nirgendwo anders vorkommen. Außerdem ist Round Island eine der wenigen hohen tropischen Inseln, die frei von Ratten und Mäusen ist, und ein wichtiger Standort für mehrere brütende Seevögel. Vor vielen Jahren war Round Island eine Art Mauritius *en miniature*, das heißt, die hoch gelegenen Teile der Insel waren dicht mit Harthölzern, unter anderem Ebenholz, bewachsen, während auf den unteren Hängen eine mit Palmen bestandene Savanne lag. Dann setzte Anfang des 19. Jahrhunderts irgendein Narr einige Ziegen und Kaninchen aus, von allen Tieren die zerstörerischsten. Man hätte ebensogut einen Säbelzahntiger in eine Schafherde setzen können. Was die Ziegen nicht fraßen, fraßen die Kaninchen, und bald waren die Hartholzwälder völlig verschwunden, die Palmensavanne kämpfte um ihr Überleben, und die rasch erodierende Insel versank langsam, aber sicher, im Meer. Bei meinem ersten Besuch sah sie aus wie die rote, zerfurchte Totenmaske eines uralten Indianers. Nur spärliches Unterholz und einige verstreute Pandanusbäume waren übriggeblieben. Ganz klar mußte schnell etwas getan werden, wenn wir die Reptilien retten wollten: ihr Habitat wurde ihnen noch im Wachsen buchstäblich weggefressen. John und ich kehrten zweimal auf die Insel zurück, denn die Regierungsstellen auf Mauritius stimmten mit uns darin überein, daß die Reptilien nur durch Aufzucht in Gefangenschaft – zunächst auf Jersey und später vielleicht auf Mauritius – vor dem Aussterben bewahrt werden konnten. Es seien bereits Maßnahmen getroffen worden, hörten wir, mit den Kaninchen und Ziegen fertig zu werden.

Ich habe Tiere in vielen Teilen der Erde gefangen, und keiner dieser Fänge war leicht. Auf Round Island hingegen taten die Reptilien ihr Äußerstes, uns dabei behilflich zu sein. Die Telfairschen Skinke, eine Echsenart, waren so zahm, daß sie sofort begeistert zu uns huschten, wenn wir uns unter den grünen, wie eine Hand geformten Blättern eines Pandanusbaumes zum Picknick niederließen. Die großen Reptilien mit ihren glatten, braungrau gefärbten Schuppen, die wie ein Regenbogen funkelten, wenn die Sonne darauffiel, hatten spitze, intelligente Gesichter und dicke schwarze Zungen. Sie drängten sich um uns, kletterten uns in den Schoß und ließen sich auf die gefälligste Weise mit hartgekochten Eiern, Tomaten und Passionsfrüchten füttern, wobei sie Bier und Coca Cola aus unseren Gläsern tranken und sich so artig benahmen wie Damen bei einem Kaffeekränzchen. Wir kamen uns richtig gemein vor, als wir am Ende des Picknicks unsere wohlerzogenen Gäste einfach hochhoben und sie mit dem

Kopf voran in einen weichen Sack steckten – ganz so wie in *Alice im Wunderland*, wo der verrückte Hutmacher und der Hase die Maus einfach in die Teekanne stecken.

Dann gingen wir daran, den Guntherschen Gecko einzufangen, eine zwanzig Zentimeter lange, rundliche Echse mit großen goldenen Augen, fächerförmigen Haftpolstern an den Zehen und einer schwarz und aschgrau gefleckten, samtweichen Haut. Die Geckos waren nicht so gesellig wie die Skinke. Sie hielten sich vorwiegend in der Palmen-Savanne auf, wo sie sich in halber Höhe an die Baumstämme klammerten. Wir mußten sie mit einer raffinierten Methode fangen: Wir angelten sie. Wir hatten Bambusstäbe mit, an denen wir Nylonschlingen angebracht hatten. Die Geckos waren äußerst kooperativ und blieben ruhig sitzen, bis wir ihnen die Schlinge über den Kopf und den dicken Hals geschoben hatten. Dann ging es nur noch darum, sie in einen Sack zu befördern. Das mußte sehr sanft und mit äußerster Behutsamkeit geschehen, denn wenn die Echse in Panik geriet und sich gegen die Schlinge wehrte, konnte die äußerst dünne Haut am Hals leicht von der Nylonschnur durchschnitten werden. Es gelang uns jedoch, die Tiere unverletzt einzufangen, und am Ende hatten wir zwanzig Skinke und sechzehn Geckos in unseren Säcken.

Als nächstes kamen die Schlangen dran. Die beiden auf Round Island lebenden Arten sind nicht giftig und entfernt mit der Schlangenfamilie verwandt, zu der die Boa Constrictor des tropischen Amerika gehört. Inzwischen gelten sie als eigene Familie. Eine von ihnen ist ein etwa einen Meter langes, olivgrünes Tier mit hellerer Zeichnung. Am Tage schläft es in den welken Palmwedeln der Latanien, von denen noch einige im Savannengebiet übrig sind. Diese Schlangen waren leicht zu fangen, da sie nur dalagen und sich widerstandslos aus dem Palmwedel heben ließen. Aber da sie sich nicht bewegten, waren sie nur schwer auszumachen. Mit der anderen Schlangenart hatten wir überhaupt kein Glück. Sie lebt unterirdisch und ist deshalb kaum zu lokalisieren. Die letzte war 1975 gesichtet worden; seitdem hatte man nichts wieder von ihr gehört, so daß sie als ausgestorben galt. Obgleich wir überall nach dem Tier suchten, fanden wir keine Spur und gelangten zu dem traurigen Schluß, daß es wohl tatsächlich ausgestorben sein muß.

Als wir nach Mauritius zurückkehrten, war wegen der Pläne, die Kaninchen und Ziegen auf Round Island auszurotten, ein heftiger Streit entbrannt. Den Behörden war als einzige Lösung Gift genannt worden, weil das schwierige Terrain keine andere Methode zuließ. Deshalb hatte man sich für Strychnin entschieden. Es ist ein äußerst unangenehmes Gift, aber damals leider das einzig erhältliche, das man tagelang in der sengenden Sonne liegenlassen konnte, ohne daß es seine Wirkung verlor. Im Nachhinein erwies sich diese Entscheidung als noch unglücklicher, denn später fand man heraus, daß das Strychnin nicht nur die Ziegen und Kaninchen, sondern auch einige der Reptilien hätte vergiften können. Aber es war dringend erforderlich, Round Island so schnell wie möglich von den Pflanzenfressern zu befreien. Dann gab jemand, der mit dem Projekt zu tun hatte, ein Zeitungsinterview, in dem er die Pläne der Regierung offen darlegte. Die Folge war ein riesiger Tumult.

Mehrere Tierschutzorganisationen in Großbritannien griffen den Fall auf und gebärdeten sich wie hysterische alte Tanten. Einer ihrer Vertreter ging sogar soweit, Peter Scott gegenüber (der zu vermitteln suchte) zu behaupten, es sei besser, alle Arten auf Round Island aussterben zu lassen, als ein einziges Kaninchen zu töten. Der Society for the Prevention of Cruelty to Animals auf Mauritius, die sich bis dahin als äußerst hilfreich erwiesen und die bisherigen Maßnahmen unterstützt hatte, wurde die Sache zu heiß, machte einen Rückzieher und verkündete, es sei grausam, die Kaninchen und Ziegen zu vergiften; man werde bestimmt alles tun, um das zu verhindern. Vergeblich gaben wir zu bedenken, daß die Kaninchen und Ziegen bei ihrer gegenwärtigen Reproduktionsrate selbst ihre Nahrungsquelle vernichten und so allmählich verhungern würden – sicher ein schlimmerer Tod als der durch Gift. Eine englische Gesellschaft, die sich dem Wohl der Tiere verschrieben hatte, schickte sogar einen Scharfschützen auf die Insel, der sich bemühte, die Ziegen mit Hilfe seiner Büchse zu dezimieren. Zu unserer Überraschung gelang ihm das auch. Ich sage zu unserer Überraschung, denn die Tiere waren äußerst wachsam und hatten sich an den Rand des Vulkankraters zurückgezogen, das schwierigste und gefährlichste Terrain auf der ganzen Insel. Aber es gab immer noch die unverdrossen vor sich hin mümmelnden Kaninchen; und so blieb alles in der Schwebe.

Während dieser anstrengenden Zeit trat ein amüsantes Ereignis ein, das unsere Bürde ein wenig leichter machte. Der Mann in England, der am meisten Schwierigkeiten bei der Bekämpfung der Kaninchenplage machte, war ein gewisser Dr. Glenfiddis Balmoral. So hieß er natürlich nicht wirklich; sein richtiger Name war jedoch genauso ungewöhnlich. John Hartley und ich besuchten gerade zusammen mit meinem Freund Wahab Owadally, dem Chief Conservator of Forests auf Mauritius, eine vom Londoner Zoo veranstaltete Konferenz, und als ich die Teilnehmerliste überflog, fiel mein Blick auf den Namen des gefürchteten Doktors. Ich war mir sicher, ihn zur Vernunft bringen zu können, wenn wir drei nur irgendwo die Möglichkeit zu einem privaten Gespräch fänden. Wir planten unser Kidnapping mit großer Umsicht. Zuerst fragte ich Michael Brambell, den damaligen Kurator für Säugetiere des Londoner Zoos, ob er uns sein Haus am Regent Park-Kanal, unweit des Konferenzsaals, zur Verfügung stellen könnte. Dann bat ich eine Persönlichkeit von Rang und Namen, mich dem Herrn vorzustellen. Er erschien mir als ein netter, vernünftiger Mann, und ich war erstaunt, daß er einen so extremen Standpunkt in der Frage des bereits als «Häschen-Blutbad» bezeichneten Vorhabens einnehmen konnte. Ich sagte ihm, meine Kollegen und ich würden gern etwas mit ihm besprechen; ob er Lust habe, in einer Konferenzpause mit uns auf einen Drink in Michaels Haus zu kommen. Er stimmte bereitwillig zu. Leider wählte er für unsere Zusammenkunft die Zeit, in der jemand einen Vortrag über die Zucht von Seekühen hielt – Tiere, für die ich eine stille Leidenschaft hege. Ich mußte darauf verzichten; Round Island war zu wichtig. Es ist eines der vielen Opfer, die ich im Namen des Naturschutzes auf mich genommen habe.

So bugsierten wir den guten Doktor in Michaels Haus, machten uns über den Inhalt der Hausbar her, und die Wirkung eines gewaltigen Gin Tonic versetzte unser Opfer bald in mildere Stimmung. Ich begann, ihm das Problem von Round Island darzulegen. Der gute Doktor hörte aufmerksam zu und nickte verständnisvoll. Als ich erlahmte, übernahm Wahab die Führung

und erläuterte ausführlich, warum die Kaninchen zu einem langsamen Tod durch Verhungern verurteilt seien. Er malte ein so
düsteres Bild, daß wir alle Tränen in den Augen hatten. Dann trat
John auf den Plan und sprach ausführlich von der enormen biologischen Bedeutung der Insel und davon, wie verbrecherisch es
sei, sie durch Kaninchen zerstören zu lassen. Während dieser
Ausführungen hatte der gute Doktor immer wieder zustimmend
genickt und ermutigende Bemerkungen wie «Völlig richtig –
ganz Ihrer Meinung – ja, sehr wahr» von sich gegeben. So war es
wie ein Schock, als wir ihn schließlich, nachdem wir unser Pulver
verschossen hatten, sagen hörten: «Aber ich weiß wirklich nicht,
wie ich Ihnen helfen kann.»

Ich sah ihn ungläubig an.

«Aber Sie sind doch Dr. Glenfiddis Balmoral, nicht wahr?»

«Ja», sagte er erstaunt.

«Von der Society for the Greater Protection of Fur and Fea-
ther?»

«Nein, nein», berichtigte er mich. «Von der Society for the
Preservation and Better Understanding of the Coleoptera.»

Es war der falsche Mann. Aber wer wäre auch auf die Idee
gekommen, daß es zwei Doktoren mit demselben ungewöhnli-
chen Namen gab? Das Schmerzlichste dabei war, daß ich meinen
Vortrag über die Seekühe versäumt hatte.

Inzwischen waren Samen von den seltenen Palmen auf Round
Island im Botanischen Garten von Mauritius ausgesät worden,
wo sie zu prächtigen Bäumen heranwuchsen. Auch die Aufzucht
der Reptilien, die wir nach Jersey mitgebracht hatten, verlief äußerst erfolgreich. Vom Guntherschen Gecko haben wir 235, vom
freundlichen Telfairschen Skink 327 und – wahrscheinlich die
größte Leistung – von der Round-Island-Boa 31 Tiere aufgezogen. Wir haben Exemplare der Skinke und der Geckos zu Zuchtzwecken an Zoos in den USA, in Deutschland, Frankreich,
Großbritannien, Holland und Kanada verliehen und damit ihren
Bestand stabilisiert. Einige der Boas wurden, wie es sich gehört,
nach Kanada an die Reptile Breeding Foundation geschickt, deren Besitzer Geoff Gaherty uns seinerzeit durch ein großzügiges
Geschenk ermöglicht hatte, unser eigenes Reptilienhaus aufzubauen.

Wir besaßen jetzt sowohl Palmen als auch Reptilien, die wieder auf Round Island angesiedelt werden konnten. Dem standen nur die lästigen Eindringlinge im Wege. Wir hatten das «Dort», in das wir die einheimischen Pflanzen und Tiere aussetzen konnten, aber das «Dort» war dafür noch nicht geeignet.

Seit ich vor vielen Jahren Neuseeland besucht hatte, war ich mit den führenden Leuten des New Zealand Wildlife Service, wahrscheinlich dem besten der Welt, in Verbindung geblieben. In einem meiner Briefe erwähnte ich unser Problem mit Round Island und bat sie um Rat. Ich wußte von ihren eigenen Schwierigkeiten mit den Ratten und streunenden Katzen auf ihrer Insel. Unverzüglich kam eine Antwort von Don Merton, der mir mitteilte, er habe eine Lösung für unser Problem. Sie hatten ein neues Gift entwickelt, das auch bei extremen Temperaturen nicht seine Wirkung verlor, nur auf Säugetiere ansprach und, anders als Strychnin, schmerzlos war. Er sei sicher, sagte Don, daß er und einige seiner Kollegen beurlaubt würden, wenn wir einen entsprechenden Antrag beim Wildlife Service stellten, er würde gerne den Job für uns erledigen. Das hörte sich fast zu schön an, um wahr zu sein, aber nach Erledigung der Formalitäten erschienen Don und seine Freunde tatsächlich auf Mauritius, kiloweise Gift im Gepäck und mit Zelten, Ölzeug und anderen wichtigen Gegenständen ausgerüstet. Eine langwierige Arbeit stand ihnen bevor, denn auf 140 Hektar eines Terrains, das aussah wie die Oberfläche des Mondes, Tausende von Kaninchen zu vergiften, war kein leichter Job. Die schwere Ausrüstung mußte mit einem Hubschrauber nach Round Island geschafft werden, da es unmöglich war, mit einem Boot zu landen und sie über die fast senkrechten Klippen nach oben zu schleppen. Gerade als sie alles gepackt hatten und bereit zum Aufbruch waren, gab der uns von der Regierung zur Verfügung gestellte Hubschrauber seinen Geist auf. Wir hatten uns schon mit dem Gedanken abgefunden, diese so wichtige Mission auf unbestimmte Zeit verschieben zu müssen, als mehrere glückliche Umstände uns retteten. Ein Zerstörer der australischen Marine stattete Mauritius einen Freundschaftsbesuch ab, mit einem funkelnagelneuen Hubschrauber an Bord. Unsere verzweifelten Anrufe bei der Australischen Botschaft wurden positiv beantwortet, und die australische Marine erhielt den Befehl, uns zu helfen. Don und sein Team wurden, samt Gift und Ausrüstung und samt einem Wasservorrat für sechs Wochen (denn es gab kein Süßwasser auf der Insel), von der HMAS «Canberra» nach Round Island gebracht, wo der Hubschrauber die ganze Ladung auf dem einzigen Stückchen Land absetzte, das man als flach bezeichnen konnte. Hier schlugen Don und seine Männer ein Lager auf und begannen mit ihrer Arbeit.

Sie gaben ihr Bestes, und nach sechs Wochen ging Don davon aus, daß alle Kaninchen vernichtet waren. Um jedoch ganz sicher zu gehen, kehrte er mit seinem Team ein Jahr später noch einmal auf die Insel zurück. Der Grund dafür war einfach: Wenn auch nur ein halbes Dutzend Kaninchen beiderlei Geschlechts am Leben geblieben wäre, hätte die Aktion das Gegenteil von dem bewirkt, was wir beabsichtigten. Sie hätte eine Bevölkerungsexplosion unter den übriggebliebenen Kaninchen ausgelöst und uns wieder an unseren Ausgangspunkt zurückgeworfen. Es fand sich jedoch keine Spur eines Kaninchens. Don schickte mir ein Foto, auf dem deutlich zu sehen war, daß die zerfurchte, ausgetrocknete, erodierte Oberfläche der Insel bereits wieder einen Hauch frischen Grüns trug. Damit hatte Round Island eine zweite Chance zu überleben. Natürlich ist die Arbeit damit noch nicht beendet. Neue Palmen werden gepflanzt, und hoffentlich auch Harthölzer. Wir hoffen, daß die Insel in fünfzig Jahren wieder so aussieht, wie sie vor zweihundert Jahren ausgesehen hat, und daß sie ihren seltsamen und einzigartigen Bewohnern einen sicheren Lebensraum bietet.

Kürzlich besuchte uns ein berühmter Autor, Richard Adams, der einen Bestseller über Kaninchen geschrieben hat, *Watership Down* (*Unten am Fluß*). Jeremy führte ihn durch den Zoo, wie immer voller Begeisterung für unsere Arbeit und die Auswirkungen, die sie auf viele andere Bereiche hat. Er berichtete Adams enthusiastisch von dem, was wir auf Round Island geleistet hatten, als er plötzlich einen Fehler beging.

«Ja», sagte er vergnügt, «und nachdem wir die Ziegen ausgerottet hatten, gelang es uns, Tausende von Ka… Ka… Ka…»
Jeremy stockte. Wie kann man dem Mann, der *Watership Down* geschrieben hat, erzählen, daß man 3000 Kaninchen vernichtet hat, ohne ein gewisses Maß an Mißvergnügen hervorzurufen?

Sie sahen sich einen Augenblick schweigend an. Jeremy errötete.

«Es ist schon in Ordnung», sagte Richard Adams freundlich. «Ich weiß nicht, warum jeder glaubt, daß ich Kaninchen mag, nur weil ich ein Buch über sie geschrieben habe.»

So hatte der Trust in Zusammenarbeit mit der Regierung von Mauritius und mit Unterstützung des New Zealand Wildlife Service und der australischen Marine Round Island gerettet. Wir hatten, wie ich Roger Payne schrieb, ein «Dort» gerettet, um «sie» wieder darin heimisch zu machen. Aber darüber hinaus haben wir, wie ich glaube, die Vorstellung von einem «Zoo», die allgemein in der Öffentlichkeit herrscht, um eine Dimension erweitert. Wir haben nicht nur unter Beweis gestellt, daß Aufzucht in Gefangenschaft, sei es auf Jersey oder im Ursprungsland der betreffenden Art, von größter Bedeutung ist, sondern wir haben auch gezeigt, daß ein «Zoo» dazu beitragen kann, den Lebensraum der Tiere zu retten und zu schützen, die er betreut.

Was wir für Round Island geleistet haben, wird nach meiner festen Überzeugung als Modell für viele Teile der Welt dienen, in denen es ähnlich empfindliche und gefährdete Ökosysteme gibt. Wir haben also, wie ich hoffe, gezeigt, daß die Zoologischen Gärten mehr sein können als sterile viktorianische Menagerien (von denen es immer noch zu viele gibt), daß sie einen wesentlichen Beitrag dazu leisten können, die Lebensformen zu bewahren, die mit uns zusammen auf der Erde sind. Wir glauben, das ist die Aufgabe aller Zoos, besonders derjenigen in reichen Ländern. Und wenn sie aus finanziellen Gründen auch nicht an so entfernten Orten wie den Maskarenen tätig werden können, werden sie doch, wenn sie danach suchen, vor ihrer Tür ein Round Island finden, dem sie helfen können. Denn überall auf der Welt ist die Natur gefährdet und bedarf der Hilfe.

Ein Fest der Tiere

So wurde 1984 das Jahr eines doppelten Geburtstages, denn vor fünfundzwanzig Jahren hatte ich den Zoo gegründet, und vor einundzwanzig Jahren hatte er seine Metamorphose durchlaufen und war zum Jersey Wildlife Preservation Trust geworden. Es stand uns wohl an, anläßlich der Geburtstagsfeier einen vorsichtigen Blick auf die Fortschritte zu werfen, die wir seitdem gemacht hatten.

Was hatten wir erreicht? Nun, zunächst glaube ich, hatten wir bewiesen, daß ein Zoo ein wichtiges Rädchen in der Maschinerie des Naturschutzes sein kann und sein sollte. Wenn die Aufzucht in Gefangenschaft vor fünfundzwanzig Jahren in Gegenwart einer Gruppe ernstzunehmender Naturschützer erwähnt wurde, zuckten sie zusammen und wechselten das Thema, als habe man vorgeschlagen, Nekrophilie als Mittel der Geburtenkontrolle einzusetzen. Aber vor drei Jahren veröffentlichte die IUCN eine Absichtserklärung, in der die Aufzucht in Gefangenschaft als wichtiges Instrument des Artenschutzes bezeichnet wurde. Das Dokument bietet eine interessante Lektüre, denn es beschreibt genau die Richtlinien, denen wir seit einem Vierteljahrhundert folgen und die ich seit meinem sechzehnten Lebensjahr propagiere! Wir freuen uns jedoch, daß das Naturschutz-Establishment der Aufzucht in Gefangenschaft endlich den Rang einräumt, der ihr gebührt. Aber warum hat es so lange gedauert? Ich will nicht meckern. Es ist schön, so erlauchte Schüler in die Arme schließen zu können, wenn auch mit Verspätung.

Wir haben Zuchtkolonien gefährdeter Arten nicht nur auf Jersey und in mehreren anderen geeigneten Zoos in Europa und Amerika entwickelt, sondern auch in den Ländern, aus denen die Tiere stammen. Es gibt Einrichtungen zur Aufzucht dieser Tiere, die mit unserer Hilfe entworfen und gebaut wurden, an Plätzen wie Brasilien, St. Lucia, Mauritius, Marokko und Madagaskar. Die letztgenannte, äußerst erfolgreiche Zuchtkolonie weicht insofern von unseren sonstigen Gepflogenheiten ab, als sie eine der seltensten Schildkröten der Welt, die Pflugscharschildkröte oder Angonoka, enthält – eine Art, die wir nicht in unserem Zoo auf Jersey haben. Vielleicht wird sie in einigen Jahren bei uns vertreten sein, aber im Augenblick kommt es darauf an, ihren Bestand zu stabilisieren. Dieses Projekt betreut unser Conservation Field Officer in Madagaskar, Don Reid, mit großem Erfolg. Natürlich haben wir es nicht allein in die Wege geleitet, sondern mit Hilfe vieler Organisationen, vor allem des Worldwide Fund for Nature; doch Lee koordiniert das ganze Unternehmen, und mit den bisher erzielten Fortschritten ist es ein Vorbild dafür, wie ein solches Vorhaben zu planen und zu verwirklichen ist.

Unsere zweite wichtige Leistung ist unsere Mini-Universität, unser International Training Centre for Conservation and Captive Breeding of Endangered Species, um die Einrichtung bei ihrem vollen Namen zu nennen. Stipendiaten aus Entwicklungsländern kommen dorthin, um später in Einklang mit den Regierungen in ihrer Heimat die Aufzuchtprogramme zu verwirklichen, die wir entwickelt haben.

Erst kürzlich kam Jeremy von einer IUCN-Konferenz in Costa Rica zurück, auf der er zweiundzwanzig unserer früheren Absolventen aus so weit voneinander entfernt liegenden Ländern wie Thailand und Brasilien getroffen hatte. Alle waren begierig, Neues aus Jersey zu erfahren – ihrer Alma mater sozusagen – und tauschten ihrerseits untereinander Neuigkeiten und Meinungen aus. Jeremy sagte, es sei wie ein großes Familientreffen gewesen. Der Gedanke, daß der Trust so viele von ihrer Aufgabe begeisterte junge Menschen aus so vielen Teilen der Welt ausgebildet hat, macht mich glücklich.

Das Ausbildungszentrum ist jetzt der University of Kent in Großbritannien angegliedert, die unseren Studenten die Möglichkeit bietet, ein Diplom im «Umgang mit Gefährdeten Arten» zu erwerben, das erste seiner Art. Wir haben Zugang zu den hochtechnisierten Computer-Einrichtungen der Universität und können so schnell und zuverlässig die Informationen für unsere Arbeit aus allen Teilen der Welt speichern. Außerdem hat die

Universität 1989 ein neues Institut gegründet – ich fühlte mich sehr geehrt, als man meinen Namen dafür erbat. So wird dieses Institut – das erste seiner Art in Großbritannien – die Bezeichnung Durrell Institute of Conservation and Ecology, abgekürzt DICE, tragen.

Unsere anderen Aktivitäten, sowohl auf Jersey als auch außerhalb, haben mit unseren Hauptentwicklungen Schritt gehalten. Die Ergebnisse unserer wissenschaftlichen Forschungen – nicht nur über die Tiere im Jersey Zoo (mit ihren vielen Aspekten der Veterinärmedizin, der Ernährung und der Aufzucht), sondern auch über das Verhalten und die Ökologie wildlebender Arten – stehen Interessierten in Bibliotheken der ganzen Welt zur Verfügung. Unsere Bemühungen um Öffentlichkeitsarbeit haben sich rasch entfaltet; von ihnen profitieren nicht nur die Schüler auf Jersey, sondern auch die Menschen auf Madagaskar, die Poster von Lemuren und Pflugscharschildkröten überall in Schulen und öffentlichen Gebäuden sehen können.

Unsere Mitglieder auf der ganzen Welt, besonders aber in Nordamerika, haben unsere Arbeit unterstützt. Wie ich berichtet habe, besuchte ich 1973 die Vereinigten Staaten, und dank der tatkräftigen Hilfe Tom Lovejoys und meiner anderen amerikanischen Freunde wurde der Wildlife Preservation Trust International ins Leben gerufen. 1986 war Simon Hicks maßgeblich daran beteiligt, den Wildlife Preservation Trust in Kanada zu gründen. Abgesehen davon, daß sie unseren Spielraum beträchtlich erweitert haben, geben diese beiden Schwesterorganisationen unseren amerikanischen und kanadischen Mitgliedern die Möglichkeit, ihre Beiträge und Spenden von der Steuer abzusetzen, was wiederum dem Trust als Ganzem zustatten kommt.

Schließlich sehen wir jetzt allmählich den Lohn unserer Arbeit: wir haben in Gefangenschaft aufgezogene Tiere erfolgreich in die Freiheit entlassen. So seltene Tiere wie die Rottaube und das Löwenäffchen haben sich an ihr neues Leben in den Wäldern gewöhnt und, was wichtiger ist, angefangen, sich zu vermehren. Es ist ein wunderbares Gefühl, nach all den Jahren, die wir damit verbracht haben, Zuchtkolonien aufzubauen, jetzt die Tiere dort aussetzen zu können, wo sie hingehören, und ihre Art wachsen und gedeihen zu sehen.

Wir haben all das, was wir uns zum Ziel gesetzt haben, als wir den Trust gründeten, in Angriff genommen, einiges gründlich, anderes weniger gründlich. Aber wenigstens steht der Apparat und läßt sich weiter ausbauen. Es tut jedoch gut, Anerkennung zu bekommen, und eines der schönsten Komplimente, die uns je gemacht wurden, kam von Dr. Warren Iliff, dem Direktor des Dallas Zoo und ehemaligen Präsidenten der American Association of Zoological Parks and Aquaries, als er 1988 eine Rede an der Southern Methodist University in Texas hielt. Er sagte: «Wenn man Leute fragt, welches der beste Zoo der Welt ist, sagen einige San Diego, andere sagen Bronx. Aber wenn man die Zoo-Leute selbst fragt, also die Leute, die professionell mit Zoos zu tun haben, einschließlich der Direktoren von Zoos, sagen sie: der Jersey-Zoo.» Eine solche Feststellung von der anderen Seite des Atlantiks, wo es Mega-Zoos gibt, die mit Mega-Summen finanziert werden, ist ein Kompliment, das man gern hört.

Wir haben auch insofern Glück gehabt, daß ich, wie schon gesagt, Bücher geschrieben habe, die populär wurden und die uns geholfen haben, Mitglieder zu gewinnen. Sie haben den Menschen die Bedeutung der Aufzucht in Gefangenschaft vor Augen geführt und mich in Kreise geführt, die mir sonst verschlossen geblieben wäre. Das wurde mir sehr klar, als wir unsere Geburtstagsfeier planten.

Da wir eine kleine Organisation sind, kommen die «Jungs» (wie ich Jeremy, John, Simon und Tony sehr zu ihrem Mißvergnügen nenne) häufig am Ende eines Tages auf einen Drink zu uns in die Wohnung. Sie kommen auch manchmal während des Tages, wenn wir wichtige Angelegenheiten zu besprechen haben, die wir gewöhnlich durchdiskutieren, bevor wir sie dem Vorstand oder dem Aufsichtsrat vortragen. Auf diese Weise trennen wir die Spreu vom Weizen und ersparen den Ausschußkomitees endlose Debatten. Wenn ich koche – eine Kunst, die ich gern ausübe –, sitzen die Jungs am Küchentisch; wenn nicht, ziehen wir uns in das Wohnzimmer zurück, wo einige mit dem Fußboden vorlieb nehmen müssen, während Papiere und Notizzettel überall in einem scheinbar chaotischen – tatsächlich jedoch sehr geordneten – Durcheinander herumliegen.

Zu besonderen Gelegenheiten, etwa der Geburt eines Gorilla-babys oder einer neuen Liebe zwischen zwei Löwenäffchen, trinken wir Champagner – der nicht, wie ich mich beeile hinzu-zufügen, mit den Geldern des Trusts bezahlt wird, sondern aus meinem Keller stammt. An diesem besonderen Morgen fühlten wir uns genötigt, die Korken knallen zu lassen, da wir gerade erfahren hatten, daß Princess Anne nach Jersey kommen würde, um an unserer Geburtstagsfeier teilzunehmen. Alles, was wir zu tun hatten, war, der Sache das nötige Dekorum zu verleihen.

«Die Prinzessin hat sich bereit erklärt, das Ausbildungszen-trum zu eröffnen», sagte Simon, der auf dem Teppich lag und sein Champagnerglas umklammert hielt. «Das ist ausgezeichnet. Das kann als erstes über die Bühne gehen.» Obgleich unsere Mini-Universität schon vor zwei Jahren ihren Betrieb aufge-nommen hatte, war sie noch nicht «offiziell» eröffnet worden, und wir wollten natürlich, daß unsere Schirmherrin das tat.

«Und was dann?» fragte ich, denn es war vorwiegend Simons Aufgabe, die ganze Geschichte zu arrangieren.

«Ein Mittagessen», sagte er. «Im ausgewählten Kreise. Nur Trust-Mitglieder.»

«Reden?» fragte John.

«Ich hoffe, Gerry wird eine halten. Dann wird die Prinzessin darauf antworten», sagte Simon.

«O Gott! Ich hasse es, Reden zu halten. Ist es nötig?»

«Unbedingt», sagte Simon. «Geht nicht, daß die Prinzessin eine Rede hält, und der Gründer sitzt herum und schweigt.»

«Nur ein paar einfache Worte», meinte John aufmunternd.

«Gut. Wenn sie so einfach sind, können Sie sie mir ja schrei-ben», sagte ich.

«Sie ändern immer alles, was ich für Sie schreibe», sagte John indigniert.

«Nur deshalb, weil Sie nicht schreiben können», sagte ich. «Weiter, Simon. Was machen wir am Abend?»

«Ich habe eine glänzende Idee», sagte Simon mit leuchtenden Augen. Wir alle stöhnten. Jeremy schloß die Augen, und ein schmerzerfüllter Ausdruck glitt über sein Gesicht, so daß er dem Duke of Wellington noch ähnlicher wurde – nach einer Nieder-lage. Wir alle kannten Simons glänzende Ideen.

«Was ich vorschlagen möchte», fuhr Simon fort, ohne unser einhelliges Entsetzen zu beachten, «ist, daß wir Gorey Castle mieten und dort ein Bankett veranstalten.»

Das übertraf alle früheren glänzenden Ideen Simons. Gorey Castle, eine im 13. Jahrhundert erbaute Festung, überragt den kleinen Fischerhafen, der zu seinen Füßen in einer halbmondförmigen Bucht liegt. Das mächtige Bauwerk mit seinen von keiner Kanonenkugel zernarbten Mauern, Türmen und Zinnen scheint gerade frisch erbaut zu sein. Es sieht aus wie eine Hollywood-Filmkulisse, und wenn es von Flutlicht angestrahlt wird, erwartet man jeden Augenblick, daß Errol Flynn sich von einer Brustwehr herunterschwingt. Die Festung ist das auffälligste Gebäude auf Jersey und wurde von Sir Walter Raleigh bewohnt, als er im Jahre 1600 Gouverneur der Insel war. Die Vorstellung, eine solche Sehenswürdigkeit zu mieten, war verführerisch, aber, wie ich einsah, leider völlig unrealistisch.

«Gorey Castle mieten!» sagte Tony schockiert. «Man kann keine *Festung* mieten!»

«Nun, wenn man weiß, für wen es ist, kriegen wir sie vermutlich sogar umsonst», schob Simon den Einwand beiseite. «Dann dachte ich, daß wir dieses Bankett vielleicht mittelalterlich gestalten. Wir können etwa zweitausend Leute dort unterbringen, schätze ich. Wir tragen alle Kostüme aus der Zeit und rösten einen Ochsen am Spieß und dann…»

«Zweitausend Leute!» rief Lee. «Wer soll sie bedienen?»

«Kellner», sagte Simon, überrascht, daß Lee nicht selbst auf diese einfache Antwort gekommen war.

«Wo wollen Sie sie hernehmen? Es gibt nicht einmal genug auf der ganzen Insel», wandte Jeremy ein.

«Wir fliegen sie ein», sagte Simon, von seiner Idee begeistert. «Wir fliegen sie ganz einfach ein.»

«Aber wo sollen sie schlafen?» fragte Jeremy verzweifelt.

«In Zelten», sagte Simon. «Wir schlagen im Festungshof Zelte auf.»

Ich sah im Geist eine Schar mürrischer portugiesischer und spanischer Kellner vor mir, mit elisabethanischen Halskrausen und federbesetzten Hüten, wie sie in strömendem Regen aus ihren Zelten krochen.

«Wie sieht's mit den sanitären Einrichtungen aus?» fragte Tony, der in seiner Hausmeisterrolle gerade am vorigen Tag ein paar unangenehme Stunden damit verbracht hatte, eine Rohrverstopfung in der Damentoilette zu beseitigen, und so zu einer eher düsteren Betrachtungsweise neigte.

«Wir lassen Latrinen ausheben», sagte Simon sofort.

«Wer hebt sie aus?» fragte Jeremy.

«Freiwillige», sagte Simon.

«Und wenn wir keine Freiwilligen bekommen?» fragte Jeremy.

«Bitten wir die Kellner, sie auszuheben», schlug John vor.

«Und wo wollen Sie einen Ochsen hernehmen?» fragte Tony, dessen veterinäre Seite jetzt zum Vorschein kam.

«Kaufen», sagte Simon.

«Das Gesundheitsamt wird niemals Latrinen im Gorey Castle zulassen», sagte Jeremy.

«Abgesehen von der Hygiene – der Geruch», fügte Tony einfühlsam hinzu.

«Besser ein Festessen mit Kräutern als ein verbrannter Ochse», zitierte ich die Bibel falsch.

«Wir werden auch ein Bankett arrangieren», beharrte Simon auf seiner Idee. «Mit Rehbraten und so.»

«Wir könnten Blei schmelzen und es von der Brustwehr auf die Leute gießen, die uns unsympathisch sind», schlug John hilfsbereit vor.

«Blei ist wahnsinnig teuer», sagte Jeremy, der den Vorschlag ernstgenommen hatte.

Ich hatte das Gefühl, daß das Gespräch ausuferte. Daher öffnete ich noch eine Flasche Champagner.

«Sehen Sie», sagte ich. «So faszinierend diese Idee mit der Festung auch ist – sie steckt voller Tücken. Und ich habe nicht den Wunsch, im Palast Erklärungen darüber abgeben zu müssen, warum ich die Prinzessin ausgerechnet in einer Wind und Regen ausgesetzten Festung bewirten mußte, mit halbgaren Ochsen, von der Brustwehr tropfendem Blei und einem Haufen eingeflogener Kellner, die sich darüber beschweren, daß ihre Hosen ihre Figur nicht zur Geltung bringen oder zu unbequem sind.»

«Soll das heißen, daß Sie meine Idee nicht gut finden?» fragte Simon geknickt.

«Eine ausgezeichnete Idee, aber vielleicht für eine andere Gelegenheit», sagte ich. «Aber *ich* habe eine Idee. Wie wär's mit einer Art Fest für die Tiere? Wir laden all die Berühmtheiten ein, die ich kenne und die mit Naturschutz zu tun haben. Dann kann jeder auf die Bedeutung hinweisen, die Tiere für ihn haben.»

Simons Züge hellten sich auf. «Sie meinen so eine Art von Show?» fragte er zögernd. Seine Augen begannen wieder zu leuchten.

«Nun ja», sagte ich unbestimmt. «Ich denke an Schauspieler und Schauspielerinnen, die Gedichte über Tiere rezitieren. Vielleicht ein Ballett. Man könnte Yehudi Menuhin dazu bewegen, etwas wie den ‹Karneval der Tiere› zu spielen. Etwas in der Art.»

«Ja, ja, ausgezeichnet», sagte Simon, den Blick in die Ferne gerichtet, als ob er alles vor sich sähe. «Wir machen es unten in St. Helier, im Fort Regent. Da ist eine riesige Bühne mit allem Drum und Dran. Scheinwerfer, einem riesigen Filmprojektor, Quadrophonie. O ja, es wird einfach toll. Ausgezeichnet.»

So wurde das «Fest der Tiere» geboren. Die Liste der Mitwirkenden war äußerst eindrucksvoll und interessant, da ich so viele Berühmtheiten auf unterschiedlichste Weise kennengelernt hatte.

Was die Rezitation der Gedichte betraf, so dachte ich an zwei kontrastierende Stimmen, eine männliche und eine weibliche. Von all den ausgezeichneten Schauspielern, die ich kannte, gab es einen, dessen Stimme sich mir wie keine andere eingeprägt hatte: Sir Michael Hordern. Wenn er sprach, war es, als lausche man einem herrlichen Vintage Port, dem die Fähigkeit zu sprechen gegeben war – reich, tönend, leuchtend. Ich kannte ihn nicht persönlich, aber ich wußte, daß er meine Bücher gelesen hatte und sie schätzte. Daß er zusagte, freute mich. Hinsichtlich der weiblichen Stimme gab es für mich nicht den mindesten Zweifel. Seit ich sie zum erstenmal in dem zauberhaften Film *Geneviève* (*Die feurige Isabella*) gesehen hatte, in dem es um das Oldtimer-Rennen London-Brighton ging, hatte ich mich unsterblich in Dinah Sheridan verliebt. Später hatte ich sie in dem Film *Where No Vultures Fly* gesehen, mit dem sie mich noch mehr betörte. Ich wußte jedoch, daß sie verheiratet war, und das – ehrenhaft und aufrecht, wie ich bin – hatte mich davon abgehalten, sie aufzusuchen und ihr mein Herz zu Füßen zu legen. Ein anderer Grund lag natürlich darin, daß ich selbst verheiratet war. So hatte ich mich, nicht ohne inneren Kampf, mit einem Leben ohne Dinah Sheridan abgefunden.

Dann, kurz vor unserem großen Geburtstagsfest, geschah zweierlei. Ich wollte nach London fliegen und entdeckte, daß *Present Laughter* wieder aufgeführt werden sollte, ein sehr komisches Stück meines alten Freundes Noël Coward, der seit einigen Jahren einer unserer amerikanischen Treuhänder war. Zu den Mitwirkenden gehörte zu meiner großen Freude Dinah Sheridan. Ich entschloß mich, die Aufführung zu besuchen, um mein Idol endlich einmal in Fleisch und Blut vor mir zu sehen. Während des Fluges durchblätterte ich das Bord-Magazin und stieß auf ein Interview mit ihr. Unter den nichtssagenden Fragen, die bei einem solchen Interview gestellt werden, ist unvermeidlich eine, die sich danach erkundigt, mit wem man bei einem Schiffbruch auf einer einsamen Insel stranden möchte. Sie hatte geantwortet: «Mit Gerald Durrell.» Ich traute meinen Augen nicht.

«Mein Gott, sie möchte mit mir auf einer einsamen Insel stranden», sagte ich zu Lee.

«Wer möchte das?» fragte meine Frau argwöhnisch.

«Dinah Sheridan.»

«Warum denn das bloß?» fragte Lee in jener ernüchternden Art, die Ehefrauen an sich haben.

«Weil ich ein prächtiger, aufrechter Kerl mit hohen moralischen Grundsätzen bin», sagte ich.

«Wenn sie das gesagt hat, sieht man, daß sie dich nie kennengelernt hat», sagte Lee vernichtend.

Doch ich ließ mich nicht vernichten. Ich war Feuer und Flamme. Sie hätte sich für den blöden Attenborough oder den blöden Peter Scott entscheiden können; aber nein, sie hatte sich für mich entschieden. So kaufte ich ein Dutzend sorgsam ausgewählter Teerosen, unbefleckt von Blattläusen, Ohrwürmern, Klopfkäfern oder ähnlichem Ungeziefer, und ließ sie hinter die Bühne schicken, mit einer Karte, auf die ich geschrieben hatte:

«Ich bin der, der am lautesten geklatscht hat. Kann ich Sie nach der Aufführung sehen?» Die Antwort lautete «Ja».

Der Witz Cowards, verbunden mit der brillanten Schauspielkunst Dinahs, machte den Abend für mich zu einem unvergeßlichen Erlebnis. Als wir später in ihrer Garderobe einen Scotch tranken, gestand ich ihr, daß ich sie seit Jahren bewunderte, und wir beschlossen, uns trotz meiner Gattin Lee häufiger zu sehen. Als sie davon ihren Mann Jack in Kenntnis setzte, schrieb dieser mir einen sehr formalen Brief, in dem er mich beschuldigte, die Gefühle seiner Frau ihm gegenüber durch übertriebene Verehrung und Teerosen zum Erkalten gebracht zu haben. Er forderte mich zu einem Duell beim Morgengrauen im Hyde Park. Ich nahm an, wies jedoch darauf hin, daß ich, als Geforderter, die Wahl der Waffen habe. Ich schlug Champagnerkorken auf eine Entfernung von fünfzig Schritt vor. Damit begann unsere Freundschaft, und es stand fest, daß Dinah beim Fest der Tiere auftreten würde.

Yehudi Menuhin hatte ich in Frankreich kennengelernt, als wir meinen älteren Bruder Larry besuchten. Unser kleines Haus liegt etwa vierzig Kilometer von dem Dorf entfernt, in dem mein Bruder lebte (vierzig Kilometer ist die angemessene Entfernung, die man zu seinem älteren Bruder wahren sollte), und Lee und ich waren hinübergefahren, um mit Larry und den Menuhins zu Mittag zu essen – eine äußerst nette Begegnung, denn Yehudi und seine Frau waren reizend. Das Mittagessen dehnte sich aus, es gab reichlich Wein und viel zu essen, und gegen vier Uhr begannen wir, uns nach einem Bett zu sehnen. Das Wort «Mittagsschläfchen» war zu hören. Glücklicherweise besaß Larry ein großes Haus mit vielen Zimmern; so suchten Lee und ich uns einen Schlafplatz aus und waren bald eingeschlafen. Als wir aufwachten, hörten wir den Klang einer Geige.

«Wer hat das Grammophon angestellt?» fragte Lee.

«Das ist Yehudi. Er übt», sagte ich.

Wir schlichen auf den Treppenabsatz, und aus einem nahe gelegenen Zimmer drangen die süßen Klänge einer von einem Meister gespielten Geige. Ich bin in meinem Leben schon von vielen Geräuschen aus meinem Mittagsschlaf geweckt worden – dem Zwitschern von Vögeln, dem Donnern eines Gewitters, dem

Rauschen eines Flusses und dem seidigen Plätschern eines Wasserfalls –, aber noch nie auf so schöne Weise wie damals.

Natürlich baten wir die Menuhins und Larry, am nächsten Tag zu uns zum Essen zu kommen, und da ich entdeckt hatte, daß Yehudi Linsen, Reis, Erbsen und ähnliche Dinge mochte, kreierte ich eigens für ihn ein Menuhin-Currygericht von gewaltigen Ausmaßen. Wir wollten an unserem langen Tisch auf der Veranda essen. Da es zahllose Beilagen geben sollte, hatte Lee, um Zeit zu sparen, all die Löffel, Messer, Gabeln, Kellen und so weiter sorgfältig in bestimmter Reihenfolge auf einem großen Tablett bereitgestellt. Unsere Gäste trafen ein, und nach ein paar Drinks ging Lee in die Küche, um letzte Hand an das Mahl zu legen. Yehudi folgte ihr kurz darauf und sah ihr bei der Arbeit zu.

«Bitte, lassen Sie mich Ihnen helfen», sagte er, und ohne Lees Antwort abzuwarten, nahm er das Tablett mit den Bestecken und trug es auf die Veranda, bevor sie ihn aufhalten konnte. Strahlend näherte er sich dem Tisch und kippte die mühevoll geordneten Bestecke in einem großen, glitzernden, klirrenden Durcheinander auf die Tischfläche. Ich sah Lees entsetztes Gesicht und führte Yehudi wieder zu seinem Sessel, gab ihm noch einen Drink und machte mich daran, meiner verzweifelten Frau zu helfen, die Eßinstrumente auseinanderzusortieren.

«Ich habe *soviel* Zeit darauf verwandt», flüsterte sie.

«Mach dir nichts draus. Sieh es mal von dieser Seite: Welche Gastgeberin kann schon von sich behaupten, daß Yehudi Menuhin ihr den Tisch gedeckt hat?» sagte ich.

So schrieb ich Yehudi bald darauf ein paar Zeilen, und großzügig, wie es seine Art ist, antwortete er, er freue sich, unsere Sache unterstützen zu können, und würde gern etwas mit dem Jersey-Jugendorchester spielen.

Wir hatten jetzt einen bekannten Schauspieler und eine nicht weniger bekannte Schauspielerin, die Gedichte vortragen würden, ein Orchester und einen berühmten Geiger. Aber Tiere berühren und bereichern unser Leben auf vielerlei andere Weise, die ich illustrieren wollte. Im Tanz beispielsweise, in Liedern, im Fernsehen und in der Malerei. Einer unserer Freunde, Jeremy James Taylor, der sich bereit erklärt hatte, die Show zu produzieren, ließ seine Beziehungen zum Royal Ballet spielen. Zu meiner Freude wollten sie eine Truppe aufstrebender Talente bei uns auftreten lassen.

Einige Jahre zuvor hatte ich einen Spot mit der munteren Isla St. Clair für eine Kindershow im Fernsehen gemacht. Während der Proben hatte sie viel über unsere Tätigkeit gesprochen und äußerst interessiert gewirkt an dem, was wir taten – so interessiert, daß sie einen Fehler beging. Wenn ich irgendwann einmal ihre Hilfe brauche, sagte sie, sollte ich es sie wissen lassen. Ihre süße und liebliche Stimme hatte mich bezaubert. Sie würde die ideale Besetzung sein, um Tiere in Liedform darzustellen. Ich rief sie an, erinnerte sie an ihr Versprechen und bat sie nach Jersey. Sie sagte zu und hatte auch tatsächlich ein reizendes Lied über einen Zoo in ihrem Repertoire, das sie vortragen wollte.

Dann hatte ich Zeit, weiter nachzusinnen. Was war mit den Pflanzen? Ohne Pflanzen können Tiere schließlich nicht überleben. Es gab natürlich nur einen, der für diesen Aspekt in Betracht kam, und das war David Bellamy. Ein boshafter Gedanke schoß mir durch den Kopf. In ihrer brillanten Zwei-Mann-Show *At the Drop of a Hat* hatten Flanders und Swann den Song «Mesalliance» aufgenommen, in dem es um ein Geißblatt und eine Winde ging, die sich ineinander verlieben, aber nie zusammenkommen, weil das Geißblatt sich im Uhrzeigersinn und die Winde sich gegen den Uhrzeigersinn dreht. Und so «zogen sie ihre Wurzeln hoch und welkten dahin». Durch Erpressung und Korruption luchste ich Isla und David schließlich die Zustimmung ab, den Song im Duett zu singen – eine höchst unangemessene Kombination, denn David hat – er ist sicherlich beleidigt, wenn ich das sage – eine Stimme, die an den Paarungsruf eines verliebten Walrosses erinnert.

Die Wahl eines Tierfilmers fiel mir leicht. Wer konnte dafür besser geeignet sein als David Attenborough?

Ich kannte David schon, als er noch ein bescheidener BBC-Produzent war. Wir wurden einander in einer Kneipe vorgestellt, wo wir einen ganzen Morgen damit verbrachten, über Tiere und Reisen zu sprechen. Einige Jahre später rief David mich an und fragte mich, ob ich eine Radiosendung im Zoo mit ihm machen wolle. Ich sagte zu, und ein Termin wurde ausgemacht.

Damals besaßen wir noch Chumley und Lulu, unser unkeusches Schimpansenpärchen. Wenn man ihn besuchte, pflegte Chumley sich – nach einem hysterischen Morgengruß, der darin bestand, daß er seine Zähne fletschte, laute Schreie ausstieß und sich im Käfig hin- und herschwang – auf den Boden niederzulassen und mit der Konzentration und Sorgfalt eines Chirurgen, der dem Premierminister den Schädel öffnet, eine Orange zu zerpflücken. Lulu, die die tadellosen Manieren ihres Gatten gegenüber dem schwächeren Geschlecht kannte, nahm die Gelegenheit wahr: während Chumley mit seiner Orange beschäftigt war, stopfte sie sich den Mund voll mit Trauben, sammelte so viele Früchte zusammen, wie sie nur konnte, und setzte sich darauf – in der Hoffnung, sie würden der Aufmerksamkeit ihres Gemahls entgehen. Wenn Chumley die Operation seiner Orange beendet hatte, aß er die einzelnen Stücke auf und schmiß Lulu die Schalen an den Kopf. Chumley pflegte von unten aus dem Handgelenk zu werfen, aber seine Geschicklichkeit und Treffsicherheit waren erstaunlich. Nachdem er auf diese Weise Lulu seine Zuneigung bekundet hatte, sprang er sie in dem Augenblick an, da sie es am wenigsten erwartete, gab ihr einen Klaps auf den Hinterkopf und zerrte sie mit lautem Geschrei von dem Obsthaufen weg, den sie unter ihrem Gesäß versteckt hatte. Dann setzte er sich hin, stopfte sich eine Banane in den Mund, zermampfte sie zu einem Brei, spuckte ihn auf die Hand und untersuchte ihn gründlich mit seinem dicken Zeigefinger wie jemand, der das Wechselgeld aus einem Automaten zählt.

Chumley verstand es, einen immer wieder in die größte Verlegenheit zu bringen. Sobald man eine Gruppe erlauchter Besucher durch den Zoo führte, war er garantiert auf dem Posten. Er schien zu wissen, daß die Leute wichtige Persönlichkeiten waren und daß man von ihm bestes Benehmen erwartete. Ein böser Glanz ließ seine Augen aufleuchten, während er die Lage abschätzte und sich eine Strategie ausdachte, wie am meisten Unheil anzurichten war. Meistens begann er damit, daß er Lulu verprügelte. Er zog sie an den Haaren, traktierte sie mit Fausthieben und sprang auf ihr herum. Er tat das aus zwei Gründen. Erstens hatte Lulu die lauteste und durchdringendste Stimme, die ich je bei einem Schimpansen gehört habe – eine Mischung aus dem Pfeifen einer verrückt gewordenen Lokomotive und dem Quietschen einer Gabel auf dem Teller. Und zweitens hatte er entdeckt, daß nichts das Interesse seines Publikums so erregte wie ein kleiner häuslicher Streit. Nachdem er sich der ungeteilten Aufmerksamkeit seiner Zuschauer vergewissert hatte, vergewaltigte er entweder seine Gattin, oder er setzte sich auf einen Ast und begann mit großem Vergnügen, unaussprechliche Dinge bei sich selbst zu tun, so daß die Damen in der Gruppe tief erröteten und sich mit ihren Prospekten Luft zufächelten. Dann, wenn jeder durch seine vorübergehende Bewegungslosigkeit in das Gefühl falscher Sicherheit gewiegt war, pflegte er eine große Handvoll zerkauter Früchte hervorzuwürgen und sie über seine Zuschauer zu verteilen, die sich jetzt, mit klebrigen Fruchtresten bedeckt, so schnell wie möglich vom Käfig entfernten. Menschen auf diese Weise in die Flucht zu schlagen war für Chumley das höchste der Gefühle. Mehr konnte er nicht erreichen, und nichts im Leben bot ihm solch köstliches Vergnügen.

Trotz der vielen Jahre, die ich nun schon Besucher durch den Zoo führe, habe ich mich Chumleys Käfig nie ohne ein Gefühl äußersten Unbehagens nähern können – ein Gefühl, das stets berechtigt war. So erinnere ich mich lebhaft an den Tag, an dem David Attenborough kam, um die Radiosendung mit mir aufzunehmen.

Die Gestaltung des Programms war ganz einfach: David und ich schlenderten von Käfig zu Käfig und erzählten Anekdoten über die Tiere, denen wir in den verschiedenen Teilen der Welt begegnet waren. Es war eine jener Sendungen, die heute nicht mehr ankäme, denn das Publikum verlangt mittlerweile Technicolor und riesige Nahaufnahmen der Tiere, über die man gerade spricht. Aber damals, in den lange zurückliegenden glücklichen Jahren des Dampfradios, waren die Leute noch nicht so anspruchsvoll. Als erstes führte ich David durch den Zoo, um zu entscheiden, welche seiner Insassen wir ins Programm nehmen sollten und wer was über welches Tier sagen sollte. Es war sein erster Besuch, und obwohl wir damals noch im Anfangsstadium waren, war er von den Tieren und unseren Einrichtungen begeistert. Wir waren so in unser Gespräch vertieft, daß wir uns Chumleys Käfig näherten, ohne daß bei mir die Alarmglocke läutete. Beim Anblick der Affen stieß David einen Freudenschrei aus und eilte auf den Käfig zu. Zufällig waren wir in jener Woche mit exotischen Früchten geradezu überschwemmt worden. Die Schimpansen hatten ihren Teil des Überflusses mit lautstarkem Vergnügen in sich hineingeschlungen; ihrer Verdauung jedoch hatte das nicht gutgetan. Zu sagen, daß der Käfig mit Wurfmaterial der klebrigsten Art wohl versorgt war, wäre eine Untertreibung. Chumley, der sein Opfer arglos auf sich zukommen sah, war entzückt. Er nahm zwei große Handvoll Munition auf, und feuerte sie, als David an die Gitterstäbe trat, zielgenau ab. David wurde mittschiffs getroffen, und sein makellos weißes Hemd sah aus, als habe jemand einen Kübel Unrat über ihm entleert. Er stand völlig entgeistert da, während Chumley, durch seinen Erfolg ermuntert, zwei weitere Handvoll aufnahm, die ihr Ziel mit gleicher Treffsicherheit erreichten. David ähnelte einem wandelnden Misthaufen, als ich ihm zur Rettung kam. Unter tausend Entschuldigungen führte ich ihn ins Herrenhaus, wo er sich waschen konnte, und lieh ihm ein sauberes Hemd. Nach einem sehr großen Drink beruhigte er sich etwas, aber danach näherte er sich allen Käfigen mit äußerster Vorsicht und ließ mich, wenn irgend möglich, vorangehen.

In der Hoffnung, daß die Zeit sein Gedächtnis getrübt hatte, rief ich David an, erinnerte ihn an mein Hemd, das er mir nie zurückgegeben hatte, und bat ihn, zu unserem Fest die bezaubernde Passage aus *Life on Earth* vorzuführen, in der er, umgeben von Berggorillas, im Wald sitzt – eine der bewegendsten Sequenzen des Films. Auch unser langjähriger gemeinsamer Freund Chris Parsons (der Chef der BBC Natural History Unit, als *Life on Earth* gedreht wurde), damit nagelte ich David fest, hatte sich für die Projektionstechnik schon zur Verfügung gestellt. David willigte sofort ein; und er hielt sein Wort, wenn er mir auch mein Hemd nicht zurückgab.

Wie die Tiere im Fernsehfilm waren auch die Tiere in der Malerei kein Problem. Wer hätte das besser unter Beweis stellen können als David Shepherd? Dieser hervorragende Maler hatte schon seit langem sein Herz an die Flora und Fauna Afrikas verloren, vor allem an die Elefanten. Seine lebendigen und magisch anmutenden Darstellungen der Dickhäuter und anderer Tiere hatten ihm weltweit Bewunderung eingetragen. Das Geld, das er mit seinen Werken verdiente, hatte er für eine eigene Stiftung zum Schutz der afrikanischen Wildnis verwandt. Vor unserer ersten Begegnung sagte man mir, daß wir uns gut verstehen würden, da er genauso verrückt sei wie ich. Als wir uns dann kennenlernten, entdeckte ich tatsächlich gewisse Ähnlichkeiten; aber ich behaupte immer noch, daß David mir manches voraus hat, denn meine Idiotie würde nicht so weit gehen, mit einer Palette in der Hand einem BBC-Filmteam zu folgen, um einen Elefanten in seiner natürlichen Umgebung zu malen. Ich weiß nicht, wie oft sie auf dieser lächerlichen und gefährlichen Expedition angegriffen wurden, aber ich weiß, daß Chris Parsons, der Produzent der Filme, mit grauen Haarsträhnen und einem gequälten Ausdruck in den Augen aus Afrika zurückkehrte. David willigte ein, in Jersey den Film vorzuführen, wo er von einem Elefanten gejagt wird, und über die Bedeutung der unberührten Natur im allgemeinen und ihrer Bedeutung für die bildende Kunst im besonderen zu sprechen.

Johnny Morris hatte seit Jahren die dümmlichen Zoohalter des viktorianischen Typs in einer Fernsehserie mit dem Titel *Animal Magic* porträtiert. Ich kannte ihn seit Jahren – einen zurückhaltenden, freundlichen Mann, dessen Mimik bemerkenswert und unglaublich komisch war. Als er einmal einen Film auf den Scilly Islands drehte, hatte ich ihm meinen Hund (der ebenfalls auf den Namen Johnny hörte) als Mini-Star zur Verfügung gestellt. Jetzt wies ich ihn bescheiden darauf hin, daß eine Hand die andere wäscht. Johnny sagte zu; er werde gern eine komische Geschichte darüber erzählen, wie er Schwierigkeiten mit einem Elefanten hatte.

So war jetzt alles mehr oder weniger geregelt, aber noch immer lief Simon wie ein Wahnsinniger durch die Gegend. Hotels mußten gebucht, Blumen bestellt und eine Menge anderer Dinge erledigt werden. Seine Arbeit wurde durch die harten Tatsachen der Meteorologie nicht erleichtert. Wir wußten aus bitterer Erfahrung, daß ein Sturmtief, das irgendwo im Atlantik (etwa bei den Falkland-Inseln) auftaucht, unweigerlich auch Jersey besucht,

um uns Schwierigkeiten zu bereiten. Wenn zwischen den süd-
polaren Eiskappen und dem Ärmelkanal Nebel aufkommt,
pflegt er sich mit hundertprozentiger Sicherheit wie ein un-
durchsichtiger Teewärmer über Jersey zu stülpen, so daß Flug-
zeuge weder landen noch starten können. Das geschieht in der
Regel, wenn wir einen Langweiler zu Besuch haben, den wir so
schnell wie möglich loswerden wollen, oder wenn wir uns auf die
Ankunft eines geschätzten Freundes freuen. Diesmal war es ein
heftiger Seitenwind, und wenige Stunden vor der Show kreiste
David Attenborough samt einigen für die Aufführung wichtigen
Utensilien über der Insel: Der Pilot sagte, daß er nicht landen
könne, und Simon sagte ihm, daß er unbedingt landen müsse.
Schließlich landete der Pilot tatsächlich, bevor Simons rote
Haare weiß geworden waren.

Jetzt waren alle VIPs auf festem Boden und in verschiedenen
Hotels untergebracht. Simon mußte ihnen besondere Pässe aus-
stellen, die ihnen den Zugang zu der riesigen Halle in Fort Regent gestatteten, da die zum Schutz der Prinzessin getroffenen
Sicherheitsmaßnahmen natürlich äußerst streng waren. Simon
war so damit beschäftigt, die sämtlichen Kleinigkeiten zu regeln,
daß er den Paß für sich selbst vergaß, und während die Stars die
Halle betreten durften, wurde Simon von den Sicherheitsbeam-
ten angehalten. Er versicherte ihnen, er sei der Organisator der
Show, aber sie blieben steinhart. Er dürfe nicht ohne Paß an ihnen vorbei. Als er am Rande eines Nervenzusammenbruchs
stand, identifizierte ihn schließlich jemand, und man ließ ihn wi-
derstrebend hinein.

So begann das Fest. In der Eröffnungsrede erläuterte ich, daß
wir mit der Veranstaltung auf die Bedeutung der anderen Tiere
der Erde aufmerksam machen wollten, die unser Leben in so
mannigfacher Weise beeinflussen. Während ich sprach, wurde
ich von Simons reizenden eineiigen Zwillingstöchtern flankiert
(damals vier Jahre alt), die als Dronten verkleidet waren. Ich
fürchtete die ganze Zeit, daß sie mit ihren schweren Kostümen
unter dem Licht der Scheinwerfer ersticken könnten. Die Dronte
war, darauf wies ich hin, unser Symbol, daher war es nur recht
und billig, wenn zwei Dronten mit mir auf der Bühne standen –
leider kein Brutpärchen, wie ich bedauernd hinzufügte.

Es war ein schwungvoller Abend; unsere Stars unterhielten sich so gut, wie sie ihr Publikum unterhielten. Während ich meine Freunde betrachtete, die mit ihren vielfältigen Talenten so bereitwillig und großzügig unsere Sache unterstützt hatten, ließ ich den Tag noch einmal Revue passieren. Es war ein langer und anstrengender Tag gewesen, und das Wetter hatte es nicht gut mit uns gemeint. Wann immer wir das Glück haben, unsere Schirmherrin begrüßen zu können, suchen heulende Stürme und Schauerböen die Insel heim, wie sie normalerweise nur in Monsungebieten zu finden sind. So mußten wir auch diesmal in letzter Minute umdisponieren und Festivitäten, die ursprünglich im Freien stattfinden sollten, in geschlossene Räume verlegen. Aber abgesehen von der unfreundlichen Witterung erlebte ich die größeren Schrecken des Tages selbst nicht mit.

Da war zum Beispiel die Sache mit Motabas Kopf. Man möchte annehmen, daß die mit einem königlichen Besuch verbundenen Probleme einem auch ohne den eingeklemmten Kopf eines Gorillas schon genug zu schaffen machen, aber wie ich bereits zu Anfang dieses Buches sagte, kann jeden Augenblick alles mögliche passieren, wenn man mit 1500 Tieren zusammenlebt. Man lernt, damit zurechtzukommen; man gewöhnt sich daran. Doch wenn die Umstände dazu führen, daß der Kopf eines Gorillas das Besuchsprogramm einer Prinzessin gefährdet, hat man das Gefühl, vom Schicksal unfair behandelt zu werden.

Folgendes geschah – und ich bin froh, daß ich es nicht wußte, als ich die Prinzessin auf dem Gelände umherführte: Der Regen hatte vorübergehend aufgehört, als wir das Ausbildungszentrum eröffneten und der Prinzessin einige unserer vielfarbigen, vielsprachigen und vielseitig interessierten Studenten aus allen Winkeln der Erde vorgestellt wurden. Es war eigentlich vorgesehen, daß wir danach zum Herrenhaus gingen, wo die Prinzessin sich ins Gästebuch eintragen sollte. Anschließend sollte sie den Zoo besichtigen und genau um elf Uhr am Gorilla-Haus eintreffen. Königliche Besuche werden mit der Stoppuhr geplant, und wenn wir das Gorilla-Haus nicht genau um elf Uhr erreichten, war der Ablauf der sich anschließenden Ereignisse gefährdet.

Richard Johnstone-Scott, zweifellos der beste und erfahrenste Affenwärter der Welt, hatte sich das Wetter angesehen und beschlossen, daß er seine heißgeliebten Schützlinge der Prinzessin nicht vom Regen durchnäßt im Freigehege präsentieren würde, sondern im angrenzenden überdachten Käfig, ihrer Schlafstätte. Er hatte den genialen Einfall, eine Art Instant-Dschungel zu schaffen, und stapelte die Schlafstätte bis zur Decke voll mit Eichen-, Kastanien- und Lindenästen. Die Wirkung war spektakulär, und als die Affen in den Käfig gelassen wurden, brüllten und grollten sie wie Vulkane – eine für Gorillas typische Art, Wohlgefallen zu äußern.

In diesem Augenblick wurde Prinzessin Anne in das Herrenhaus geleitet, um sich ins Gästebuch einzutragen. Wir sollten in vier Minuten bei den Gorillas eintreffen.

Und genau in diesem Augenblick entschloß sich Motaba, seinen Kopf durch die Stäbe an der Decke zu stecken, die zweierlei Zweck dienten: Sie hinderten allzu neugierige Hände daran, die Decke des Raumes niederzureißen, und fungierten als eine Art von Barren, an dem die jungen Affen sich im Schwinghangeln üben konnten. Motaba hatte die eine Stelle gefunden, an der die Stäbe ein wenig weiter auseinanderstanden, und natürlich genau dort seinen Kopf durchgesteckt.

Richard war außer sich, genau wie Motabas Eltern, Nandi und Jambo. Es war eine vertrackte Geschichte, ganz unabhängig von unserem königlichen Besuch. Motaba begann – wie alle Kinder es in einer ähnlichen Situation tun würden – zu heulen und zu kreischen, was seine Eltern noch mehr erregte.

Als eine der Freiwilligen arbeitete damals bei uns eine von allen geliebte Waliserin, Mrs. Hayward. Angesichts dieses Spektakels hielt sie es für das Beste, Jeremy als Direktor des Zoos zu verständigen. Jeremy war natürlich bei der königlichen Besucherin. Mrs. Hayward sauste im Galopp aus dem Gorilla-Haus, an den Rottauben und den Palawan-Fasanen vorbei, die erschreckt auseinanderstoben, eilte über den Damm, wo die Flamingos sie beunruhigt beäugten, rannte an der gewaltigen Granitmauer entlang die Auffahrt hinauf, preschte durch den granitenen Torbogen aus dem 15. Jahrhundert in den Vorhof und hatte gerade keuchend vor Aufregung die Tür zum Herrenhaus erreicht, als sie ein muskulöser Arm packte und der Lauf einer Pistole sich gegen ihre Rippen preßte.

«Wohin wollen wir denn so eilig?» fragte der Sicherheitsbeamte mit milder Stimme.

«Ich muß Mr. Mallinson sagen, was mit dem Gorillakopf passiert ist», schnaufte sie.

«Sehr glaubwürdig», sagte der Sicherheitsmann.

«Aber es ist wahr», krächzte sie. «Der arme Gorilla steckt mit dem Kopf in den Gitterstäben, und nur Mr. Mallinson kann ihn retten.»

«Nun, da drinnen sind alle damit beschäftigt, wichtige Dokumente zu unterzeichnen», sagte der Sicherheitsbeamte. «Machen Sie sich keine Sorgen. Bleiben Sie hier, bis sie herauskommen, und *dann* können Sie ihnen von Ihrem Gorillakopf berichten.» Und nachdem er sich davon überzeugt hatte, daß sie eine unbewaffnete arme Irre war, steckte er seinen Revolver wieder ins Halfter.

Inzwischen hatte sich die Lage im Gorilla-Haus entschieden zugespitzt. Bedrängt von dem Geschrei ihres Sprößlings, versuchten Nandi und Jambo ihn dadurch zu befreien, daß sie ihn nach unten zogen. Richard befürchtete, daß die gutgemeinten Bemühungen Motaba den Hals brechen könnten, so stieg er eilends auf das Dach des Hauses und riß eine Luke auf, unter der Motaba baumelte. Alle unsere Gorillas lieben Richard so, wie er sie liebt, aber in Streßsituationen benehmen sich Affen – wie Menschen – oft seltsam. Als Richard die Dachluke öffnete, schoß Jambos gewaltiger, muskulöser Arm durch die Gitterstäbe, und Richard fiel mit dem Rücken aufs Dach, auf diese Weise einem Schlag ausweichend, der Muhammad Ali zu Boden gestreckt hätte, ganz zu schweigen von jemandem mit einer zierlichen Figur. Als er wieder auf die Füße kam, hatte Jambo seinen Sprößling so weit die Gitterstäbe entlang geschoben, daß Richard ihn nicht mehr erreichen konnte. Richard mußte eine zweite Dachluke öffnen, wurde jedoch abermals von dem besorgten Vater am Eingreifen gehindert. Alles, was er tun konnte, war, Jambo gut zuzureden, der inzwischen (klug, wie er war) entdeckt hatte, daß es falsch war, Motaba nach unten zu ziehen, und jetzt mit seiner mächtigen Pranke das Hinterteil des Kindes abstützte.

Durch den dichten Regen sah Richard die Pilzköpfe der Regenschirme über die Auffahrt schaukeln. Die Besucher mußten in wenigen Augenblicken eintreffen. Plötzlich war zu seinem Erstaunen Motaba nicht mehr da. Gestützt von der riesigen Hand seines Vaters hatte er die Stelle zwischen den Gitterstäben gefunden, die ihm ermöglicht hatte, den Kopf hindurchzustecken, und jetzt zog er ihn wieder heraus. Er leichtert aufatmend, stieg Richard vom Dach und inspizierte den Käfig. Es war grauenvoll.

Wenn Großaffen unter Streß stehen, scheiden sie gewaltige Mengen von Exkrementen und Urin aus, so daß Richards «Instant-Dschungel» jetzt ein einziger Misthaufen war. Er konnte nichts mehr tun, denn die Besucher waren gerade eingetroffen. Als er mir am nächsten Tag die Geschichte erzählte, fragte ich mich, wie ich die Konversation mit unserer Schirmherrin über die Runden gebracht hätte.

«Aber ja», hätte ich sagen können. «Wir lassen unsere Gorillas immer knietief in Exkrementen waten. Das mögen sie am liebsten. Und der kleine Kerl, der an den Gitterstäben baumelte wie an einem Galgen? Nun, Gorillas tun das häufig. Es ist eine… eine *Angewohnheit* von ihnen. Ja, wirklich sehr eigenartig.»

Es ist der Intelligenz Richards und seines Freundes Jambo zu verdanken, daß dieses entsetzliche Gespräch nicht stattfand.

Später, beim Festessen für die Trust-Mitglieder, mußte ich natürlich eine Rede halten. Es war eine der Reden, bei denen man hinterher sofort wünscht, man hätte sie nicht gehalten. Nach den letzten nichtssagenden Worten an das Publikum ließ ich mich erleichtert in den Sessel sinken. Aber dann kam eine Überraschung. Unsere Schirmherrin erhob sich und antwortete mit einer charmanten und schmeichelhaften Ansprache. Am Schluß wandte sie sich an mich und sagte:

«Aber insbesondere gratuliere ich dem Mann, der den Jersey Zoo und den Jersey Wildlife Preservation Trust zu weltweit geachteten und bewunderten Einrichtungen gemacht hat. Als Zeichen der Dankbarkeit möchte ich ihm ein kleines Geschenk von seinen Mitarbeitern überreichen. Ich brauche ihm die Bedeutung dieses Geschenks nicht zu erklären, aber wir alle verbinden damit unseren Dank und die besten Wünsche für die Zukunft.»

Sie überreichte mir dann einen kleinen Samtbeutel. Als ich ihn öffnete, fand ich darin die silberne Nachbildung einer Bryant-&-May-Zündholzschachtel. Mein erster Gedanke war: «Warum um alles in der Welt schenkt man mir eine Zündholzschachtel, wo jeder weiß, daß ich schon vor Jahren das Rauchen aufgegeben habe?» Dann öffnete ich die Schachtel und begriff. Im Inneren befand sich ein vergoldeter weiblicher Skorpion mit seinen Jungen. Das spielte natürlich an auf eine Szene in meinem Buch *My Family and Other Animals*, wo mein Bruder Larry versehentlich beim Mittagessen eine Zündholzschachtel öffnete, in die ich einen Skorpion mit seinen Jungen eingesperrt hatte. Den Tumult, der daraufhin am Mittagstisch losbrach, kann sich jeder vorstellen; danach war ich das unbeliebteste Mitglied der Familie. Ich erzählte den anderen Anwesenden, von denen die meisten das Buch gelesen hatten, was in der Schachtel war, und alle waren von dem passenden Geschenk entzückt.

Als ich später mit den Zuschauern das Fest der Tiere verfolgte, spürte ich in meiner Jackentasche den kleinen Quader der Zündholzschachtel. Was für ein Glück habe ich gehabt, dachte ich, umgeben von Freunden zu sein, die mir geholfen haben, den Zündholzschachtel-Zoo meiner Kindheit in eine Organisation umzuwandeln, die den Tieren beistehen kann und beistehen wird – jenen Tieren, die diese Welt zu einem so faszinierenden Ort machen, einem Ort, den wir alle hegen und pflegen sollten.

Schlußwort

Die Zündholzschachtel mit den kleinen vergoldeten Skorpionen war ein Geschenk, das mich tief bewegt hat, denn die Zündholzschachtel meiner Jugend, mein Kinderzoo, war zu einem Trust geworden, einer der führenden Organisationen der Welt, die sich der Aufzucht in Gefangenschaft zur Rettung bedrohter Arten verschrieben haben – mit zwei Schwesterorganisationen (einer in den USA und einer zweiten in Kanada), einer ganzen Reihe von Zuchtprogrammen und Absolventen der Ausbildungseinrichtungen in allen Teilen der Erde –, aufgebaut von einem Stab engagierter und rastlos tätiger Mitarbeiter. Wir haben viel erreicht, aber im Vergleich zu dem, was noch zu tun ist, ist es nur ein Tropfen im Ozean, ein Blatt in einem Wald. Ich habe kürzlich gesagt, daß es mein Ziel ist, den Jersey Zoo schließen und den Trust auflösen zu können – weil beide nicht mehr nötig sind. Aber ach, bis dahin ist es noch ein weiter Weg. Und bis dahin hoffe ich, daß wir weiter wachsen und gedeihen und unseren Teil dazu beitragen, die einzige Welt, die wir haben, zu bewahren.

Wenn Sie das Buch mit Interesse und einigem Vergnügen gelesen haben, habe ich Ihnen hoffentlich etwas von der Komplexität und den Schwierigkeiten vermittelt, die mit dem verbunden sind, was meiner Meinung nach das Wichtigste ist, was wir Menschen zu tun haben – die Erhaltung unseres Planeten. Wenn Sie mir zustimmen und unserem Trust beitreten möchten, werden wir Sie mit offenen Armen empfangen. Je mehr Mitglieder wir zählen, desto mehr können wir für den Naturschutz wirken. Wir sind bereits von einem winzigen Projekt zu einer weltweiten Kraft auf diesem Gebiet geworden, aber das ist uns nur durch die Unterstützung unserer über die ganze Erde verteilten Mitglieder gelungen. Wenn das Buch Ihnen Freude gemacht und Sie vielleicht nachdenklich gestimmt hat, möchte ich Sie herzlich bitten, uns zu unterstützen. Wir glauben, daß das, was wir tun, wichtig ist. Wir hoffen, daß auch Sie dieser Meinung sind – bitte schreiben Sie mir unter der folgenden Adresse:

Jersey Wildlife Preservation Trust
Jersey Zoological Park
Trinity,
Jersey,
Channel Islands

Mario Puzo
Der Pate *Roman*
(rororo 1442)
Ein atemberaubender
Gangsterroman aus der New
Yorker Unterwelt, der zum
aufsehenerregenden Bestseller
wurde. Ein Presseurteil: «Ein
Roman wie ein Vulkan. Ein
einziger Ausbruch von
Vitalität, Intelligenz und
Gewalttätigkeit, von
Freundschaft, Treue und
Verrat, von grausamen
Morden, großen Geschäften,
Sex und Liebe.»

Mario Puzo
Mamma Lucia *Roman*
(rororo 1528)
Animalisch in ihrer Sanftmut,
aufopfernd in ihrer Fürsorge,
streng und wachsam in ihrer
Liebe – das ist Lucia Santa
Angeluzzi-Corbo, Mamma
Lucia, die im italienischen
Viertel von New York um das
tägliche Brot ihrer sechs
Kinder kämpft.

Stuart Stevens
Spuren im heißen Sand
Abenteuer in Afrika
(rororo 12647)
In einem uralten Jeep reisen
Stuart Stevens und Ann
Bradley drei Monate durch
Afrika, durch Niger, Mali,
den ausgetrockneten
Tschadsee und die Sahara.

Frank Thiess
Tsushima *Die Geschichte
eines Seekriegs*
(rororo 5938)
Fast schon eine Legende der
deutschen Literatur: Frank
Thiess' Bericht von der Fahrt
des Admirals Rojéstwenski,
der im Russisch-Japanischen
Seekrieg 1905 auf verlorenem

Posten durchhält, als seine
Geschwader in der Schlacht
von Tsushima vernichtet
werden.

Josef Martin Bauer
So weit die Füße tragen
(rororo 1667)
Ein Kriegsgefangener auf der
Flucht von Sibirien durch den
Ural und Kaukasas bis nach
Persien. «Diese Odyssee
durch Steppe und Eis, durch
die Maschen der Wächter und
Häscher dauerte volle drei
Jahre – wohl einer der
aufregendsten und zugleich
einsamsten Alleingänge, die
die Geschichte des individuel-
len Abenteuers kennt.»
Saarländischer Rundfunk